2014年第四季度

Quarter Four, 2014

中国货币政策执行报告

CHINA MONETARY POLICY REPORT

中国人民银行货币政策分析小组

Monetary Policy Analysis Group of the People's Bank of China

中国金融出版社

China Financial Publishing House

责任编辑：吕冠华
责任校对：潘　洁
责任印制：裴　刚

图书在版编目(CIP)数据

2014年第四季度中国货币政策执行报告(2014 nian Disi Jidu Zhongguo Huobi Zhengce Zhixing Baogao)/中国人民银行货币政策分析小组编.—北京：中国金融出版社，2015.5
ISBN 978-7-5049-7929-2

I.①2… II.①中… III.①货币政策－工作报告－中国－2014 IV.①F822.0

中国版本图书馆CIP数据核字(2015)第078130号

出版发行 中国金融出版社
社址 北京市丰台区益泽路2号
市场开发部 (010)63266347，63805472，63439533 (传真)
网上书店 http://www.chinafph.com
(010)63286832，63365686 (传真)
读者服务部 (010)66070833，62568380
邮编 100071
经销 新华书店
印刷 北京侨友印刷有限公司
装订 平阳装订厂
尺寸 210毫米×285毫米
印张 13.25
字数 278千
版次 2015年5月第1版
印次 2015年5月第1次印刷
定价 98.00元
ISBN 978-7-5049-7929-2/F.7489

本书执笔人

总　　纂：张晓慧　　张翠微

审　　稿：李　波　　纪志宏　　宣昌能　　盛松成　　朱　隽　　王　宇
　　　　　王允贵

统　　稿：李　斌　　张　蓓　　郑志丹

执　　笔：

第一部分：胡　婧　　曾冬青　　陈文弢

第二部分：董忆伟　　王文静　　穆争社　　燕　飞

第三部分：朱海燕　　窦　佼　　邝希聪

第四部分：丁　康　　栾惠德　　马志扬　　蹇　娜　　张黎娜

第五部分：付竞卉　　刘　琨

附录整理：段　炼　　林振辉等

提供材料的还有：管　化　　李文喆　　周轶海　　苏小竞　　史蓉菊
　　　　　　　　罗　瑜　　程艳芬　　张健峰　　李肖钰　　曹红钢
　　　　　　　　来升强　　江会芬　　李向瑾　　杜海均　　郑玉玲
　　　　　　　　陈建新　　孙伊展　　陈　敏　　欧阳昌民　李夏炎
　　　　　　　　林　苒

英文总纂：张正鑫

英文统稿：曹志鸿

英文翻译：刘文中　　齐　喆　　任　浩　　丁　康　　王蓓婕

英文审校：Nancy Hearst（美国哈佛大学费正清东亚研究中心）

Contributors to This Report

CHIEF EDITORS:

ZHANG Xiaohui ZHANG Cuiwei

READERS:

LI Bo JI Zhihong XUAN Changneng SHENG Songcheng ZHU Jun
WANG Yu WANG Yungui

EDITORS:

LI Bin ZHANG Bei ZHENG Zhidan

AUTHORS:

PART ONE: HU Jing ZENG Dongqing CHEN Wentao

PART TWO: DONG Yiwei WANG Wenjing MU Zhengshe YAN Fei

PART THREE: ZHU Haiyan DOU Jiao KUANG Xicong

PART FOUR: DING Kang LUAN Huide MA Zhiyang JIAN Na ZHANG Lina

PART FIVE: FU Jinghui LIU Kun

APPENDIX: DUAN Lian LIN Zhenhui et al.

OTHER CONTRIBUTORS: GUAN Hua LI Wenzhe ZHOU Yihai SU Xiaojing
SHI Rongju LUO Yu CHENG Yanfen ZHANG Jianfeng
LI Xiaoyu CAO Honggang LAI Shengqiang
JIANG Huifen LI Xiangjin DU Haijun ZHENG Yuling
CHEN Jianxin SUN Yizhan CHEN Min
OUYANG Changmin LI Xiayan LIN Ran

ENGLISH EDITION

CHIEF EDITOR: ZHANG Zhengxin

EDITOR: CAO Zhihong

TRANSLATORS: LIU Wenzhong QI Zhe REN Hao DING Kang WANG Beijie

PROOFREADER:

Nancy Hearst (Fairbank Center for East Asian Research, Harvard University)

内容摘要

2014年，中国经济在合理区间平稳运行，结构调整呈现积极变化。第三产业增加值比重继续提高，城乡居民收入差距进一步缩小，消费对经济增长的贡献提高。消费价格温和上涨，就业形势稳定。全年国内生产总值（GDP）同比增长7.4%，居民消费价格（CPI）同比上涨2.0%。

中国人民银行按照党中央、国务院统一部署，继续实施稳健的货币政策，面对全球经济增长动力不足，国内经济处于增速换挡期、结构调整阵痛期、前期政策消化期三期叠加的复杂情况，既保持定力又主动作为，不断补充和完善货币政策工具组合，瞄准经济运行中的突出问题，用调结构的方式适时适度预调微调。在外汇占款投放基础货币出现阶段性放缓的情况下，增强主动提供基础货币的能力，综合运用公开市场操作、短期流动性调节工具、常备借贷便利等多种货币政策工具，保持流动性合理充裕，创设中期借贷便利（MLF）和抵押补充贷款工具（PSL），引导金融机构向国家政策导向的实体经济部门提供低成本资金。非对称下调存贷款基准利率，增强公开市场操作利率弹性，引导社会融资成本下行。两次实施定向降准，改进合意贷款管理，发挥差别准备金动态调整机制的逆周期调节和信贷引导功能，新增信贷政策支持再贷款，构建中央银行抵押品管理框架，加大再贷款、再贴现政策力度，加强信贷政策的结构引导作用，鼓励金融机构更多地将信贷资源配置到“三农”、小微企业等重点领域和薄弱环节。各项金融改革有序推进，存款利率浮动区间上限扩大至基准利率的1.2倍，简并基准利率期限档次；银行间即期外汇市场人民币兑美元交易价浮动幅度由1%扩大至2%，取消商业银行对客户美元挂牌买卖价差限制；《存款保险条例（征求意见稿）》向全社会公开征求意见；外汇管理体制改革进一步深化。

稳健货币政策的实施，为经济社会发展创造了良好的金融环境，货币信贷和社会融资平稳增长，贷款结构继续改善，企业融资成本高问题有一定程度缓解。2014年年末，广义货币供应量M2余额同比增长12.2%。人民币贷款余额同比增长13.6%，比年初增加9.78万亿元，同比多增8 900亿元。全年社会融资规模为16.46万亿元。12月，非金融企业及其他部门贷款加权平均利率为6.77%，比年初下降0.42个百分点。人民银行基本退出常态化外汇干预，人民币汇率保持合理均衡水平上的基本稳定，双向浮动弹性增强，年末人民币对美元汇率中间价为6.1190元，比上年年末贬值0.36%。

国际金融危机后全球经济进入深刻的再平衡调整期。从增速变化、结构调整和动力转换等角度看，中国经济进入“新常态”的特征也更趋明显。总体看，中国经济体量较大，韧性好、回旋空间大，市场广阔，抗风险能力也比较强，近年来宏观调控方式不断创新和完善，通过推动大众创业、万众创新与扩大公共产品和公共服务供给形成的新双引擎结构将对经济运行形成有力支撑，中国经济有望保持持续健康发展。当然也要看到，全球经济再平衡调整过程中各板块经济运行和宏观政策显著分化，溢出效应增大，环境复杂多变，国内经济内生增长动力尚待增强，结构调整过程中经济下行压力加大，并伴随一定的风险暴露，同时全社会债务水平仍在上升，供给过剩与供给不足并存，经济结构性矛盾依然突出。稳增长、调结构、促改革、惠民生和防风险的任务还十分艰巨。

中国人民银行将按照党中央、国务院的战略部署，坚持稳中求进工作总基调和宏观政策要稳、微观政策要活的总体思路，更加主动适应经济发展新常态，把转方式调结构放在更加重要位置，保持政策的连续性和稳定性，继续实施稳健的货币政策，更加注重松紧适度，适时适度预调微调，为经济结构调整与转型升级营造中性适度的货币金融环境，促进经济科学发展、可持续发展。综合运用数量、价格等多种货币政策工具，加强和改善宏观审慎管理，优化政策组合，保持适度流动性，实现货币信贷及社会融资规模合理增长。盘活存量，优化增量，改善融资结构和信贷结构。多措并举、标本兼治，着力降低社会融资成本。同时，更加注重改革创新，寓改革于调控之中，把货币政策调控与深化改革紧密结合起来，更充分地发挥市场在资源配置中的决定性作用。针对金融深化和创新发展，进一步完善调控模式，疏通传导机制，着力解决突出问题，提高金融运行效率和服务实体经济的能力。采取综合措施维护金融稳定，守住不发生系统性、区域性金融风险的底线。

Executive Summary

In 2014 the Chinese economy performed within a reasonable range and made progress in terms of structural adjustments. The proportion of value-added of tertiary industry continued to increase. The income gap between rural and urban residents further narrowed, and consumption made a greater contribution to economic growth. Consumer prices picked up moderately, while employment remained stable. In 2014 GDP growth was 7.4 percent year on year and the consumer price index was up 2.0 percent year on year.

In accordance with the decisions and overall arrangements of the Party Central Committee and the State Council, the PBC has continued its sound monetary policy. In the complex environment with the combined effects from the economic slowdown, the structural adjustments, and the absorption of previously implemented policies, the PBC remained focused and proactive, continuing to supplement and improve its toolkit and to optimize the combination of policy measures, tackling salient issues in economic performance, and conducting pre-emptive adjustments and fine-tunings by way of structural adjustments. Against the background of the decline in the RMB equivalent of foreign-exchange purchase, the PBC took the initiative to enhance the capacity of the base money supply and made comprehensive use of various monetary policy tools, including open market operations, short-term liquidity operations, and the Standing-Lending Facility to maintain aggregate liquidity at an adequate volume. Medium-Term Lending (MLF) and Pledged Supplementary Lending (PSL) facilities were introduced to encourage financial institutions to provide low-cost financing for the real sector supported by national policies. The PBC also asymmetrically lowered the benchmark lending and deposit interest rates and increased the flexibility of the interest rates for open market operations to reduce the financing costs for the overall society. Targeted reserve ratio cuts were carried out on two occasions, management of desirability lending was improved, and a mechanism for a dynamic adjustment of the differentiated reserve ratio was employed for counter-cyclical purposes and credit guidance. The new tool of credit policy supporting central bank lending was introduced. A central bank collateral management framework was established, the quotas of central bank lending and discounts were increased, and the role of credit policy was enhanced to guide fund flows to the agricultural sector, rural areas, and farmers, small and micro enterprises, and other key areas and weak links in the economy. Various financial reforms progressed in an orderly fashion. The upper limit of the floating range for deposit interest rates was raised to 1.2 times the benchmark level, and the maturity brackets of the benchmark interest rates were simplified and consolidated. The floating band of the RMB against the US dollar on the inter-bank spot foreign-exchange market was enlarged from 1 percent to 2 percent and the limit on the spread between RMB/USD buying and selling prices offered by designated foreign-exchange banks to their clients was removed. Public opinion was solicited on the draft rules for the Regulations on Deposit Insurance (Consultative Document). Furthermore, reform of the foreign-exchange management mechanism was further deepened.

Implementation of a sound monetary policy created a favorable financial environment for economic and social development, as reflected in the stable growth of money and credit, the continuous improvement in the loan structure, and the somewhat reduced financing costs for enterprises. At the end of 2014, broad money supply M2 was up 12.2 percent year on year. Outstanding RMB loans were up 13.6 percent year on year, registering an increase of RMB9.78 trillion yuan from the beginning of 2014, RMB890 billion yuan more than the increase during the corresponding period of 2013. All-system financing aggregates totaled RMB16.46 trillion yuan. In December, the weighted average loan interest rate offered to non-financial enterprises and other sectors was 6.77 percent, a reduction of 0.42 percentage point from the beginning of the year. The PBC has generally exited from regular foreign-exchange interventions and the RMB exchange rate has remained stable around the equilibrium level and with enhanced flexibility in two-way floating. At the end of the year, the central parity of the RMB against the US dollar was RMB6.1190 yuan per dollar, a depreciation of 0.36 percent from end-2013.

After the global financial crisis, the world economy has been undergoing a profound rebalancing. More evidence is indicative that the Chinese economy is adapting to the "new normal," as reflected in the moderation of growth rate, the structural adjustments, and the shift in drivers. In general, as a big and resilient economy with a broad market, China has a strong capability to resist risks and much room for maneuver. During recent years, macro-economic management has seen many innovations and improvements. Mass entrepreneurship and innovation are encouraged, and the supply of public goods and services has been increased. With these forming new twin engines for economic growth, the Chinese economy is expected to continue its sustained and sound growth. It should also be noted that during the global rebalancing, the economic performance and macro policies of the various countries and areas have been diverging, leading to increased spillover effects and a complicated international environment. The inherent dynamism of China's economic growth is yet to be strengthened. The economy will confront increased downward pressures and certain risk exposure during the structural adjustments. Meanwhile, the total debt level is still on the rise, insufficient supply coexists with supply surplus, and structural problems remain serious. Therefore, serious efforts are necessary to ensure steady growth, to make structural adjustments, to facilitate reform, and to improve the people's livelihood and to prevent risks.

The PBC will follow the strategic arrangements of the Party Central Committee and the State Council, adhere to the guidelines of seeking progress while maintaining stability and the overall principle of maintaining stable macro-economic policies, while also adopting flexible micro policies, taking initiatives to adapt to the new normal in the economy, placing more priority on the transformation of the development pattern and the structural adjustments, maintaining policy consistency and stability, continuing to implement a sound monetary policy that is neither too tight nor too loose, conducting timely and appropriate fine-tuning and preemptive adjustments, and creating a neutral, proper monetary and financial environment for the adjustment, transformation, and upgrading of the economic structure and to promote scientific and sustainable economic development. A combination of both quantitative and price-based monetary policy instruments will be employed, the macro-prudential policy framework will be improved, and the combination of policy measures will be further diversified and optimized to keep liquidity at an appropriate volume and to realize the opportune growth of money, credit, and all-system financing aggregates. There will be continued efforts to mobilize the stock of credit assets, optimize the structure of new loans, and improve the financing and credit structures. Numerous coordinated measures will be taken to address both the symptoms and the deep-rooted problems of the high social financing costs. At the same time, innovations in reform will be emphasized and the reform measures will be integrated with the macro-economic management policies so that monetary policy will work closely with the reform measures to further tap into the decisive role of the market in resource allocations. In view of the financial deepening and the innovations in the financial markets, the conduct of policies, including that of its transmission mechanism, will be further improved. Efforts will be focused on solving the most difficult problems. The quality of financial services, the efficiency of the financial sector, and the capacity of the financial sector to provide services to the real sector will be improved. A comprehensive set of measures will be put in place to safeguard the bottom line so as to prevent the emergence of either systemic financial risks or regional financial risks.

目　录

图

①数据来源：中国人民银行、国家统计局、商务部、海关总署、国家外汇管理局、世界银行、国际货币基金组织、世界贸易组织、联合国贸易和发展会议等。

②数据来源：相关中央银行、国家统计机构、世界银行、国际货币基金组织等。

Contents

Boxes

Tables

Figures

1. Source: The People's Bank of China, National Bureau of Statistics, Ministry of Commerce, General Administration of Customs, State Administration of Foreign Exchange, World Bank, International Monetary Fund, World Trade Organization, and United Nations Conference on Trade and Development, etc..

1. Source : Central banks, National statistical agencies in relevant countries, The World Bank, IMF, etc..

第一部分　货币信贷概况

2014年，银行体系流动性合理充裕，货币信贷和社会融资总量增长适度，贷款结构优化，融资成本下行，货币金融环境基本稳定。

一、货币总量增长平稳适度，基础货币供给渠道出现变化

2014年年末，广义货币供应量M2余额为122.8万亿元，按可比口径同比增长12.2%，增速比上年年末低1.4个百分点。狭义货币供应量M1余额为34.8万亿元，同比增长3.2%，增速比上年年末低6.1个百分点。流通中货币M0余额为6.0万亿元，同比增长2.9%，增速比上年年末低4.3个百分点。全年现金净投放1 688亿元，同比少投放2 227亿元。2014年下半年以来，货币增速有所放缓，主要与经济结构调整步伐加快、表外融资收缩、监管措施强化以及国际收支变化有关。当前M2增速仍高出名义GDP增速3个百分点左右，可以满足实体经济的有效需求。

年末基础货币余额为29.4万亿元，同比增长8.5%，增速比上年年末高1.1个百分点，比年初增加2.3万亿元。货币乘数为4.18，比上年年末高0.10。金融机构超额准备金率为2.7%。其中，农村信用社为8.5%。2014年基础货币供给渠道发生了变化，中央银行货币政策工具（包括公开市场操作、再贷款再贴现和其他流动性支持工具）取代外汇占款成为基础货币供给的主渠道。全年央行货币政策工具供给基础货币约2万亿元，同比多增2.1万亿元；外汇占款供给基础货币约6 400亿元，同比少增2.1万亿元。此外，财政存款同比少增超过5 000亿元，也相应同比减少了基础货币。

二、金融机构存款同比少增，季末波动有所减小

2014年年末，全部金融机构（含外资金融机构，下同）本外币各项存款余额为117.4万亿元，同比增长9.6%，增速比上年年末低3.9个百分点，比年初增加10.2万亿元，同比少增2.5万亿元。人民币各项存款余额为113.9万亿元，同比增长9.1%，增速比上年年末低4.7个百分点，比年初增加9.5万亿元，同比少增3.1万亿元。受货币基金快速发展、表外理财持续较快增长以及10月以来股市明显回暖等因素影响，2014年以来存款分流效应较为明显，人民币各项存款[①]更多转化为货币基金等非存款类金融机构存款。随着强化存款偏离度监管要求效果逐步显现，存款第三、第四季度末波动性减小，9月和12月最后一天存款分别新增6 998亿元和3 288亿元，同比分别少增4 342亿元和6 743亿元。外币存款余额为5 735亿美元，同比增长30.8%，比年初增加1 084亿美元，同比多增800亿美元；但9月以来呈下降态势，2014年后4个月

①截至2014年年末，人民币各项存款统计口径包括住户存款、非金融企业存款、机关团体存款、财政存款、其他存款和非居民存款，不包括非存款类金融机构（除保险公司和金融控股公司以外）存款。

合计减少506亿美元，同比多减547亿美元，这与美联储结束量化宽松政策（QE）以及美元加息预期上升等因素有关。

从人民币存款部门分布看，住户和非金融企业存款增速放缓，非存款类金融机构存款增长较快。年末住户存款余额为50.3万亿元，同比增长8.9%，增速比上年年末低4.7个百分点，比年初增加4.1万亿元，同比少增1.4万亿元。非金融企业存款余额为37.8万亿元，同比增长4.6%，增速比上年年末低5.8个百分点，比年初增加2.0万亿元，同比少增1.5万亿元。财政存款余额为3.6万亿元，比年初增加5 531亿元，同比少增235亿元。非存款类金融机构存款余额为9.4万亿元，同比增长59.4%，增速比上年年末高27个百分点，比年初增加3.5万亿元，同比多增2.5万亿元。

三、金融机构人民币贷款年度增量创历史新高

2014年年末，金融机构本外币贷款余额为86.8万亿元，同比增长13.3%，比年初增加10.2万亿元，同比多增8 223亿元。人民币贷款增长较快。年末余额为81.7万亿元，同比增长13.6%，增速连续两个月回升，比10月末高0.4个百分点，比上年年末低0.5个百分点。全年新增人民币贷款9.78万亿元，同比多增8 900亿元，增量创历史新高。

从人民币贷款结构看，住户贷款增速高位回落，非金融企业及其他部门贷款增速回升；新增中长期贷款占比上升。年末，住户贷款余额为23.1万亿元，同比增长16.6%，增速比上年年末低6.5个百分点，比年初增加3.3万亿元，同比少增4 218亿元。其中，个人住房贷款比年初增加1.6万亿元，同比多增368亿元。非金融企业及其他部门贷款余额为58.3万亿元，同比增长12.5%，增速比上年年末高1.4个百分点，比年初增加6.5万亿元，同比多增1.3万亿元。从期限看，中长期贷款比年初增加6.1万亿元，同比多增1.5万亿元，在新增贷款中占比达62.0%，比上年高10.4个百分点。包含票据融资在内的短期贷款比年初增加3.4万亿元；其中票据融资新增9 574亿元，同比多增1.0万亿元。各类金融机构贷款普遍同比多增，其中，中资全国性大型银行、中

表1　2014年分机构新增人民币贷款情况

单位：亿元

	2014年		2013年	
	新增额	同比多增	新增额	同比多增
中资全国性大型银行①	44 338	3 343	40 995	2 211
中资全国性中小型银行②	28 824	1 026	27 798	4 596
中资区域性中小型银行③	17 478	4 933	12 545	-668
小型农村金融机构④	14 105	781	13 324	1 780
外资金融机构	772	386	386	-391

注：①中资全国性大型银行是指本外币资产总额大于等于2万亿元的银行（以2008年年末各金融机构本外币资产总额为参考标准）。

②中资全国性中小型银行是指本外币资产总额小于2万亿元且跨省经营的银行。

③中资区域性中小型银行是指本外币资产总额小于2万亿元且不跨省经营的银行。

④小型农村金融机构包括农村商业银行、农村合作银行、农村信用社。

数据来源：中国人民银行。

资区域性中小型银行同比多增较多。

外币贷款增长放缓。2014年年末，金融机构外币贷款余额为8 351亿美元，同比增长7.5%，增速比上年年末低6.2个百分点，比年初增加582亿美元，同比少增353亿美元。从投向看，短期单位普通贷款及透支增加355亿美元，同比多增208亿美元；贸易融资减少348亿美元，同比少增568亿美元；境外贷款增加378亿美元，同比略少增。

四、社会融资规模结构变化

初步统计，2014年社会融资规模为16.46万亿元，比上年少8 598亿元，为历史次高水平（历史最高为2013年的17.32万亿元）。

从全年社会融资规模整体情况看，主要有以下四个特点。第一，人民币贷款占比明显上升。2014年，新增人民币贷款占社会融资规模的59.4%，同比高8.1个百分点。第二，外币贷款增量低于上年。新增外币贷款折合人民币为3 554亿元，同比少增2 294亿元；占同期社会融资规模的2.2%，比上年低1.2个百分点。其中，12月外币贷款折合人民币增加540亿元，由之前连续五个月减少转为增加。第三，债券和股票融资大幅增加，拉动直接融资金额和占比均创历史最高水平。非金融企业境内债券和股票合计融资2.86万亿元，比上年多8 273亿元；占同期社会融资规模的17.3%，创历史最高水平，比上年高5.5个百分点。第四，表外融资同比大幅少增。2014年，实体经济以委托贷款、信托贷款和未贴现的银行承兑汇票方式合计融资2.90万亿元，同比少2.27万亿元；占同期社会融资规模的17.5%，比上年低12.3个百分点。12月，表外融资恢复增长态势，合计融资7 254亿元，分别比上月和上年同期多6 966亿元和1 737亿元，其中，信托贷款和未贴现银行承兑汇票融资由之前连续五个月为负转为正增长。

五、金融机构存贷款利率总体走低，企业融资成本高问题有所缓解

根据国务院的统一部署，中国人民银行会同相关部门采取多项措施，综合运用数量型、价格型工具，引导社会融资成本下行。2014年年末，银行间市场3年期、7年期AA级企业债到期收益率分别为5.85%和6.34%，较上年年末分别下降1.50个和1.27个百分点。2014年12月，非金融企业及其他部门贷款加

表2　2014年社会融资规模

单位:亿元

时期	社会融资规模[①]	其中:						
		人民币贷款	外币贷款(折合人民币)	委托贷款	信托贷款	未贴现银行承兑汇票	企业债券	非金融企业境内股票融资
2013年	173 169	88 916	5 848	25 466	18 404	7 756	18 111	2 219
2014年[②]	164 571	97 816	3 554	25 070	5 174	-1 285	24 253	4 350

注：①社会融资规模是指一定时期内实体经济从金融体系获得的资金总额，是增量概念。

②当期数据为初步统计数。

数据来源：中国人民银行、国家发展和改革委员会、中国证券监督管理委员会、中国保险监督管理委员会、中央国债登记结算有限责任公司和中国银行间市场交易商协会等。

权平均利率为6.77%，比年初下降0.42个百分点。其中，一般贷款加权平均利率为6.92%，比年初下降0.22个百分点；票据融资加权平均利率为5.67%，比年初下降1.87个百分点。个人住房贷款利率先升后降，12月加权平均利率为6.25%，比年初下降0.29个百分点。

从利率浮动情况看，执行下浮、上浮利率的贷款占比上升，执行基准利率的贷款占

表3 2014年1～12月金融机构人民币贷款各利率区间占比

单位：%

月份	下浮	基准	上浮					
			小计	(1.0，1.1]	(1.1，1.3]	(1.3，1.5]	(1.5，2.0]	2.0以上
1月	8.20	22.81	68.99	17.90	27.39	11.00	9.78	2.92
2月	7.56	24.96	67.48	20.61	26.09	10.13	8.05	2.60
3月	8.35	21.40	70.25	18.81	27.69	11.17	9.56	3.02
4月	6.14	20.60	73.26	20.20	28.47	11.93	9.69	2.97
5月	7.35	19.81	72.84	20.45	28.12	11.97	9.52	2.78
6月	9.32	21.57	69.11	20.24	26.71	11.19	8.42	2.55
7月	8.23	19.68	72.09	19.35	27.78	12.46	9.69	2.81
8月	7.50	18.80	73.70	18.28	29.35	13.21	9.81	3.05
9月	8.31	20.43	71.26	19.01	28.18	12.29	9.00	2.78
10月	8.91	20.43	70.66	18.55	27.29	12.08	9.63	3.12
11月	9.44	19.94	70.63	18.73	26.84	12.32	9.55	3.19
12月	13.10	19.64	67.26	18.87	24.89	11.26	9.22	3.02

数据来源：中国人民银行。

表4 2014年1～12月大额美元存款与美元贷款平均利率

单位：%

月份	大额存款						贷款				
	活期	3个月以内	3(含3个月)～6个月	6(含6个月)～12个月	1年	1年以上	3个月以内	3(含3个月)～6个月	6(含6个月)～12个月	1年	1年以上
1月	0.21	2.41	3.43	3.48	3.54	2.68	2.82	2.90	3.14	2.88	3.56
2月	0.20	2.50	3.54	3.68	3.66	3.08	3.08	3.13	3.46	3.10	3.08
3月	0.25	2.60	3.68	3.63	3.85	2.72	3.08	3.20	3.35	3.30	3.16
4月	0.27	2.45	3.56	3.70	3.66	2.81	3.11	3.24	3.59	3.52	3.47
5月	0.26	2.21	3.24	3.43	3.58	2.83	2.97	3.09	3.45	3.52	3.63
6月	0.22	1.99	3.03	3.17	3.69	2.78	2.87	3.03	3.37	3.42	3.45
7月	0.21	1.59	2.72	2.96	3.47	2.48	2.73	2.97	3.32	3.24	3.72
8月	0.19	1.09	2.13	2.77	3.06	2.16	2.61	2.66	3.01	2.89	3.39
9月	0.14	0.83	1.76	2.30	2.40	1.18	2.53	2.51	2.67	2.74	3.55
10月	0.15	0.86	1.59	2.19	2.46	1.57	2.59	2.52	2.78	2.74	3.39
11月	0.12	0.70	1.41	2.08	2.53	1.85	2.15	2.22	2.57	2.75	3.68
12月	0.14	0.64	1.31	1.87	2.03	1.40	2.29	2.22	2.36	2.72	3.47

数据来源：中国人民银行。

比下降。12月，一般贷款中执行下浮、上浮利率的贷款占比分别为13.10%和67.26%，比年初分别上升0.63个和3.86个百分点；执行基准利率的贷款占比为19.64%，比年初下降4.49个百分点。

外币存贷款利率在国际金融市场利率波动、境内外币资金供求变化等因素的综合作用下，总体较年初有所下降。12月，活期、3个月以内大额美元存款加权平均利率分别为0.14%和0.64%，比年初分别下降0.04个和1.34个百分点；3个月以内、3（含3个月）～6个月美元贷款加权平均利率分别为2.29%和2.22%，比年初分别下降0.37个和0.60个百分点。

六、人民币汇率双向浮动弹性明显增强

2014年，人民币汇率小幅贬值，双向浮动特征明显，汇率弹性显著增强，人民币汇率预期总体平稳。2014年年末，人民币对美元汇率中间价为6.1190元，比2013年年末贬值221个基点，贬值幅度为0.36%。2005年人民币汇率形成机制改革以来至2014年年末，人民币对美元汇率累计升值35.26%。根据国际清算银行的计算，2014年，人民币名义有效汇率升值6.41%，实际有效汇率升值6.24%；2005年人民币汇率形成机制改革以来至2014年12月，人民币名义有效汇率升值40.51%，实际有效汇率升值51.04%。

七、跨境人民币业务保持平稳发展

2014年，跨境贸易和投资人民币结算业务保持平稳发展。初步统计，银行累计办理跨境贸易人民币结算业务6.55万亿元①，同比增长42%。其中，货物贸易结算金额为5.9万亿元；服务贸易及其他经常项目结算

数据来源：中国人民银行。

图1　跨境贸易人民币结算情况

① 自2014年8月开始，无货物报关的转口贸易，由服务贸易调整到货物贸易进行统计，货物贸易金额扩大，服务贸易金额相应减少，历史数据一并调整。

金额为0.65万亿元。跨境贸易人民币结算实收2.73万亿元，实付3.82万亿元，收付比为1：1.4。直接投资方面，2014年银行累计办理人民币跨境直接投资结算金额1.05万亿元，其中，人民币对外直接投资结算金额为1 865.6亿元，同比增长118%；外商直接投资结算金额为8 620.2亿元，同比增长92%。

第二部分 货币政策操作

2014年以来，面对复杂多变的国内外经济金融形势，根据党中央、国务院统一部署，中国人民银行坚持稳中求进、改革创新，继续实施稳健的货币政策，既保持定力又主动作为，瞄准经济运行中的突出问题，不断补充和完善货币政策工具组合，适时适度预调微调。

一、灵活开展公开市场操作

2014年，随着国际收支和人民币汇率趋向均衡，并受美联储逐步退出QE等因素影响，外汇流入减少，对银行体系流动性的影响总体趋于中性，但阶段性波动仍然存在。同时，在金融市场快速发展、金融创新持续涌现的背景下，传统季节性因素与市场因素、监管因素等相互交织，加大了银行体系流动性供求变化的不确定性。

中国人民银行深入分析不同阶段流动性供求变化的特点，按照稳健货币政策要求灵活开展公开市场操作，合理安排操作工具组合，有效调节银行体系流动性，既保证了流动性总量的适度充裕，又促进了流动性和货币市场的平稳运行。上半年，针对外汇占款增长前快后慢、春节等季节性因素对流动性影响较大的特点，以正回购操作为主、逆回购操作为辅，搭配使用短期流动性调节工具（SLO）灵活开展公开市场操作，保持流动性总量合理适度和分布均衡；进入下半年之后，综合考虑流动性总量仍较为充裕，但外汇占款增长进一步放缓、影响流动性供求的不确定因素有所增多的实际情况，逐步降低公开市场正回购操作的力度和频率，直至暂停正回购操作，并通过正回购和央行票据到期、开展SLO操作等适时适度投放流动性，与其他工具相配合促进流动性平稳增长，同时加强预调微调，熨平流动性短期波动。全年公开市场累计开展正回购操作30 210亿元，开展逆回购操作5 250亿元；开展SLO操作累计投放流动性10 210亿元，回笼流动性1 000亿元。年末公开市场正、逆回购操作余额均为0；SLO投放流动性操作余额为1 000亿元，回笼流动性操作余额为0；央行票据余额为4 222亿元。

中国人民银行密切监测各阶段市场利率走势变化，合理把握并适时增强公开市场操作利率弹性，有效引导市场预期。上半年，公开市场操作利率总体保持稳定；下半年，顺应市场利率走势变化，同时配合存贷款基准利率调整，公开市场14天期正回购操作利率先后4次下行，累计降幅达60个基点，对引导货币市场利率平稳下行、降低社会融资成本发挥了积极作用。

适时开展中央国库现金管理操作。2014年共开展12期中央国库现金管理商业银行定期存款业务，操作规模共计6 200亿元，其中3个月期3 800亿元，6个月期1 500亿元，9个月期900亿元；年末余额为2 700亿元，比上年末增加1 600亿元。

二、适时开展常备借贷便利操作，创设中期借贷便利

为加强和改善银行体系流动性管理，保持流动性合理适度，促进货币市场平稳运行，2014年1月，中国人民银行在10个省（市）开展分支机构常备借贷便利操作试点，向符合宏观审慎要求的地方法人金融机构提供短期流动性支持。2014年春节前，中国人民银行总行和试点地区分支机构向符合条件的金融机构提供了短期流动性支持，探索发挥常备借贷便利利率作为货币市场利率上限的作用，稳定市场预期，促进货币市场平稳运行。根据货币市场流动性总体情况，第二季度以来人民银行未开展常备借贷便利操作，年末常备借贷便利余额为0。

中国人民银行于2014年9月创设中期借贷便利，向符合宏观审慎管理要求的商业银行、政策性银行提供中期基础货币。2014年，人民银行累计开展中期借贷便利操作1.14万亿元，年末余额为6 445亿元，期限均为3个月，利率为3.5%。总体看，在外汇占款渠道投放基础货币出现阶段性放缓的情况下，中期借贷便利起到了主动补充基础货币的作用，有利于引导货币信贷和社会融资稳定增长，为稳增长和调结构营造中性适度的货币金融环境。中国人民银行在提供中期借贷便利的同时，引导金融机构加大对小微企业和“三农”等国民经济重点领域和薄弱环节的支持力度，发挥中期政策利率的作用，促进降低贷款利率和社会融资成本，更好地服务实体经济。

三、实施定向降准，调整存款准备金交存范围

两次实施定向降准，建立引导金融机构提高“三农”和小微企业贷款比例的正向激励机制。中国人民银行于2014年4月和6月，分别下调县域农村商业银行和农村合作银行人民币存款准备金率2个和0.5个百分点，对符合审慎经营要求且“三农”或小微企业贷款达到一定比例的商业银行下调人民币存款准备金率0.5个百分点。此外，下调财务公司、金融租赁公司和汽车金融公司人民币存款准备金率0.5个百分点。

结合基础货币投放渠道变化情况和季节性因素影响，为弥补流动性缺口，保持流动性合理适度，中国人民银行决定自2015年2月5日起下调金融机构人民币存款准备金率0.5个百分点。同时，为进一步增强金融机构支持结构调整的能力，加大对小微企业、“三农”以及重大水利工程建设的支持力度，对小微企业贷款占比达到定向降准标准的城市商业银行、非县域农村商业银行额外降低人民币存款准备金率0.5个百分点，对中国农业发展银行额外降低人民币存款准备金率4个百分点。

此外，中国人民银行于2015年起对存款统计口径进行调整，将存款类金融机构吸收并原在同业往来项下统计的证券及交易结算类存放、银行业非存款类存放、SPV存放、其他金融机构存放以及境外金融机构存放纳入各项存款统计范围，上述新纳入各项存款口径的存款计入存款准备金交存范围，适用的存款准备金率暂定为零。

四、加强宏观审慎管理，继续发挥差别准备金动态调整机制的逆周期调节和结构引导作用

继续运用差别准备金动态调整机制加强宏观审慎管理。根据国内外经济金融形势变化、金融机构稳健性状况和信贷政策执行情况，2014年各季度，人民银行均根据形势变化适时调整差别准备金动态调整机制的有关参数，并进一步完善了差别准备金动态调整规则，根据有效信贷需求状况，在参数调整上向支农支小较多的中小金融机构，以及中西部和欠发达地区金融机构倾斜，更有针对性地鼓励和引导金融机构提高对小微企业、“三农”及中西部、欠发达地区的贷款比例，引导信贷合理增长。

五、新设信贷政策支持再贷款等工具，加大再贷款、再贴现力度，支持优化信贷投放

中国人民银行于2014年年初调整再贷款分类，设立信贷政策支持再贷款类别，包括支农再贷款和新设的支小再贷款，并创设抵押补充贷款（PSL），主要发挥促进信贷结构调整的作用，支持金融机构扩大对“三农”、小微企业和棚改等国民经济重点领域和薄弱环节的信贷投放。进一步完善信贷政策支持再贷款和再贴现管理政策，多次增加支农再贷款、支小再贷款和再贴现额度。年末全国支农再贷款余额为2 154亿元，比年初增加470亿元；支小再贷款余额为524亿元，比年初增加524亿元，再贴现余额为1 372亿元，比年初增加235亿元。

开展信贷资产质押和央行内部评级试点工作。为保障央行债权安全，防范金融机构道德风险，解决中小金融机构合格抵押品相对不足的问题，2014年，人民银行总行在山东、广东开展信贷资产质押和央行内部评级试点，将经人民银行内部评级的金融机构优质信贷资产纳入央行合格抵押品范围，完善中央银行抵押品管理框架。目前，试点地区初步建立了信贷资产质押再贷款的基本制度、操作规程和央行内部评级数据库，并开展了信贷资产质押再贷款操作，形成了可复制可推广的经验。2015年，人民银行将逐步推广分支行信贷资产质押和央行内部评级试点。

六、加强窗口指导和信贷政策引导

中国人民银行充分发挥货币政策、宏观审慎政策工具以及信贷政策的信号和结构引导作用，加强信贷政策与产业政策的协调配合，进一步改进和完善信贷政策导向效果评估，引导金融机构优化信贷结构。鼓励银行业金融机构探索创新组织、机制、抵押品、产品和服务模式，将更高比例的贷款投向“三农”和小微企业等国民经济重点领域和薄弱环节。研究拓宽农村抵押担保物范围，鼓励银行创新开展家庭农场、种养大户等新型农业经营主体“一对一”金融服务。加大民生金融力度，在14个连片特困地区全面建立了服务联动协调机制；继续完善就业、助学、少数民族、农民工、大学生村官等民生金融；做好金融支持鲁甸地震灾后恢复重建的金融服务工作。加大对有市场发展前景的先进制造业、战略性新兴产业、现代信息技术产业和信息消费、文化产业、服务业、传统产业改造升级以及绿色环保等领域的资金支持力度。保证符合条件的在建续建工程和项目的合理资金需求，积极支持棚户区

改造、铁路、农田水利、地下管网等既惠民生也能提升增长质量和效益的重大基础设施和民生工程建设。对于产能过剩行业，根据“区别对待、不搞一刀切”的原则，督促金融机构按照“消化一批、转移一批、整合一批、淘汰一批”的要求，改进和强化信贷管理。改进和落实好差别化住房信贷政策。此外，注重发挥资本市场作用，积极推进信贷资产证券化盘活信贷存量，支持符合条件的商业银行发行小微企业金融债券，启动“三农”专项金融债券发行工作。

在各项措施综合引导下，金融机构信贷结构继续优化，对小微企业、中西部地区等的支持力度增强。一是小微企业贷款较快增长，贷款增速高于各项贷款平均水平，全年贷款增量高于上年。2014年年末，小微企业贷款余额为15.26万亿元，同比增长15.5%，增速比2013年年末高1.3个百分点，比同期各项贷款增速高1.9个百分点。2014年小微企业贷款新增2.13万亿元，同比多增1 285亿元，占企业新增贷款的41.9%，比同期大型企业新增贷款占比高18.1个百分点。二是中西部地区贷款增速持续高于东部地区，信贷资金持续向中西部倾斜。2014年年末，西部地区贷款余额同比增长16.7%，增速比中部地区高0.9个百分点，比东部地区高5.2个百分点。三是产能过剩行业中长期贷款增速回落。2014年年末，产能过剩行业中长期贷款余额同比增长3.9%，增速较2013年年末回落3.6个百分点。

七、下调金融机构存贷款基准利率，继续推进利率市场化改革

针对实体经济反映的“融资难、融资贵”问题，结合物价等变动趋势，中国人民银行于2014年11月22日采取非对称方式下调金融机构人民币贷款和存款基准利率。其中，金融机构1年期贷款基准利率下调0.4个百分点至5.6%；1年期存款基准利率下调0.25个百分点至2.75%。此次利率调整适应物价水平整体走低的形势，稳健货币政策取向并未发生变化。下调存贷款基准利率，有利于发挥基准利率的引导作用，有针对性地引导市场利率和社会融资成本下行，促进实际利率逐步回归合理水平。

利率市场化改革继续推进并取得重要进展。一是金融机构利率管制有序放开。2014年3月1日，放开中国（上海）自由贸易试验区小额外币存款利率上限。11月22日，在下调存贷款基准利率的同时，将人民币存款利率浮动区间的上限由存款基准利率的1.1倍调整为1.2倍，并对基准利率期限档次作适当简并，金融机构自主定价空间进一步扩大。二是市场利率定价自律机制不断健全。自律机制成员范围逐步扩大，新增93家金融机构作为自律机制成员，进一步发挥自律机制的激励约束作用。三是同业存单发行交易稳步推进。同业存单的发行主体范围进一步扩大，发行交易日益活跃。这不仅有效提升了银行主动管理负债和自主定价的能力，也为推出面向企业和个人发行的大额存单积累了宝贵经验。2014年，89家金融机构在银行间市场发行同业存单998只，发行总量为8 986亿元，二级市场交易总量为4 231亿元。同业存单发行交易全部参照Shibor定价，同业存单市场的较快发展，为提高中长端Shibor的基准性奠定了基础。12月，3个月期同业存单发行加权平均利率为5.01%，较3个月Shibor高43个基点。

专栏1　央行利率政策调整后金融机构的存贷款利率定价变化

中国人民银行于2014年11月22日采取非对称方式下调了金融机构人民币贷款和存款基准利率，并进一步推进利率市场化改革。利率政策调整后金融机构贷款利率有所下行，存款利率定价的市场化程度进一步提高，政策效果初步显现。

贷款定价方面，此次降息后商业银行迅速按照新的基准利率，相应下调了贷款挂牌利率和定价系统中的相关参数，银行客户的贷款利率水平有所降低，通过下调基准利率引导实际贷款利率下行的作用逐步显现。目前，贷款基础利率（LPR）报价为5.51%，较降息前下降0.25个百分点。12月，非金融性企业及其他部门一般贷款（不含贴现）加权平均利率为6.92%，比降息前（2014年10月，下同）下降0.44个百分点。受12月货币市场利率变动的影响，票据融资利率有所上升，一定程度上收窄贷款利率总体降幅。当月，非金融性企业及其他部门贷款加权平均利率为6.77%，比降息前下降0.11个百分点。

利率政策调整后，金融机构基本能够综合考虑资金成本、管理成本、风险溢价等因素，按照收益覆盖风险成本的原则合理确定贷款利率，贷款利率定价的差异化特征进一步显现。根据调研的情况，从金融机构看，利率政策调整后国有商业银行、股份制商业银行的贷款加权平均利率仍低于农村合作金融机构等地方法人金融机构，体现出针对不同贷款客户差异化定价的特点。从企业看，降息后大中小微企业贷款利率水平均有所下降，由于客户风险溢价不同，各类型企业贷款利率较基准利率的浮动幅度呈现梯度上行。

存款定价方面，此次利率政策调整后，金融机构存款挂牌平均利率总体下降，各期限品种利率浮动区间有所扩大，但距1.2倍的上限仍有一定空间。据调查，12月金融机构活期、3个月、6个月、1年期、2年期和3年期存款加权平均利率分别为0.37%、2.74%、2.98%、3.23%、3.92%和4.61%，除活期存款利率保持不变、3年期存款利率较调整前小幅上升外，其余各期限品种利率均有所下降。总体看，各期限存款加权平均利率相当于基准利率的1.17倍左右。

利率政策调整后，金融机构存款利率定价策略有所分化，存款利率初步形成分层。国有商业银行存款挂牌利率最低，地方法人金融机构普遍较高，股份制商业银行介于二者之间。同时，国有商业银行和股份制银行普遍对分支机构扩大了存款利率定价权限，授权分支机构根据自身经营策略、不同区域市场竞争环境、客户综合贡献度等因素差别化定价，合理控制资金成本。

总体看，此次利率调整并推进利率市场化改革后，金融机构自主定价空间进一步扩大，实际存贷款利率均有所下行，对促进降低企业融资成本、提高金融机构自主定价能力、健全市场化利率形成和传导机制都发挥了积极作用。考虑到此次利率调整政策的执行时间尚短，贷款利率的下降还会受到金融机构筹资成本、年初重定价、贷款风险溢价等多方面因素影响，政策执行效果仍需进一步观察。

八、完善人民币汇率形成机制

继续按主动性、可控性和渐进性原则，进一步完善人民币汇率市场化形成机制，保持人民币汇率在合理均衡水平上的基本稳定。2014年3月15日，中国人民银行宣布将银行间即期外汇市场人民币兑美元交易价浮动幅度由1%扩大至2%。7月2日，中国人民银行取消银行对客户美元挂牌买卖价差管理。让市场供求在汇率形成中发挥更大作用，人民币汇率弹性增强，汇率预期分化，央行基本退出常态外汇干预，建立有管理的浮动汇率制度。

2014年，人民币对美元汇率中间价最高为6.0930元，最低为6.1710元，245个交易日中107个交易日升值、138个交易日贬值，最大单日升值幅度为0.37%（225点），最大单日贬值幅度为0.18%（111点）。

人民币对欧元、日元等其他国际主要货币汇率有所升值。2014年年末，人民币对欧元、日元汇率中间价分别为1欧元兑7.4556元人民币、100日元兑5.1371元人民币，分别较2013年年末升值12.92%和升值12.46%。2005年人民币汇率形成机制改革以来至2014年年末，人民币对欧元汇率累计升值34.32%，对日元汇率累计升值42.22%。

为促进双边贸易和投资，中国人民银行继续采取措施推动人民币直接交易市场发展。2014年，在银行间外汇市场先后推出人民币对新西兰元、英镑、欧元以及新加坡元直接交易，推出人民币对哈萨克斯坦坚戈银行间市场区域交易。银行间外汇市场人民币直接交易成交活跃，流动性明显提升，降低了微观经济主体的汇兑成本。

表5　2014年银行间外汇即期市场人民币对各币种交易量

单位：亿元人民币

币种	美元	欧元	日元	港币	英镑	澳元	新西兰元	新加坡元	加拿大元	林吉特	卢布	泰铢	坚戈
交易量	239 942	3 155	4 551	2 031	1 377	1 486	281	838	14	12	255	2	3

数据来源：中国外汇交易中心。

专栏2　人民币对外币直接交易稳步发展

2009年跨境人民币业务试点以来，人民币在国际上的使用范围更加广泛，加之国际金融危机后主要货币汇率波动加大，一些新兴市场的微观经济主体出于节约汇兑成本等考虑，对人民币与新兴市场货币兑换交易的需求上升。为满足经济主体的需求，中国人民银行开始探索在银行间外汇市场挂牌人民币对新兴市场货币直接交易。2010年，人民币对马来西亚林吉特和俄罗斯卢布直接交易在我国和对方国家银行间外汇市场同时挂牌。随着人民币国际影响力提升以及人民币对外币直接交易市场的发展，一些发达经济体希望其货币与人民币开展直接交易。截至2014年年末，已实现人民币与八种货币在双方银行间外汇市场直接交易。

境外人民币直接交易市场获得长足发展。人民币对外币直接交易日益活跃，成交快速增长，2014年，人民币对外币直接交易共成交10 482亿元人民币，在银行间外汇市场即期交易中占比为4.7%，而2010年前银行间外汇市场人民币对非美货币成交量占比不到0.5%。开展直接交易以来至2014年年末，人民币直接交易日均成交102.22亿元人民币，与各币种推出直接交易前一年日均成交12.12亿元人民币相比，提升了8.4倍。

人民币对外币直接交易有以下特点：一是建立不经套算的直接汇率形成机制。在未实现直接交易前，银行的通常做法是先将柜台非美货币结售汇头寸在银行间外汇市场兑换为美元头寸，然后再通过人民币对美元交易平盘。实现直接交易后，银行将不对头寸进行拆分而直接在银行间外汇市场平盘，促进直接汇率的形成。在此基础上，人民币对直接交易货币的中间价也不再经美元套算，而是由直接交易做市商报价形成，市场汇率主要受双边本币结算的供求关系和国际汇市的影响。

二是做市商结构优化。每一个直接交易货币都有各自独立的做市商体系，涵盖不同类型的做市商，以体现差异化的市场需求。既有柜台基础较好的中资银行，也有做市经验丰富的外资银行，中资银行中不仅包含业务覆盖面广的全国性商业银行，也有边贸活跃地区的地方性银行；外资银行则包含全球性商业银行以及直接交易货币发行国银行在中国境内的分行。

三是直接交易货币更为丰富。五年来，人民币直接交易货币顺应市场需求从最初的林吉特、卢布等周边国家货币扩展到了欧元、英镑、日元等主要储备货币以及澳大利亚元、新西兰元、新加坡元等可兑换货币，初步形成人民币直接交易网络，这与人民币国际化进程也是相适应的。

四是境内外人民币对外币市场协同发展。在推动人民币对外币直接交易的过程中，注重双边对等挂牌的原则，形成境内外人民币直接交易市场的联动、相互促进，对于韩元等部分有一定兑换限制的货币，则在对方市场先进行人民币直接交易。目前，莫斯科、伦敦、法兰克福、新加坡和澳大利亚等地都已形成一定规模的人民币直接交易离岸市场，不仅为境外主体进行人民币对当地货币的兑换提供了便利，也产生了规模效应。

人民币直接交易稳步发展的好处逐步显现。一是降低汇兑成本。银行通过直接交易一次平盘可降低平盘成本，再通过内部定价机制向柜台结售汇牌价传导。从银行对个人的结售汇牌价看，直接交易货币银行柜台买卖差价从原来的0.8% 缩小为0.7%，汇兑成本降低12.5%，由于企业有一定的议价空间，节省的汇兑成本更多。二是提高价格透明度。未实现直接交易前，经济主体缺乏人民币对该货币汇率信息。直接交易形成人民币对该货币的双边汇率，能降低汇率信息的搜寻成本和摩擦成本。三是推动人民币国际化。近年来，在俄罗斯、韩国已形成相当规模的当地货币对人民币直接交易。以俄罗斯外汇市场人民币对卢布交易快速发展为例，2014年莫斯科交易所（MICEX）人民币对卢布交易量是2013年交易量的7倍。四是促进外汇市场发展，服务实体经济。实现双边货币直接交易，银行间市场直接交易为柜台结售汇提供了流动性，可促进银行增加柜台挂牌币种，这些都有助于为实体经济提供汇兑便利。五是有助于增强汇率弹性，推动人民币汇率市场化形成机制改革。

随着我国与世界各国经贸往来的发展，人民币与外币直接交易需求将逐步上升。中国人民银行将继续推动人民币对外币直接交易市场发展，促进双边经贸往来，为促进贸易投资便利化提供更加便捷高效且低成本的金融服务。

2014年，在中国人民银行与境外货币当局签署的双边本币互换协议下，境外货币当局共开展交易11 305.50亿元人民币，共实际动用380.07亿元人民币，动用余额为158.01亿元人民币，对促进双边贸易投资发挥了积极作用。

九、深入推进金融机构改革

《存款保险条例（征求意见稿）》向全社会公开征求意见。2014年，国务院常务会议审议通过了《中国人民银行关于建立存款保险制度实施方案的汇报》，拟建立存款保险制度，覆盖所有存款类金融机构，实行最高50万元的有限赔付，以低费率起步，将保费建立存款保险基金。12月30日，《存款保险条例（征求意见稿）》向全社会公开征求意见已经结束。存款保险制度是市场经济条件下保护存款人利益和完善金融安全网的重要制度安排，对于理顺政府与市场的关系、深化金融改革、维护金融稳定和提升金融业竞争力具有重要作用。50万元的保护限额，能够为目前全部金融机构99.6%的存款人提供全额保护，确保绝大多数存款人的信心和稳定。

金融机构改革继续深化。2014年7月，国家开发银行住宅金融事业部获批开业。同时，进一步发挥开发性金融对棚户区改造的支持作用，为棚改提供依法合规、操作便捷、成本适当、来源稳定的融资渠道。2014年，国家开发银行共新增发放棚改贷款4 086亿元，较上年增加3 026亿元，增长286%。中国农业发展银行改革方案经国务院第63次常务会议原则同意，明确了改革的总体目标和主要政策措施。加快推进国家开发银行和中国进出口银行改革，进一步强化两家银行服务国家战略的功能和作用。资产管理公司转型改制工作取得新进展。8月，华融资产管理公司与八家战略投资者正式签署战略合作协议，战略投资者投资共计145.4亿元，占华融资产管理公司增资后股份总额的21.0%。农村信用社改革稳步推进，经营财务状况和涉农金融服务持续改善。2014年年末，全国农村信用社不良贷款比例为3.8%，同比下降0.3个百分点；资本充足率为13.2%，同比提高2.8个百分点；拨备覆盖率为135.2%，同比提高8.7个百分点；全年实现利润2 339亿元。涉农贷款和农户贷款余额分别为7.1万亿元和3.4万亿元，分别同比增长13.4%和12.0%。截至2014年年末，全国共组建以县（市）为单位的统一法人农村信用社1 484家，农村商业银行665家，农村合作银行89家。全国农村信用社普遍基本建立了“三会一层”的法人治理组织架构和制度规则并初步运行，内部管理水平有所提升。

十、深化外汇管理体制改革

推进简政放权和便利化取得新成效。一是行政审批项目进一步下降。2014年取消5项行政审批项目，共废止外汇管理法规88件。二是支持外贸平稳发展措施不断深化。继续深化贸易外汇管理改革，推进边贸和个人贸易便利化，取消边贸账户行政许可，简化个人贸易单证要求，促进外贸多元化发展。三是跨境电子商务外汇支付业务试点稳步推进。全国22家试点企业累计办理跨境收付已超过10亿美元，支持电子商务等新型服务业发展。

资本项目可兑换程度不断提高。一是跨国公司外汇资金集中运营试点推广到全国。允许200余家国有、民营和外资跨国企业集中管理其境内外外汇资金，切实降低大型企业和跨国公司的财务成本。二是资本金意愿结汇改革试点逐步扩大。按照负面清单的思路，在上海自贸区、天津滨海新区等17个国家级经济金融改革试验区，开展资本金意愿结汇改革试点，赋予企业资本金结汇的自主权和选择权。三是“走出去”资金运用渠道进一步拓宽。大幅简化返程投资外汇管理，允许购付汇用于境外特殊目的公司设立及营运，取消对特殊目的公司境外放款限制。四是资本市场双向开放不断扩大。简化人民币合格境外机构投资者额度管理，支持部分地区开展合格境内有限合伙人（QDLP）试点。五是资本项目便利化措施有效落地。取消全部跨境担保事前审批，统一中外资企业外保内贷政策；取消外债转贷款在相关环节的核准；在部分地区开展外商投资企业外债比例自律试点，降低企业融资成本。

此外，完善跨境资金流动统计监测体系，提高对外汇资金流动的监测预警与管理水平，进一步完善国际收支统计制度。

第三部分 金融市场分析

2014年，金融市场健康平稳运行，货币市场交易活跃，市场利率总体平稳；债券发行规模显著扩大，债券收益率曲线大幅下移；股票市场指数明显上升，筹资额大幅增加。金融市场各项改革稳步推进，产品创新不断深化，市场制度逐步完善，金融市场对于降低社会融资成本、促进实体经济发展的作用得以进一步发挥。

一、金融市场运行分析

（一）货币市场交易活跃，市场利率总体平稳

银行间回购交易量增速大幅上升，拆借交易量快速增长。2014年，银行间市场债券回购累计成交224.4万亿元，日均成交8 977亿元，同比增长41.9%，增速比上年高30.7个百分点；同业拆借累计成交37.7万亿元，日均成交1 507亿元，同比增长6.0%，增速比上年高30.3个百分点。从期限结构看，市场交易仍主要集中于隔夜品种，回购和拆借隔夜品种的成交量分别占各自总量的78.1%和78.3%。交易所债券回购累计成交90.72万亿元，同比增长37.2%。

从融资主体结构看，主要呈现以下特点：一是大型银行作为市场资金供给方的作用进一步突出，全年净融出量同比增长87.1%，增速比上年高111.8个百分点。二是中小型银行、证券及基金公司的资金需求持续增长，资金融入量同比分别增长114.8%和90.7%，其中中小型银行第三、第四季度资金净融入量大幅增加，占全年净融入量的73.9%。

货币市场利率运行平稳。上半年总体下

表6 2014年金融机构回购、同业拆借资金净融出、净融入情况

单位：亿元

	回购		同业拆借	
	2014年	2013年	2014年	2013年
中资大型银行[①]	-816 890	-439 669	-63 213	-30 650
中资中小型银行[②]	314 746	152 761	-41 619	-25 633
证券及基金公司	299 378	158 905	76 852	38 354
保险公司	89 564	55 543	180	25
外资金融机构	50 404	12 679	6 806	1 598
其他金融机构及产品[③]	62 798	59 780	20 994	16 307

注：①中资大型银行包括中国工商银行、中国农业银行、中国银行、中国建设银行、国家开发银行、交通银行、中国邮政储蓄银行。

②中资中小型银行包括招商银行等17家中型银行、小型城市商业银行、农村商业银行、农村合作银行、村镇银行。

③其他金融机构及产品包括城市信用社、农村信用社、财务公司、信托投资公司、金融租赁公司、资产管理公司、社保基金、投资公司、企业年金、其他投资产品等，其中部分金融机构和产品未参与同业拆借市场。

④负号表示净融出，正号表示净融入。

数据来源：中国外汇交易中心。

表7　2014年利率衍生产品交易情况

	利率互换		债券远期		远期利率协议	
	交易笔数(笔)	名义本金额(亿元)	交易笔数(笔)	交易量(亿元)	交易笔数(笔)	名义本金额(亿元)
2013年	24 409	27 277.8	1	1.0	1	0.5
2014年	43 019	40 347.2	—	—	—	—

数据来源：中国外汇交易中心。

行，受季节性等因素影响，6月、7月市场利率有所波动，12月有所上升，但仍低于上年同期水平。12月新股密集发行、股市持续升温，同时在外汇占款净下降、年末备付增加等因素作用下，货币市场利率有所上升，当月同业拆借和质押式回购月加权平均利率均为3.49%，比上年同期分别低67个和79个基点。2014年年末，隔夜、1周Shibor分别为3.53%和4.64%，分别较上年年末上升38个基点和下降61个基点；3个月和1年期Shibor分别为5.14%和4.73%，分别较上年年末下降42个和23个基点。

利率衍生品交易较快增长。2014年，人民币利率互换市场名义本金总额为4.03万亿元，同比增长47.9%。从期限结构来看，1年及1年期以下交易最为活跃，其名义本金总额为3.18万亿元，占总量的78.9%。从参考利率来看，人民币利率互换交易的浮动端参考利率主要包括7天回购定盘利率（FR007）和Shibor，与之挂钩的利率互换交易名义本金占比分别为81.1%和18.2%。为满足市场成员日益增长的利率避险需求，促进现货市场和衍生品市场联动发展，2014年11月，中国外汇交易中心推出银行间市场标准利率衍生产品，包括以FR007和Shibor为基准的四种产品。截至2014年年末，标准利率衍生产品共成交212笔，总计413.5亿元。

（二）债券发行规模显著扩大，收益率曲线大幅下移

银行间债券市场现券交易量接近上年同期水平。2014年累计成交40.36万亿元，日均成交1 614亿元，同比下降3%。从交易主体看，中资中小型银行是银行间现券市场的主要净卖出方，全年净卖出现券1.11万亿元；其他金融机构及产品、外资金融机构是主要净买入方，全年分别净买入现券5 988亿元和4 186亿元；第四季度中资大型银行由前三个季度的净卖出方转为净买入方，全年净买入397亿元。从交易品种看，全年国债现券交易累计成交5.88万亿元，占银行间市场现券交易的14.6%；金融债券和公司信用类债券现券交易分别累计成交18.46万亿元和15.89万亿元，分别占45.7%和39.4%。2014年交易所债券现券成交2.81万亿元，同比增长61.6%。

银行间债券市场指数呈上行趋势。2014年，中债综合净价指数由年初的96.07点上升至年末的101.42点，升幅为5.57%；中债综合全价指数由年初的107.47点上升至年末的114.50点，升幅为6.54%。交易所国债指数由年初的139.52点升至年末的145.60点，升幅为4.36%。

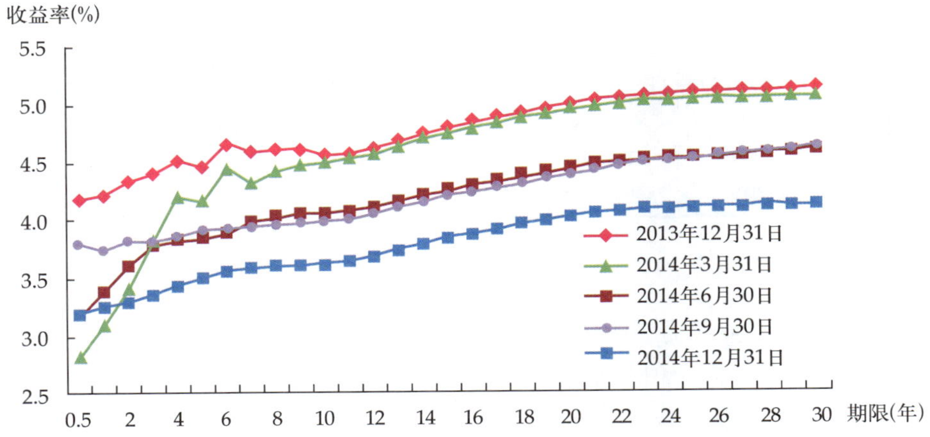

数据来源：中央国债登记结算有限责任公司。

图2　银行间市场国债收益率曲线变化情况

银行间市场国债收益率曲线整体大幅下移。2014年年末，国债收益率曲线1年、3年、5年、7年、10年期收益率较上年年末分别下降96个、105个、95个、98个、93个基点，10年期与1年期国债期限利差为36个基点，较上年年末扩大3个基点。收益率曲线整体下移的主要原因，一是宏观经济增速放缓和物价涨幅回落；二是规范商业银行同业业务后，到期资金逐步回流债券市场；三是央行综合运用货币政策工具加强调控，资金面波幅整体收窄，增强了债券市场的投资需求。

债券发行规模显著增加。2014年累计发行各类债券（含中央银行票据）10.98万亿元，比上年多发行2.12万亿元。主要是非金融企业债务融资工具和金融债券发行增加较多。年末国内各类债券余额为35.32万亿元，同比增长17.8%。

创新推出项目收益票据、碳排放收益债券等产品。项目收益票据由项目公司发行，并以项目经营性现金流作为主要还款来源。项目收益票据的创设，有利于探索建立透明规范的城市建设投融资机制，有效控制和化解地方政府性债务风险，为城镇化建设提供资金保障。碳排放收益债券按固定利率加浮动利率的方式进行定价。其中，浮动利率参考发行人特定项目的碳收益率。碳排放收益债券的推出，开创了国内债务融资工具定价挂钩“非常规标的”并推广低碳概念的先河，对于改善低碳经济、发展金融生态、促进产业结构转型升级具有重要意义。

债券发行利率总体明显回落。12月发行的10年期国债利率为3.77%，比上年11月发行的同期限国债利率低31个基点。12月国开行发行的10年期金融债利率为4.37%，比上年同期发行的同期限债券利率低67个基点。公司信用类债券发行利率12月有所回升，但仍明显低于上年同期水平。主体评级AAA的企业发行的短期融资券（债券评级A-1）平均利率为5.3%，比9月高26个基点，比上年同期低129个基点；主体评级AAA的企业发行的5年期中期票据（债券评级AAA）平均利率为5.67%，比9月高18个基点，比上年同期低81个基点。Shibor对债券产品定价基准作用不

表8　2014年各类债券发行情况

债券品种	发行额(亿元)	比上年同期增减(亿元)
国债[①]	21 747	1 517
中央银行票据	0	-5 362
金融债券[②]	36 552	10 242
其中：国家开发银行及政策性金融债	23 201	3 390
公司信用类债券[③]	51 516	14 817
其中：非金融企业债务融资工具	41 812	13 124
企业债券	8 260	2 008
公司债	1 028	-367
合计	109 815	21 214

注：①国债含财政部代理发行的地方政府债券。
②金融债券包括国家开发银行金融债、政策性金融债、商业银行普通债、商业银行次级债、商业银行资本混合债、证券公司债券等。
③公司信用类债券包括非金融企业债务融资工具、企业债券以及公司债、可转债、可分离债、中小企业私募债等。
数据来源：中国人民银行、国家发展和改革委员会、中国证券监督管理委员会、中央国债登记结算有限责任公司。

断提升。2014年，发行以Shibor为基准定价的浮动利率债券2只，总量为80亿元；发行固定利率企业债582只，总量为6 892亿元，全部参照Shibor定价；发行参照Shibor定价的固定利率短期融资券10 341亿元，占固定利率短期融资券发行总量的98%。

（三）票据融资快速增长，利率呈下降趋势

票据承兑业务小幅增长。2014年，企业累计签发商业汇票22.1万亿元，同比增长8.9%；期末商业汇票未到期金额9.9万亿元，同比增长9.3%。上半年票据承兑余额持续增长，6月末达到历史新高10.2万亿元，下半年票据承兑余额小幅波动，年末比年初增加0.8万亿元。从行业结构看，企业签发的银行承兑汇票余额仍集中在制造业、批发和零售业；从企业结构看，由中小型企业签发的银行承兑汇票约占三分之二。票据承兑业务的持续稳定增长有效加大了对实体经济，特别是小微企业的融资支持。

票据融资余额快速增长，票据市场利率呈下降趋势。2014年，金融机构累计贴现60.7万亿元，同比增长33.0%；期末贴现余额2.9万亿元，同比增长48.9%。票据融资余额总体增长较快，年末比年初增加0.96万亿元；占各项贷款的比重为3.6%，同比上升0.84个百分点。2014年，银行体系流动性总体合理适度，货币市场利率呈下降趋势，在人民银行再贴现利率引导贴现利率下行的政策作用下，同时受货币市场利率和票据市场供求变化等因素影响，票据市场利率总体波动下行。

（四）股票市场指数明显上升，筹资额大幅增加

股票市场指数前三个季度走势总体稳步回升，第四季度快速上升。年末，上证综合指数收于3 235点，比上年年末上升52.9%；深证成份指数收于11 015点，比上年年末上升

表9　2014年年末主要保险资金运用余额及占比情况

单位：亿元、%

	余额		占资产总额比重	
	2014年年末	2013年年末	2014年年末	2013年年末
资产总额	101 591	82 887	100.0	100.0
其中：银行存款	25 311	22 641	24.9	27.3
投资	68 004	54 232	66.9	65.4

数据来源：中国保险监督管理委员会。

35.6%；创业板指数收于1 472点，比上年年末上升12.8%。沪市A股加权平均市盈率从上年年末的11.0倍升至16.0倍，深市A股加权平均市盈率从上年年末的28.0倍升至34.6倍。

股票市场成交量大幅增长。2014年沪、深股市累计成交74.24万亿元，同比增长58.6%，日均成交3 030亿元，同比增长54.1%。主要是第四季度成交量明显增长，当季日均成交5 494亿元，同比增长172%。全年创业板累计成交7.8万亿元，同比增长52.5%。年末，沪、深股市流通市值为31.56万亿元，同比增长58.1%；创业板流通市值为1.31万亿元，同比增长59.1%。

股票市场筹资额大幅增加。2014年各类企业和金融机构在境内外股票市场上通过发行、增发、配股、权证行权等方式累计筹资7 060亿元，同比多筹资3 193亿元。全年A股筹资4 842亿元，同比多筹资2 039亿元。

（五）保险业资产快速增长

2014年保险业累计实现保费收入2.02万亿元，同比增长17.5%，增速比上年高6.3个百分点；累计赔款、给付7 216亿元，同比增长16.1%，其中，财产险赔付同比增长10.2%，人身险赔付同比增长23.6%。

保险业资产增速加快。2014年年末，保险业总资产为10.16万亿元，同比增长22.6%，增速比上年年末高9.9个百分点。其中，银行存款同比增长11.8%，投资类资产同比增长25.4%。

（六）外汇掉期和远期交易增长较快

2014年人民币外汇即期成交4.12万亿美元，同比增长1.2%；人民币外汇掉期交易累计成交金额折合4.49万亿美元，同比增长32.1%，其中隔夜美元掉期成交2.36万亿美元，占掉期总成交额的52.6%；人民币外汇远期市场累计成交529亿美元，同比增长63.5%。2014年度“外币对”累计成交金额折合606亿美元，同比下降5.7%，其中成交最多的产品为美元对港元，占市场份额比重为35%。

外汇市场交易主体进一步扩展。截至2014年年末，共有即期市场会员465家，远期、外汇掉期、货币掉期和期权市场会员分别为98家、97家、84家和39家，即期市场做市商31家，远掉期市场做市商27家。

（七）黄金价格波动较大

2014年，黄金市场价格先扬后抑。国际黄金价格最高为1 385.0美元/盎司，最低为1 142.0美元/盎司，年末收于1 199.25美元/盎司，较上年年末下跌2.25美元/盎司，跌幅为0.2%。国内金价与国际金价走势总体保持一致，上海黄金交易所AU9999最高价为273.6元/克，最低价为223.0元/克，年末收于240.59

元/克，较上年年末上涨4.13元/克，涨幅达1.8%。全年加权平均价为249.51元/克，比上年下降10.4%。

上海黄金交易所整体运行平稳，交易规模大幅增长。2014年，黄金累计成交1.85万吨，同比增长59.2%；成交金额4.6万亿元，同比增长42.8%。白银累计成交50万吨，同比增长16.1%；成交金额1.9万亿元，同比下降3.9%。铂金累计成交64.9吨，同比下降28.1%；成交金额187.7亿元，同比下降31.4%。

二、金融市场制度性建设

（一）规范发展债券市场，推动创新，完善多层次债券市场体系

推动多层次债券市场建设，引导符合条件的信托产品、券商资管计划等私募类非法人产品及农村金融机构、非金融机构合格投资人规范投资银行间市场，进一步丰富了投资者类型。继续推动金融产品创新，推出项目收益票据、并购债、供应链票据和碳债券，进一步扩大信贷资产证券化试点，商业银行柜台债业务品种扩展到国家开发银行金融债券、政策性金融债和中国铁路总公司等政府支持机构债券，推动国家开发银行等高信用等级债券在银行间和交易债券市场跨市场发行。2014年12月，推出债券预发行交易，促进提高债券发行定价的透明度和竞争性，完善债券收益率曲线，活跃二级市场交易。

（二）规范外汇市场发展，稳步推动黄金市场对外开放

将业务监管原则和银行展业原则相结合，规范外汇衍生产品发展。丰富外汇期权等汇率避险工具。取消了银行对客户美元挂牌买卖价差限制，银行可根据市场供求自主定价。修订发布《银行办理结售汇业务管理办法》和实施细则，简化市场准入门槛，支持非银行金融机构进入银行间外汇市场。发布《银行间外汇市场职业操守和市场惯例指引》，加强外汇市场自律管理。

黄金市场制度性建设逐步推进。上海黄金交易所修订完善了询价交易、代理业务等多项制度规则，发布了《黄金租借业务总协议（2013年版）》。在黄金询价交易市场建立尝试做市商制度，推出黄金询价期权业务，并进一步扩大市场参与主体。上海黄金交易所在上海自贸区设立国际业务板块，引入国际投资者直接参与上海黄金交易所市场，稳步扩大黄金市场对外开放。

（三）证券市场改革开放取得较大进展

2014年5月，国务院印发《关于进一步促进资本市场健康发展的若干意见》（国发[2014]17号），指明了资本市场下一步发展的方向。2014年证券市场基础设施建设取得较大进展。一是《优先股试点管理办法》发布，优先股试点稳步推进。全年共有五家上市公司发行优先股，共募集资金1 030亿元，支持了企业兼并重组，丰富了证券品种，也为投资者提供了多元化投资渠道。二是沪港通正式启动，加强了两地资本市场联系，将对内地和香港资本市场的发展、人民币国际化进程起到积极推动作用。4月，内地和香港证券监管部门发布联合公告，原则批准开展沪港股票市场交易互联互通机制试点。6月，证监会发布《沪港股票市场交易互联互通机制试点若干规定》，明确了沪港通的业务范

围、外资持股比例和清算交收方式等相关事项，对投资者保护和监督管理等内容提出了相关要求。11月，经国务院批准，沪港通正式启动，两地市场运行平稳。三是《关于改革完善并严格实施上市公司退市制度的若干意见》发布，上市公司退市制度正式出台，实现了上市公司退市的市场化、法制化和常态化。四是《期货公司监督管理办法》发布，适当降低了准入门槛，并从业务范围、强化投资者保护等方面对期货公司进行了规范。

（四）完善保险市场基础性制度建设

2014年，国务院先后发布《关于加快发展现代保险服务业的若干意见》和《关于加快发展商业健康保险的若干意见》，保险业发展规划进一步明确。保险业市场化改革、风险防范、消费者权益保护等制度建设稳步推进。一是推进保险资金运用市场化改革，改进了保险资金运用比例监管，拓宽了保险资金投资渠道，允许保险资金设立私募基金，投资优先股、创业投资基金和创业板上市公司股票。此外，成立中国保险资产管理业协会，深化市场准入退出市场化改革，制定保险公司收购合并管理办法。二是加强保险公司风险防范，完善了保险资金投后管理，并将声誉风险管理纳入保险公司全面风险管理体系。明确高现金价值产品销售规模、费用上限和资本监管等规定，推动高现金价值产品健康发展。三是发布《关于加强保险消费者权益保护工作的意见》，制定保险机构及保险销售（经纪）从业人员销售非保险金融产品的资格和业务规范，防范销售误导，保护消费者利益。

第四部分　宏观经济分析

一、世界经济金融形势

2014年，全球经济仍处于深刻的再平衡调整期，总体温和复苏，但增长动力依然不足，主要经济体经济表现和宏观政策分化明显，国际金融市场和大宗商品价格波动较大，地缘政治等非经济扰动因素增多。具体来看，美国经济复苏势头较为强劲，欧元区经济整体走弱且面临通缩压力，日本经济受政策影响波动明显，新兴市场经济体增长普遍放缓，部分国家金融市场动荡增多。

（一）主要经济体经济状况

美国经济复苏动能增强。第一季度受年初不利天气影响，实际GDP环比折年率萎缩2.1%。从第二季度开始，在企业投资大幅增长、房地产市场持续回暖以及消费和出口增长等因素的共同驱动下，美国经济强劲反弹，全年实际GDP增长2.4%，创四年来最大增幅。受美元升值、油价下跌等因素影响，价格涨幅较低。同时，2014年是美国自1999年以来新增就业岗位最多的一年，平均每月新增就业岗位20.8万个，失业率从上年年末的6.7%下降至2014年年末的5.6%。

欧元区经济弱于预期，且伴随较大的通缩压力。自2014年第二季度以来，经济增长再度放缓，投资乏力，虽然欧央行出台了一系列宽松货币政策，但仍未从根本上提振欧元区经济。第二季度和第三季度经济环比仅增长0.1%和0.2%。通胀水平持续下行，2014年12月欧元区综合物价指数（HICP）同比

表10　2014年主要经济体宏观经济金融指标

国别	指　标	2013年第四季度			2014年第一季度			2014年第二季度			2014年第三季度			2014年第四季度		
		10月	11月	12月	1月	2月	3月	4月	5月	6月	7月	8月	9月	10月	11月	12月
美国	实际GDP增速(环比折年率，%)	3.5			-2.1			4.6			5.0			2.6		
	失业率(%)	7.2	7.0	6.7	6.6	6.7	6.7	6.3	6.3	6.1	6.2	6.1	5.9	5.7	5.8	5.6
	CPI(同比，%)	0.9	1.2	1.5	1.6	1.1	1.5	2.0	2.1	2.1	2.0	1.7	1.7	1.7	1.3	0.8
	DJ工业平均指数(期末)	15 237	16 086	16 577	15 699	16 322	16 458	16 581	16 717	16 852	16 563	17 098	17 043	17 391	17 828	17 823
欧元区	实际GDP增速(环比折年率，%)	0.2			0.3			0.1			0.2			—		
	失业率(%)	11.9	11.9	11.8	11.8	11.8	11.7	11.6	11.6	11.6	11.6	11.5	11.5	11.5	11.5	11.4
	HICP综合物价指数(同比，%)	0.7	0.9	0.8	0.8	0.7	0.5	0.7	0.5	0.5	0.4	0.4	0.3	0.4	0.3	-0.2
	EURO STOXX 50(期末)	2 774	2 901	2 919	2 853	2 968	2 916	2 978	3 033	3 228	3 115	3 044	3 067	2 998	3 076	2 990
日本	实际GDP增速(环比折年率，%)	-1.5			5.8			-6.7			-1.9			—		
	失业率(%)	4.0	3.9	3.7	3.7	3.6	3.6	3.6	3.5	3.7	3.8	3.5	3.5	3.5	3.5	3.4
	CPI(同比，%)	1.1	1.5	1.6	1.4	1.5	1.6	3.4	3.7	3.6	3.4	3.3	3.2	2.9	2.4	2.4
	日经225指数(期末)	14 328	15 662	16 291	14 915	14 841	14 828	14 304	14 632	15 162	15 621	15 425	16 174	16 414	17 460	17 451

数据来源：各经济体相关统计部门及中央银行。

下降0.2%，通缩压力较大。失业率仍居高不下，近几个月持续维持在11.5%左右。

日本经济受政策影响明显。第一季度经济增速大幅反弹，但随后受4月1日消费税率上调等因素影响，增速明显回落。第四季度制造业PMI数据有所回升，对外贸易形势有所好转，但消费和投资信心依然低迷，消费者信心指数9月以来一直处于40以下的低位。此外，受国际油价持续下跌等影响，日本物价水平再次面临较大下行压力，实现通胀目标的难度加大。

新兴市场经济体增长普遍放缓，部分国家遭遇金融市场动荡。在美国货币政策回归正常化、地缘政治风险增大、国际油价大幅下跌、结构性问题凸显的背景下，部分新兴市场经济体面临资本外流风险。其中，俄罗斯、巴西、马来西亚等高度依赖大宗商品出口的国家首当其冲，印度尼西亚等结构性问题较大的亚洲国家也受到波及。

（二）国际金融市场概况

2014年以来，受主要经济体货币政策分化、地缘政治风险和国际油价大幅下跌等多种因素影响，全球金融市场波动较大。其中，发达经济体股市整体震荡上行，国债收益率大幅下行；一些新兴市场经济体金融市场多次出现动荡，汇率大幅贬值。

全球大多数经济体货币对美元贬值。2014年年末，欧元、英镑、日元对美元汇率分别为1.2097美元/欧元、1.5573美元/英镑和119.68日元/美元，较上年年末分别贬值11.99%、5.94%和12.02%。俄罗斯卢布、阿根廷比索、智利比索、墨西哥比索和巴西雷亚尔对美元汇率贬值幅度均超过10%，分别达到43.34%、23.69%、13.37%、11.61%和11.11%。

货币市场利率低位波动。受美联储量化宽松货币政策退出进程影响，伦敦同业拆借市场美元Libor总体小幅上升，2014年年末，1年期Libor为0.6288%，比上年年末上升了4.58个基点。欧元区同业拆借利率Euribor受欧央行加码宽松货币政策等因素影响大幅下行，2014年年末，1年期Euribor为0.325%，比上年年末下降了23.1个基点。

主要发达经济体国债收益率大幅下降，部分新兴市场经济体国债收益率显著走高。2014年年末，美国、德国和日本10年期国债收益率分别收于2.174%、0.541%和0.326%，较上年年末分别下降了83个、140个和41个基点。部分新兴市场经济体10年期国债收益率持续上升，2014年年末俄罗斯10年期国债收益率较上年年末上升511个基点。

主要发达经济体股市上涨，多数新兴市场经济体股市波动性增大。2014年年末，道琼斯工业平均指数、欧元区STOXX50指数、日经225指数分别收于17 823点、2 990点和17 451点，较上年年末分别上涨7.5%、2.4%和7.1%。一些新兴市场经济体股市年内出现多次震荡，总体上仍然有所走强，其中印度、印度尼西亚和土耳其股市涨幅分别高达29.9%、22.3%、32.1%。受乌克兰危机和经济下行影响，俄罗斯股市显著下行，全年跌幅高达45.2%。

（三）主要经济体货币政策

2014年以来，主要发达经济体央行货币政策分化明显。美联储维持联邦基金利率在0～0.25%的水平不变，自1月起开始削减其每月的资产购买规模，并于10月结束了资产购买计划。同时，美联储调整了前瞻性指引，弃用维持低利率相当长一段时间的表述，但强调对货币政策正常化要保持耐心。欧央行分别在6月和9月的例会上下调政策利率，将主要再融资利率、边际贷款便利利率和存款便利利率调降至0.05%、0.30%和-0.20%。同时，欧央行于9月启动定向长期再融资操作（TLTROs），并从第四季度开始购买资产抵押证券和担保债券。2015年1月22日，为实现价格稳定目标，欧央行宣布进一步扩张资产购买计划，将购买范围扩展至欧元区政府、机构和欧洲企业发行的债券，每月资产购买规模将达600亿欧元，购买操作将至少持续至2016年9月。日本银行于10月底大规模加码“量化和质化宽松货币政策”，宣布将每年基础货币扩张规模由60万亿～70万亿日元增至80万亿日元，将每年国债购买规模增加30万亿日元至80万亿日元，所持国债未到期时间延长至7～10年，同时大幅扩大交易所交易基金（ETF）投资组合和房地产投资信托（REIT）的购买量。英格兰银行全年继续维持0.5%的基准利率和3 750亿英镑的资产购买规模不变。受欧央行扩大量化宽松货币政策影响，2015年以来，加拿大、瑞士、丹麦、澳大利亚等国央行纷纷下调政策利率，此外，瑞士央行还放弃了欧元/瑞士法郎的汇率下限。

新兴市场经济体货币政策走势分化，政策制定难度增大。一方面，部分经济体收紧货币政策以应对通胀、资本外流和货币贬值的压力。为应对通胀，2014年巴西央行5次上调基准利率共175个基点至11.75%，阿根廷央行2次上调央行短期票据利率共930个基点至28.8%，南非央行2次上调基准利率共75个基点至5.75%。为应对汇率大幅贬值，俄罗斯央行6次上调基准利率共1 150个基点至17%，乌克兰央行2次上调基准利率共450个基点至14%。此外，巴西、俄罗斯等一些经济体为维持汇率稳定实施了外汇市场干预。另一方面，更多的新兴市场经济体为提振经济增长放宽了货币政策。土耳其央行3次下调七天回购利率共175个基点至8.25%，智利央行6次下调基准利率共150个基点至3%，韩国央行2次下调基准利率共50个基点至2%，墨西哥央行下调基准利率50个基点至3.0%。2015年1月，为促进经济增长，俄罗斯央行宣布将基准利率下调200个基点至15%，印度、土耳其等国央行也先后下调了政策利率。

（四）国际经济展望及面临的主要风险

展望2015年，全球经济整体复苏步伐有望加快，但仍可能面临较大风险。IMF在2015年1月更新的《世界经济展望》中，预测2015年全球经济增速为3.5%，较2014年增速加快0.2个百分点，但比上次预测值下调了0.3个百分点。其中，美国经济增速为3.6%，较2014年增速上升1.1个百分点，比上次预测值上调了0.5个百分点；欧元区和日本经济增速分别为1.2%和0.6%，较2014年增速分别上升0.4个和0.5个百分点，但较上次预测值均下调了0.2个百分点；新兴市场和发展中经济体经济增速为4.3%，较2014年增速下降0.1个百分点，较上次预测值下调了0.6个百分点。从全球经济增长的风险来看，主要体现在以下几个方面：

一是主要经济板块间可能继续呈现分化加大、震荡加剧的格局。在私人部门较为成功地实现去杠杆以及新能源、新科技和制造业加快发展的推动下，美国经济有望继续向好。受制于结构性改革进展困难等体制机制性因素，欧日经济体复苏仍存在较大不确定性，面临经济增长乏力和通胀下行问题，一些新兴经济体也面临调整压力。在全球经济格局再平衡调整进程出现显著分化的大环境下，地缘政治风险和摩擦也进一步加剧。俄乌紧张局势、俄罗斯与美欧之间的双向制裁以及极端势力活动和由贫富差距扩大引致的社会反对力量等都可能影响全球市场信心，对经济、贸易和金融活动产生不利影响，进而增加全球经济复苏的复杂性和不确定性。

二是受主要经济体经济运行和宏观政策分化影响，全球金融市场的波动性可能进一步加大。美联储货币政策正在逐步回归常态，联邦基金利率可能在2015年逐步回升，欧央行和日本央行迫于压力有可能进一步加码量化宽松货币政策，但实施的时点和节奏都存在不确定性。在实体经济和宏观政策分化的推动下，全球资本可能在更大范围和更大规模上进行重新配置，从而导致汇率走势和跨境资本流动方向多变、波动加大，这将对部分经济和金融体系较为脆弱的经济体形成压力，并增大有效实施宏观政策的难度。

三是未来油价走势仍存在较大不确定性，可能对全球增长前景带来新的风险。国际油价大幅下跌对全球经济产生了双向影响，一方面有助于促进全球需求，改善原油进口国的贸易条件，为调整能源补贴和税收改革带来机遇。另一方面则严重冲击了一些石油出口国的财政收入和经济增长。对未来油价的走势也存在不同看法，IMF的分析认为目前油价可能已经下跌过度，未来存在比预期更早或更强反弹的可能。国际大宗商品价格的不确定变化，进一步加大了国际经济环境的复杂性。

二、中国宏观经济运行分析

2014年，中国经济在合理区间平稳运行，结构调整呈现积极变化。消费平稳增长，进出口缓中趋稳，投资增速有所放缓，最终消费对GDP增长的贡献率达到51.2%，比上年提高3个百分点。就业基本稳定，消费价格温和上涨。初步核算，全年实现国内生产总值（GDP）63.6万亿元，比上年增长7.4%。分季度看，四个季度同比分别增长7.4%、7.5%、7.3%和7.3%；环比分别增长1.6%、1.9%、1.9%和1.5%。全年居民消费价格（CPI）比上年上涨2.0%，贸易顺差为3 825亿美元。

（一）消费平稳增长，投资增速放缓，进出口缓中趋稳

城乡居民收入继续增加，消费拉动作用增强，新兴业态消费增长较快。2014年，城镇居民人均可支配收入28 844元，比上年增长9.0%，扣除价格因素实际增长6.8%；农村居民人均纯收入9 892元，实际增长9.2%。第四季度人民银行城镇储户问卷调查显示，当期收入感受指数为49.2%，与上季度持平；居民消费意愿稳中有升，倾向于“更多消费”的居民占18.7%，比上季度上升0.7个百分点。2014年，社会消费品零售总额为26.2万亿元，比上年增长12.0%，扣除价格因素实际增长10.9%。分城乡看，城镇消费品零售额为22.6万亿元，同比增长11.8%；乡村消费品零售额为3.6万亿元，增长12.9%。网络零售保持高速增长，全年网上零售额为2.8万亿元，增长49.7%。通讯类、文体类商品增长加快，大众化及服务类消费升温，2014年限额以下企业餐饮收入增长13.2%，高出限上企业11个百分

点，出境旅游首次突破1亿人次。

固定资产投资增速放缓。全年固定资产投资（不含农户）50.2万亿元，比上年增长15.7%，较上年低3.9个百分点；扣除价格因素实际增长15.1%，较上年低4.1个百分点。分产业看，第一产业投资保持较快增长，受房地产投资增速下滑等因素影响，第三产业投资增速有所回落，全年三次产业投资分别为1.2万亿元、20.8万亿元和28.2万亿元，同比分别增长33.9%、13.2%和16.8%。2014年，施工项目计划总投资96.9万亿元，比上年增长11.1%。新开工项目计划总投资40.6万亿元，比上年增长13.6%。

进出口缓中趋稳。2014年全年进出口总值为26.4万亿元，比上年增长2.3%。其中出口增速呈现回升态势，全年出口额为14.4万亿元，增长4.9%；受大宗商品价格下降、加工贸易项下进口需求减少等因素影响，进口额有所下降，全年为12.0万亿元，下降0.6%。贸易顺差为2.35万亿元，比上年扩大45.9%。按美元计价，进出口总额为4.3万亿美元，增长3.4%。从贸易方式看，一般贸易比重提升，占进出口总额的53.8%，较上年提高1个百分点。商品结构继续优化，工业制成品占出口总额的比重连续三年提高，装备制造业成为出口的重要增长点；生物技术产品、航空航天技术产品、计算机集成制造技术产品等高新技术产品进口增速在15%以上，消费品进口占比提高。贸易伙伴更趋多元，对发达经济体市场保持稳定增长，与发展中国家进出口比重较上年提高0.4个百分点。2014年全年实际使用外商直接投资1 195.6亿美元，比上年增长1.7%。境内投资者非金融类对外直接投资1 028.9亿美元，比上年增长14.1%。

（二）农业生产形势较好，工业生产运行在合理区间

第三产业增加值增长快于第二产业，占比继续提高。2014年，三次产业增加值分别为5.8万亿元、27.1万亿元和30.7万亿元，比上年分别增长4.1%、7.3%和8.1%，占GDP比重分别为9.2%、42.6%和48.2%。第三产业占

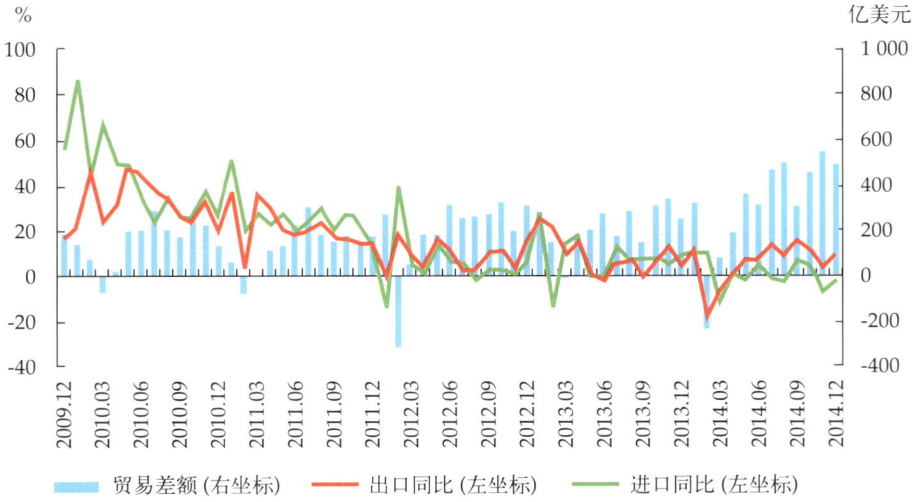

数据来源：海关总署。

图3　进出口增速与贸易差额

比较上年提高1.3个百分点，高于第二产业5.6个百分点。

全年全国粮食总产量达到60 710万吨，比上年增长0.9%。其中，谷物产量55 727万吨，比上年增长0.8%。全年猪牛羊禽肉产量8 540万吨，比上年增长2.0%，其中猪肉产量5 671万吨，增长3.2%。

工业生产基本平稳。2014年全国规模以上工业增加值按可比价格计算比上年增长8.3%。分三大门类看，采矿业增加值比上年增长4.5%，制造业增长9.4%，电力、热力、燃气及水的生产和供应业增长3.2%。规模以上工业企业产销率达到97.8%。2014年，全国规模以上工业企业实现利润总额64 715.3亿元，比上年增长3.3%，主营业务收入利润率为5.91%。在41个工业大类行业中，28个行业利润总额比上年增长。其中，铁路、船舶、航空航天和其他运输设备制造业、电力热力生产和供应业、汽车制造业、计算机通信和其他电子设备制造业利润总额增长较快，增速分别为20.5%、19.1%、18.1%、17.1%。第四季度人民银行5 000户工业企业调查显示，企业经营面临压力，但盈利能力尚可。出口订单指数和国内订单指数均有所下降；企业生产经营景气指数为54.5%，继续缓慢回落；盈利指数为55%，与上季度持平。

（三）物价形势总体稳定，价格涨幅下行

2014年以来，主要价格指标呈现前高后低走势。前三个季度，消费价格涨幅相对稳定，工业生产价格降幅收窄；第四季度，受原油价格加快下跌等因素影响，消费价格涨幅显著回落，工业生产价格降幅明显扩大。

居民消费价格涨幅有所回落，食品价格涨幅回落较大。2014年，CPI同比上涨2.0%，涨幅较上年回落0.6个百分点，其中各季度涨幅分别为2.3%、2.2%、2.0%和1.5%。从食品和非食品分类看，食品价格涨幅大幅回落，非食品价格涨幅略有回落。食品价格上涨3.1%，涨幅比上年回落1.6个百分点；非食品价格上涨1.5%，涨幅比上年回落0.1个百分点。从消费品和服务分类看，消费品价格涨幅回落幅度大于服务价格涨幅回落幅度。消费品价格上涨1.8%，涨幅比上年回落0.7个百分点；服务价格上涨2.5%，涨幅比上年回落0.4个百分点。

工业生产者出厂价格降幅与上年持平。2014年，工业生产者出厂价格同比下降1.9%，降幅与上年持平，其中各季度分别下降2.0%、1.5%、1.3%和2.7%。从生产资料和生活资料分类看，生产资料价格下降2.5%，降幅比上年缩小0.1个百分点；生活资料价格涨幅为0，涨幅比上年回落0.2个百分点。工业生产者购进价格同比下降2.2%，降幅比上年扩大0.2个百分点，其中各季度分别下降2.1%、1.9%、1.5%和3.2%。农业生产资料价格降幅大于农产品生产价格降幅，农产品生产价格下降0.2%，农业生产资料价格下降0.9%。2014年，人民银行监测的企业商品价格（CGPI）比上年下降2.2%。各季度同比降幅分别为2.0%、1.6%、1.6%和3.7%。初级产品价格跌幅较大，投资品价格跌幅大于消费品。

受以原油为代表的国际大宗商品价格总体大幅下降等因素影响，进口价格继续下跌。2014年各季度，洲际交易所布伦特原油期货当季平均价格分别环比上涨-1.4%、1.7%、-5.7%和-25.5%，累计下跌29.5%；伦敦金属交易所铜当季平均价格分别环比上

涨-1.6%、-3.6%、3.0%和-5.3%，累计下跌7.4%。2014年，进口价格同比下跌3.4%，跌幅比上年扩大1.6个百分点，其中各季度分别下跌5.1%、1.1%、1.7%和5.5%；出口价格同比下跌0.7%，跌幅比上年扩大0.1个百分点，其中各季度分别上涨-1.8%、-2.0%、0.6%和0.5%。

GDP平减指数有所回落。2014年GDP平减指数（按当年价格计算的GDP与按固定价格计算的GDP的比率）变动率为0.8%，比上年低0.9个百分点。

价格改革继续稳步推进。一是发布《关于建立健全居民生活用气阶梯价格制度的指导意见》，要求各地遵循保障居民基本生活用气需求与反映资源稀缺程度相结合、补偿成本与公平负担相结合等基本原则，因地制宜确定具体实施方案。二是启动新疆棉花、东北和内蒙古大豆目标价格改革试点，目标价格根据生产成本加基本收益确定，取消临时收储政策，生产者按市场价格出售棉花、大豆，国家根据差价和种植面积、产量或销售量等因素，对生产者给予补贴。三是在全国范围内实施煤炭资源税从价计征改革，同时清理相关收费基金。四是放开多项商品和服务价格，实行市场调节价。

专栏3　国际大宗商品价格变化与货币政策

美元走强和油价下跌是近期国际经济领域中十分引人注目的现象。这些变化会对经济金融运行造成什么影响、宏观政策如何应对，值得深入研究和分析。

国际大宗商品包括能源商品、基础原材料和大宗农产品，由于多以美元标价，且共同受全球需求影响，多年来价格基本走势相近，同时也受各自供求因素影响时有差异。石油作为重要的国际大宗商品，其价格波动比较典型，对经济影响较大，一直为各方所关注。20世纪的几次石油危机，均以原油价格暴涨为特征，导致原油进口国通胀上升、产出下降，出现所谓“滞胀”现象。考虑到为应对通胀而采取的紧缩性宏观政策会导致产出进一步下降，各方的共识是货币政策不宜对油价波动作出过度反应，一是因为油价波动较为频繁，二是货币政策以调节需求为主，对供给因素导致的冲击效果有限。但如果由于需求基本面变化导致油价发生趋势性变动，或者油价变动显著改变通胀预期并传导至核心通胀，则宏观政策应作出相应调整。

2014年下半年以来，国际石油价格从6月的近120美元/桶快速下跌，2015年1月跌破50美元/桶。引发本轮油价下跌的原因既有需求因素，也有供给因素。一方面，部分经济体潜在增速下降引致需求增长放缓；另一方面，美国页岩气（油）增产、中东主要产油国不减产等促使总供给增加。国际货币基金组织（IMF）的研究认为，2014年第四季度以前，需求不足为油价下跌的主导因素，之后供给因素影响可能更大。此外，主要经济体复苏出现分化、美联储货币政策逐步回归常态等因素导致美元大幅升值，也在一定程度上加剧了以美元标价的石油价格的下跌。

油价下跌对各经济体影响存在差异。

对石油出口国而言，油价下跌会使收入减少，财政和国际收支平衡面临压力，本币贬值。对石油进口国而言，油价下跌有助于改善贸易条件，减少石油进口支出，可能导致贸易盈余和经常账户顺差扩大；同时，油价下跌有助于降低中间投入成本，促进劳动和资本的进一步利用，增加国民收入和就业，总体看是一个积极因素。当然，在开放宏观经济格局下，这两类经济体之间存在千丝万缕的联系，油价下跌对石油进口国也会带来一定风险。比如石油进口国的金融机构可能对石油出口国存在风险敞口，石油进口国的企业对石油出口国有大量投资，部分石油出口国囿于经济结构性问题在油价下跌时国内经济金融剧烈波动，增大国际经济和金融市场的不确定性。此外，价格信号对新型能源发展也可能产生一些负面激励。

油价下跌会导致物价下行，并可能产生一定的通缩压力，对此影响需客观全面分析。首先，油价下跌主要影响供给面，并不意味着最终需求下降。在消费需求基本稳定的情况下，原材料成本的下降有助于企业降低生产成本，而企业经营状况的好转将增加居民收入，带动最终需求上升。其次，国际油价的大幅下跌，为理顺资源型产品价格体系（包括相应的税收和补贴机制）提供了机会。资源型产品价格改革的进一步推进，一定程度上也会减轻油价下跌对物价的直接影响。

当前国际大宗商品价格震荡与主要货币汇率波动相互交织，各种供求因素彼此影响，国际资本流动不确定性加大，各经济体经济走势和宏观应对政策分化所产生的溢出效应进一步加剧了形势的复杂性。鉴此，货币政策总体应保持审慎和稳健。作为短期需求管理工具，应主要针对需求变化作出反应，并关注油价下跌对预期和经济主体行为的影响。同时，要注重发挥宏观审慎工具的作用，防范金融体系顺周期波动和由非基本面因素带来的外部冲击。此外，需关注石油相关金融资产风险，在必要时采取相应措施，防范风险。

（四）财政收支低速增长

2014年，全国一般公共财政收入14.04万亿元，增长8.6%，增速比上年低1.6个百分点。全国一般公共财政支出15.17万亿元，增长8.2%，增速比上年低2.7个百分点。收支相抵，财政支大于收1.13万亿元，比上年多711亿元。

从收入结构看，税收收入11.92万亿元，比上年增长7.8%，非税收入2.12万亿元，比上年增长13.5%。其中，企业所得税和个人所得税同比分别增长9.8%和12.9%，国内增值税、国内消费税、营业税分别增长7.1%、8.2%和3.2%，进口货物增值税和消费税增长3%。从支出结构看，增长较快的有城乡社区支出、交通运输支出和住房保障支出，分别增长15.4%、10.9%和10.9%。

（五）就业形势基本稳定

2014年年末，全国就业人员77 253万人，比上年年末增加276万人，其中城镇就业人员39 310万人，比上年年末增加1 070万人。

2014年第四季度，中国人力资源市场信息监测中心对全国105个城市的公共就业服务机构市场供求信息进行的统计分析显示，劳动力市场供求总体保持平衡，求人倍率为1.15，比上季度和上年同期均上升0.05。与上季度相比，分行业看，除卫生、社会保障和社会福利业，电力、煤气及水的生产和供应业等行业的用人需求略有增长外，其他各行业的用人需求均有所减少。从求职人员看，新成长失业青年、应届高校毕业生、就业转失业人员、本市农村人员和外埠人员的求职人数均有所减少。从市场需求看，59.9%的用人需求对技术等级或职称有明确要求，对初级专业技术职务的用人需求增长27.6%，而对中级、高级专业技术职务的用人需求分别下降7.1%和7.4%。

（六）国际收支基本平衡

初步统计，2014年经常项目顺差为2 138亿美元，与同期GDP之比为2.1%，继续处于国际公认的可持续区间；资本和金融项目逆差为960亿美元。剔除汇率、资产价格变动等因素影响，2014年外汇储备资产实际增加1 188亿美元，其中第四季度减少293亿美元。2014年下半年以来我国国际收支出现经常项目保持顺差、资本项目转为逆差的新变化，跨境资本双向波动更加明显，与美联储逐步退出量化宽松货币政策、美元汇率走强、国内经济调整和资本全球配置步伐加快等因素有关，对国内流动性供求格局也产生了较为显著的影响。

外债总规模继续上升。截至2014年9月末，外债余额为8 948亿美元，较上年年末增长3.7%。其中，登记外债余额为5 613亿美元，较上年年末增长6.6%，占外债余额的62.7%；短期外债余额为7 090亿美元，较上年年末增长4.8%，占外债余额的79.2%。

（七）行业分析

1. 房地产行业

2014年，全国商品房成交总体回落，房价下降城市个数增多，房地产开发投资增速放缓，房地产贷款增速小幅回落。第四季度以来，房地产销售降幅及部分城市房价降幅有所收窄。

商品房销售同比回落。2014年，全国商品房销售面积为12.1亿平方米，同比下降7.6%，降幅较前三个季度收窄1.0个百分点。商品房销售额7.6万亿元，同比下降6.3%，降幅较前三个季度收窄2.6个百分点。其中，商品住宅的销售面积和销售额分别占商品房销售面积和销售额的87.2%和81.8%。

房价下降的城市数量较年初增加。2014年12月，全国70个大中城市中，新建商品住宅价格环比下降的城市有66个，比1月增加60个，有60个城市降幅比9月收窄；新建商品住宅价格同比下降的城市有68个，比1月增加67个。二手住宅价格环比下降的城市有60个，比1月增加47个，比9月减少10个；二手住宅价格同比下降的城市有67个，比1月增加66个。

房地产开发投资增速持续回落。2014年，全国完成房地产开发投资9.5万亿元，同比增长10.5%，增速比上年低9.3个百分点。其中，住宅投资6.4万亿元，同比增长9.2%，增速比上年低10.2个百分点，占房地产开发投资的比重为67.7%。全国房屋新开工面积为18.0亿平方米，同比下降10.7%，而2013年为同比增长13.5%。全国房屋施工面积为72.6亿平方米，同比增长9.2%，增速比上年低6.9个百分点。全国房屋竣工面积为10.7亿平方米，同比增长5.9%，增速比上年高3.9个百分点。

房地产贷款增速小幅回落。2014年年末，全国主要金融机构（含外资）房地产贷款余额为17.4万亿元，同比增长18.9%，增速比上年年末低0.2个百分点，比11月末高0.6个百分点。房地产贷款余额占各项贷款余额的21.3%，比上年年末高0.3个百分点。其中，个人住房贷款余额为10.6万亿元，同比增长17.6%，增速比上年年末低3.4个百分点，比11月末高0.4个百分点；住房开发贷款余额为3.3万亿元，同比增长24.4%，增速比上年年末高8.6个百分点；地产开发贷款余额为1.3万亿元，同比增长25.7%，增速比上年年末高15.9个百分点。2014年全年新增房地产贷款2.7万亿元，同比多增4 057亿元。房地产贷款新增额占各项贷款新增额的28.1%，与上年年末持平。

保障房信贷支持力度继续加大。截至2014年年末，全国保障性住房开发贷款余额为11 410亿元，同比增长57.2%，增速比房产开发贷款高35.5个百分点，占全部住房开发贷款余额的35%。此外，利用住房公积金贷款支持保障性住房建设试点工作稳步推进，截至2014年年末，已按进度发放住房公积金贷款777.4亿元，支持了81个城市355个保障房建设项目，收回贷款本金323.3亿元。

2. 高铁产业

铁路作为国民经济大动脉、国家重要基础设施和大众化交通工具，在经济社会发展中具有重要作用。设计开行时速250公里以上的高速铁路具有高速度、大容量、低污染、低能耗、安全性高等特点，能够给沿线城市带来高速交通优势，对于支持区域协调发展、优化资源配置和产业布局、构建高效综合运行体系、降低社会物流成本等都发挥着积极作用。

近年来，高铁产业发展迅速。从技术发展路径来看，2004年广深快速客车的开通成为中国高铁成长的“试验田”。2008年8月1日，中国第一条具有完全自主知识产权的京津城际高铁通车运营。2009年12月26日，世界上一次建成里程最长、工程类型最复杂的武广高速铁路开通运营。目前中国高铁产业已经完成了技术引进、消化吸收到自主创新的过程，具备了世界一流的高铁设计、生产、工程等系统性的技术。在这一过程中，中国的高铁技术也逐渐走出国门，参与国际市场的竞争。从发展规模来看，2007年第六次大提速以及“和谐号”的启动，真正开启了中国的高铁时代。高铁建设加速发展，运载能力不断提高。2009～2014年高铁运营里程从6 552公里增长到1.6万公里。2007～2014年，高铁列车累计发送旅客31.6亿人次，占铁路旅客发送量的比重由4.8%提高至38.5%左右。

下一阶段，要进一步提升高铁产业发展的质量和效益，优化空间布局，提高和完善高铁技术水平与安全系数，最大限度降低高铁建设和营运中可能带来的环境污染和生态破坏，同时通过多种途径优化和规范高铁建设的投融资机制，逐步化解高铁行业债务。

第五部分 货币政策趋势

一、中国宏观经济展望

国际金融危机爆发以来，全球经济进入深刻的再平衡调整期，这一进程仍未完成。我国经济也正处于增速换挡、结构调整和前期政策消化三期叠加的阶段，从增速变化、结构调整和动力转换等角度看，经济进入“新常态”的特征更趋明显。传统增长引擎趋缓，经济增长进入换挡期，同时新兴产业、服务业发展较为迅速，就业状况整体稳定，消费保持较快增长，服务业、消费在经济发展中的贡献增大，创业浪潮正在兴起，国内资本的全球配置也逐步加快，表现出新趋向和典型的结构调整期特征。总体来看，中国经济体量较大，协同推进新型工业化、信息化、城镇化、农业现代化的回旋余地很大，市场空间广阔，抗风险能力也比较强。释放出巨大的增长潜力，推动经济向形态更高级、分工更复杂，结构更合理的阶段演化，需要坚定推进结构性改革。近年来，宏观政策调控方式不断创新和完善，经验更加丰富，在区间管理的框架下更加注重定向调控，在短期需求调节的同时更加注重促改革、调结构、惠民生的政策措施，一方面使市场在资源配置中起决定性作用，通过推动大众创业、万众创新打造新引擎；另一方面更好地发挥政府作用，重点是通过扩大公共产品和公共服务供给改造升级传统引擎。新的双引擎结构将对未来经济的持续健康发展和保持就业稳定形成支撑。中国人民银行2014年第四季度城镇储户问卷调查显示，未来收入信心指数和未来就业预期指数较上季度分别上升了0.9个和0.2个百分点。居民未来3个月购车、购房以及购买大件商品的意愿也均有所上升。从外部环境看，全球经济分化态势更加明显，但总体仍处在温和复苏轨道，外需环境大体稳定。

当然也要看到，经济运行中面临着不少老矛盾和新挑战。从国际上看，全球经济再平衡调整过程中各板块经济运行和宏观政策分化，受美国经济走强影响美元将进入加息通道，但具体时点和步伐还不确定，欧日货币政策将持续宽松，但节奏和力度也都有不确定性，政策分化的溢出效应加大，国际主要货币汇率波动和跨境资本流动可能进一步扩大，地缘政治等非经济扰动因素也比较多，环境复杂多变。从国内情况看，主要是内生增长动力尚待增强，财税和投融资体制改革持续推进，也会对全社会投资行为等产生影响，随着结构调整步伐加快经济下行压力加大，并难免伴随一定的风险暴露，同时全社会债务水平仍在上升，供给过剩与供给不足并存，经济结构性矛盾依然突出。稳增长、调结构、促改革、惠民生和防风险的任务还十分艰巨。

受多重因素影响，价格涨幅下行。近几个月以来，消费物价涨幅持续回落，工业品价格降幅连续扩大。本轮物价涨幅回落与经济结构调整步伐加快引起的需求面变化有关，在较大程度上也受到国际大宗商品价格大幅下降的影响。由大宗商品价格变化导致的成本下降，对大宗商品进口国而言有正面供给冲击的作用。中国人民银行2014年第四季度企业家问卷调查显示，产品销售价格指数较上季度下降1.5个百分点，同时原材料购进价格指数较上季度下降了3.8个百分点。此外，部分产能过剩行业仍在以较快的速度增加产能，也会加大物价尤其是工业品价格下行压力。展望未来一段时期，外需恐难有大的改观，国内经济尚处三期叠加阶段，经济结构调整过程中下行压力仍然较大，加之国际大宗商品价格可能维持低位，都对未来物价形成影响。而经过前期较快上涨，目前居民对物价的感受依然较强，物价预期还不是很稳定。总体来看，影响物价形势的既有需求面因素，还有供给面因素，与经济结构调整也紧密相关，物价回落还可能对市场预期和经济主体行为产生一定影响，需要全面客观看待，并密切监测未来可能的变化，在应对上区别对待、抓住重点、多措并举、统筹兼顾。

总体来看，当前我国经济发展进入新常态，发展条件和发展环境都在变化，而其核心是经济发展方式和经济结构的改变。在这样的宏观经济大背景下，必须处理好经济结构调整和宏观总量政策之间的关系。一是经济正从高速增长转向中高速增长。宏观总量政策要把握好取向和力度，提高调控的灵活性，要在基础条件出现较大变化时适时适度调整，防止经济出现惯性下滑，同时也要注意防止过度“放水”固化结构扭曲、推升债务和杠杆水平。二是经济可能在较长期间里经历转型和调整过程，传统增长引擎减弱与新兴产业发展并存，面临淘汰过剩产能与扶助新兴产业发展的双重任务。在保持总量稳定的同时，要进一步促进结构优化，用调结构的方式有针对性地解决经济运行中的突出问题，盘活存量、优化增量，支持经济结构调整和转型升级。三是结构调整过程中难免出现一定的风险暴露，既要看到其中有市场出清、结构调整的积极信号，也要建立健全化解各类风险的体制机制，防止出现金融体系的大幅波动和顺周期问题，确保不发生系统性、区域性金融风险。四是结构调整和改革的任务更加紧迫和艰巨，必须在提升生产效率和经济活力上下功夫，通过深化改革解决经济运行中存在的深层次问题。这对继续深化金融改革、发展金融市场提出了更高的要求。要切实加快经济结构调整和改革步伐，适应经济结构和需求结构的变化，在一些关键领域取得突破，重点是培育新的经济增长点，激发经济活力，提高增长的质量和效益，这也有助于拓展金融资源有效配置的领域和空间。

二、下一阶段主要政策思路

中国人民银行将认真贯彻落实党的十八大、十八届三中、四中全会和中央经济工作会议精神，按照党中央、国务院的战略部署，坚持稳中求进工作总基调和宏观政策要稳、微观政策要活的总体思路，更加主动适应经济发展新常态，把转方式调结构放在更加重要位置，保持政策的连续性和稳定性，继续实施稳健的货币政策，更加注重松紧适度，适时适度预调微调，为经济结构调整与转型升级营造中性适度的货币金融环境，促进经济科学发展、可持续发展。更加注重改革创新，寓改革于调控之中，把货币政策调控与深化改革紧密结合起来，更充分地发挥市场在资源配置中的决定性作用。针对金融深化和创新发展，进一步完善调控模式，疏通传导机制，着力解决突出问题，提高金融运行效率和服务实体经济的能力。

一是综合运用多种货币政策工具，加强和改善宏观审慎管理，优化政策组合，保持适度流动性，实现货币信贷和社会融资规模合理增长。根据内外部经济金融形势变化，灵活运用各种货币政策工具，完善中央银行抵押品管理框架，调节好流动性水平，保持货币市场稳定。同时，引导商业银行加强流动性和资产负债管理，做好各时点的流动性安排，合理安排资产负债总量和期限结构，提高流动性风险管理水平。继续发挥差别准备金动态调整机制的逆周期调节和结构引导作用。结合支小支农贷款投向、资本充足率高低、风险内控状况、机构新设、区域发展五大“元素”，合理确定并适时调整政策参数，更好地体现差别化和针对性，引导金融机构根据实需和季节性规律安排好贷款投放节奏，同时将更多的信贷资源配置到“三农”、小微企业等重点领域和薄弱环节，支持实体经济发展。继续探索和完善宏观审慎管理的机制和手段。

二是盘活存量、优化增量，支持经济结构调整和转型升级。优化流动性的投向和结构，落实好“定向降准”的相关措施，发挥好信贷政策支持再贷款和再贴现政策的作用，引导金融机构优化信贷结构。推动金融产品和服务创新，支持农业适度规模经营，加大对水利建设项目的倾斜力度，积极做好新型城镇化的各项金融服务；继续贯彻落实扶持小微企业的政策措施，拓宽小微企业多元化融资渠道，支持小微企业健康发展；进一步完善信贷政策导向效果评估，加强评估结果与货币政策、金融市场工具的关联，引导金融机构加大对“三农”、小微企业的信贷资金投入；做好创新驱动发展战略的金融服务工作，开发适合企业技术创新需求特点的融资产品，引导金融机构加大对重点行业和科技、文化、战略性新兴产业等重点领域的金融支持，努力做好化解产能严重过剩矛盾的金融服务工作；做好扶贫开发金融服务，积极稳妥推动发展扶贫小额信贷，加强连片特困地区金融服务协调联动；积极发展普惠金融，努力做好就业、助学、少数民族、农民工、大学生村官等“民生”领域的金融支持和服务。落实好差别化住房信贷政策，改进对保障性安居工程建设的金融服务，继续支持居民家庭合理的住房消费，进一步拓宽正常化、市场化的融资渠道。进一步发挥开发性金融作用，支持棚户区改造。继续通过保持货币信贷合理增长、完善银行公司治理、清理不合理金融服务收费、完善多层次资本市场、增加金融供给、加大改革和结构调整力度等多措并举，标本兼治，着力降低社会融资成本。

三是进一步推进利率市场化和人民币汇率形成机制改革，提高金融资源配置效率，完善金融调控机制。进一步健全市场利率定价自律机制，提高金融机构自主定价能力。继续推进同业存单发行和交易，探索发行面向企业及个人的大额存单，逐步扩大金融机构负债产品市场化定价范围。继续培育上海银行间同业拆借利率（Shibor）和贷款基础利率（LPR），建设较为完善的市场利率体系。建立健全中央银行的利率调控框架，加强预期引导，强化价格型调控和传导机制。进一步完善人民币汇率市场化形成机制，加大市场决定汇率的力度，增强人民币汇率双向浮动弹性，保持人民币汇率在合理、均衡水平上的基本稳定。加快发展外汇市场，坚持金融服务实体经济的原则，为基于实需原则的进出口企业提供汇率风险管理服务。支持人民币在跨境贸易和投资中的使用，稳步拓宽人民币流出和回流渠道。推动人民币对其他货币直接交易市场发展，更好地为跨境贸易人民币结算业务发展服务。密切关注国际形势变化对资本流动的影响，加强对跨境资本的有效监控。

四是完善金融市场体系，切实发挥好金融市场在稳定经济增长、推动经济结构调整和转型升级、深化改革开放和防范金融风险方面的作用。加强市场基础性建设，为经济结构调整和转型升级提供高效的投融资市场。推动市场创新，丰富债券市场产品和层次，更好地满足投资者需求。继续完善做市商制度，提高债券市场流动性，为培育有效的收益率曲线夯实基础。丰富投资者群体，培育多元化的参与主体，继续推动金融市场、金融产品、投资者和融资中介多元化发展，推动符合条件的境内外机构投资者投资银行间债券市场，强化市场化约束和风险分担机制。大力发展直接融资，推动多层次资本市场建设。强化市场监管，充分发挥公司信用类债券部际协调机制的作用，加强监管协调，进一步加强信息披露、信用评级等市场化约束机制建设，规范市场主体交易行为，防范金融风险，促进金融市场安全高效运行和规范发展。

五是深化金融机构改革，通过增加供给和竞争改善金融服务。继续深化大型商业银行和其他大型金融企业改革，完善公司治理，形成有效的决策、执行、制衡机制，把公司治理的要求真正落实于日常经营管理和风险控制之中。研究扩大中国农业银行“三农金融事业部”深化改革试点范围，继续探索商业性金融服务“三农”的可持续模式，全面提升“三农”和县域金融服务水平。落实政策性开发性金融机构改革方案，科学建立资本约束机制，健全治理结构，完善财税扶持政策，构建符合中国特色、能更好地为经济发展服务、可持续运营的政策性开发性金融机构及其政策环境。继续推动资产管理公司商业化转型。在加强监管的前提下，鼓励各类型金融机构和金融服务组织、中介机构有序发展，形成各种市场主体共同参与竞争的金融生态。进一步完善互联网金融相关标准和制度，促进公平竞争，加强行业自律，提升风险防控能力，切实维护投资者权益，促进互联网金融健康发展。

六是有效防范系统性金融风险，切实维护金融体系稳定。加强宏观审慎管理，引导金融机构稳健经营，督促金融机构加强流动性、内控和风险管理。在支持金融创新的同时，加强对同业业务和理财业务发展潜在风险的监测与防范。配合有关部门加强对地方政府性债务清理处置，着力防控债务风险。健全系统性金融风险的防范预警和评估体系，继续加强对产能过剩行业、地方融资平台贷款、房地产市场、各类影子银行业务、企业互保联保等风险领域的监测分析，动态排查风险隐患，督促金融机构及有关方面做好各种情景下的应对预案。充分发挥金融监管协调部际联席会议制度的作用，强化交叉性、跨市场金融产品的风险监测和监管协调，促进各类金融市场、各类金融工具的协调发展，建立健全金融综合统计体系和信息共享机制。扎实做好存款保险制度出台的各项准备和组织实施工作。采取综合措施维护金融稳定，守住不发生系统性区域性金融风险的底线。

PART 1 Money and Credit Performance

In 2014 liquidity in the banking sector was sufficient, and money, credit, and all-system financing aggregates grew in a reasonable manner. The credit structure continued to be optimized, financing costs declined, and monetary and financial conditions were basically stable.

I. Monetary aggregates grew in a stable and reasonable manner, while the supply channel for base money underwent some changes

At the end of 2014, outstanding M2 stood at RMB122.8 trillion yuan, up 12.2 percent year on year on comparable terms, decelerating by 1.4 percentage points from the end of 2013. Outstanding narrow money (M1) stood at RMB34.8 trillion yuan, up 3.2 percent year on year, decelerating by 6.1 percentage points from the end of 2013. Currency in circulation (M0) stood at RMB6.0 trillion yuan, up 2.9 percent year on year, decelerating by 4.3 percentage points from the end of the last year. On a net basis, in 2014 the central bank injected RMB168.8 billion yuan in cash, a decline of RMB222.7 billion yuan year on year. Since the second half of 2014, the growth of money decelerated somewhat due to the acceleration of the structural adjustments, the decline in the off balance sheet financing, the strengthened regulatory measures, and changes in the balance-of- payments situation. However, currently, the growth of M2 is 3 percentage points higher than nominal GDP growth, basically meeting the effective demand of the real economy.

At the end of 2014, outstanding base money registered RMB29.4 trillion yuan, up 8.5 percent year on year and accelerating by 1.1 percentage points from the beginning of the year. This represented an increase of RMB2.3 trillion yuan from the beginning of the year. The money multiplier stood at 4.18, which was 0.10 higher than that at the end of 2013. The excess reserve ratio of financial institutions was 2.7 percent and that of rural credit cooperatives was 8.5 percent. The channels of base money supply underwent some changes in 2014. Monetary policy instruments of the PBC, such as open market operations, central bank loans and discounts, and other liquidity-support tools, replaced the RMB equivalent of foreign-exchange purchases as the main channel to supply base money. Throughout the year, the PBC supplied about RMB2 trillion yuan of base money by using central bank monetary policy tools, an acceleration of RMB2.1 trillion yuan year on year; the supply of base money via the RMB equivalent of foreign-exchange purchases was about RMB640 billion yuan, a deceleration of RMB2.1 trillion yuan year on year. In addition, fiscal deposits decelerated by more than RMB500 billion yuan year on year, contributing to a smaller year-on-year reduction in the base money supply.

II. The growth of deposits of financial institutions decelerated, with a declining volatility at the end of the seasons

At the end of 2014, outstanding deposits of domestic and foreign currencies in all financial institutions (including foreign-funded financial institutions, the same hereafter) posted RMB117.4 trillion yuan, up 9.6 percent year on year and a deceleration of 3.9 percentage points from end-2013. This was an increase of RMB10.2 trillion yuan from the beginning of the year and a deceleration of RMB2.5 trillion yuan year on year. Outstanding RMB deposits registered RMB113.9 trillion yuan, up 9.1 percent year on year and a deceleration of 4.7 percentage points from end-2013. This was an increase of RMB9.5 trillion yuan from the beginning of the year and a deceleration of RMB3.1 trillion yuan year on year. Due to the impacts of the rapid development of money-market mutual funds and off balance sheet wealth management business, as well as brisk trading on the stock market since October, the effects of deposit diversions were relatively obvious in 2014, and a larger share of RMB deposits[1] became money-market mutual fund deposits and deposits of other non-deposit-taking financial institutions. As the effects of the strengthened regulation of deposit diversions gradually unfolded, deposit volatility decreased in the third and fourth quarters. On the last days of September and December, deposits increased by RMB699.8 billion yuan and RMB328.8 billion yuan respectively, a deceleration of RMB434.2 billion yuan and RMB674.3 billion yuan year on year. Outstanding deposits in foreign currencies posted USD573.5 billion, up 30.8 percent year on year. This was an increase of USD108.4 billion from the beginning of the year and a year-on-year acceleration of USD80 billion. However, beginning in September deposits in foreign currencies have been on a decline, registering a cumulative decline of USD50.6 billion in the last four months of 2014, or a deceleration of USD54.7 billion year on year, due to the impacts of the quantitative easing exit by the U.S. Federal Reserve and the stronger expectations of a rise in the rates of the US dollar.

Broken down by sector, the growth of household deposits and non-financial corporate sector deposits moderated, while that of deposits of non-deposit-taking financial institutions were fairly rapid. At end-2014, outstanding household deposits posted RMB50.3 trillion yuan, up 8.9 percent year on year, a deceleration of 4.7 percentage points from the end of 2013; this was an increase of RMB4.1 trillion yuan from the beginning of the year and a deceleration of RMB1.4 trillion yuan year on year. Outstanding deposits of the non-financial corporate sector registered RMB37.8 trillion yuan, up 4.6 percent year on year and a deceleration of 5.8 percentage points from the end of 2013. This was an increase of RMB2.0 trillion yuan from the beginning of the year and a deceleration of RMB1.5 trillion yuan year on year. At the end of 2014, outstanding fiscal deposits registered 3.6 trillion yuan, an increase

1. At the end of 2014, statistics on RMB deposits included deposits of households, deposits of non-financial enterprises, deposits of government entities, fiscal deposits, other deposits, and deposits of non-residents, and did not include deposits of non-deposit-taking financial institutions (aside from insurance companies and financial holding companies).

of RMB553.1 billion yuan from the beginning of the year and a deceleration of RMB23.5 billion yuan year on year. Outstanding deposits of non-deposit-taking financial institutions registered RMB9.4 trillion yuan, up 59.4 percent year on year and an acceleration of 27 percentage points from the end of 2013. This represented an increase of RMB3.5 trillion yuan from the beginning of the year and an acceleration of RMB2.5 trillion yuan year on year.

III. Growth of RMB loans of financial institutions hit a historic high

At end-2014, outstanding loans in domestic and foreign currencies of all financial institutions posted RMB86.8 trillion yuan, up 13.3 percent year on year. This was RMB10.2 trillion yuan more than that the beginning of the year and an acceleration of RMB822.3 billion yuan year on year. New RMB loans increased rapidly. At end-2014, outstanding RMB loans stood at RMB81.7 trillion yuan, up 13.6 percent year on year. Growth was on the rise for two consecutive months, 0.4 percentage point higher than that at end-October but 0.5 percentage point lower than that at the end of the last year. New RMB loans posted RMB9.78 trillion yuan in 2014, representing an acceleration of RMB890 billion yuan year on year and hitting a historic high.

In terms of the loan structure, growth of RMB loans to the household sector moderated from an elevated level, while the growth of loans to non-financial businesses and other sectors picked up and the share of new long- and medium-term loans in new loans increased. At end-2014, outstanding loans to the household sector registered RMB23.1 trillion yuan, up 16.6 percent year on year. This represented a deceleration of 6.5 percentage points from

Table 1 RMB Loans of Financial Institutions in 2014

Unit: RMB100 million yuan

	2014		2013	
	New loans	Acceleration year on year	New loans	Acceleration year on year
Chinese-funded large-sized national banks [1]	44,338	3,343	40,995	2,211
Chinese-funded small- and medium-sized national banks[2]	28,824	1,026	27,798	4,596
Chinese-funded small- and medium-sized local banks[3]	17,478	4,933	12,545	-668
Small-sized rural financial institutions[4]	14,105	781	13,324	1,780
Foreign-funded financial institutions	772	386	386	-391

Notes: 1. Chinese-funded large-sized national banks refer to banks with assets (both in domestic and foreign currencies) of RMB2 trillion yuan and above(according to the amount of total assets in both domestic and foreign currencies at end-2008).
2. Chinese-funded small- and medium-sized national banks refer to banks operating across provinces' with total assets (both in domestic and foreign currencies) of less than RMB2 trillion yuan.
3. Chinese-funded small- and medium-sized local banks refer to banks operating within a single province' with total assets of less than RMB2 trillion yuan, denominated in both domestic and foreign currencies.
4. Small-sized rural financial institutions include rural commercial banks, rural cooperative banks, and rural credit cooperatives.
Source: The People's Bank of China.

the end of the last year and also an increase of RMB3.3 trillion yuan from the beginning of the year, a deceleration of RMB421.8 billion yuan year on year. In particular, home mortgage loans increased by RMB1.6 trillion yuan from the beginning of the year, an acceleration of RMB36.8 billion yuan year on year. Outstanding loans to non-financial businesses and other sectors posted RMB58.3 trillion yuan, up 12.5 percent year on year. This represented an acceleration of 1.4 percentage points from the end of the last year, an increase of RMB6.5 trillion yuan from the beginning the year, and an acceleration of RMB1.3 trillion yuan year on year. In terms of the maturity brackets of RMB loans, new medium- and long-term RMB loans increased RMB6.1 trillion yuan from the beginning of the year, an acceleration of RMB1.5 trillion yuan year on year. The share of new medium- and long-term RMB loans in the total new loans was 62.0 percent, an increase of 10.4 percentage points from the last year. Outstanding short-term loans (including bill financing) increased by RMB3.4 trillion yuan from the beginning of the year, of which bill financing increased by RMB957.4 billion yuan, an acceleration RMB1.0 trillion yuan year on year. In general, loans of all kinds of financial institutions witnessed a year-on-year acceleration. In particular, Chinese-funded large-sized national banks and small- and medium-sized local banks registered a larger year-on-year acceleration.

The growth of foreign-currency–denominated loans moderated. At end-2014, outstanding foreign-currency loans of financial institutions posted USD835.1 billion, up 7.5 percent year on year and a deceleration of 6.2 percentage points from the end of 2013. This was an increase of USD58.2 billion from the beginning of the year and a year-on-year deceleration of USD35.3 billion. In terms of the loan structure, short-term ordinary loans and business overdrafts increased by USD35.5 billion, an acceleration of USD20.8 billion year on year; trade financing decreased by USD34.8 billion, a deceleration of USD56.8 billion; and outward loans increased by USD37.8 billion, a mild deceleration from the last year.

IV. All-system financing aggregates showed some structural changes

According to preliminary statistics, in 2014 all-system financing aggregates reached RMB16.46 trillion yuan, representing a decrease of RMB859.8 billion yuan from the last year and the second highest in history (a peak of RMB17.32 trillion yuan was registered in 2013).

In terms of the financing structure, all-system financing aggregates in 2014 were characterized by the following: first, the share of RMB loans rose significantly. During the year, new RMB loans accounted for 59.4 percent of all-system financing aggregates, a rise of 8.1 percentage points year on year. Second, new foreign-currency–denominated loans declined year on year compared with that in 2013. New foreign-currency–denominated loans registered an equivalent of RMB355.4 billion yuan, a decrease of RMB229.4 billion yuan year on year and accounting for 2.2 percent of the all-system financing aggregates during the same period, down 1.2 percentage points from the last year. Nevertheless, foreign-currency–denominated loans increased by an equivalent of RMB54 billion yuan in December, reversing

Table 2 All-system Financing Aggregates in 2014

Unit: RMB100 million yuan

	All-system financing aggregates[1]	Of which:						
		RMB loans	Foreign currency-denominated (RMB equivalent)	Entrusted loans	Trust loans	Undiscounted bankers' acceptances	Enterprise bonds	Financing by domestic institutions via the domestic stock market
2013	173,169	88,916	5,848	25,466	18,404	7,756	18,111	2,219
2014[2]	164,571	97,816	3,554	25,070	5,174	-1,285	24,253	4,350

Notes: 1. All-system financing aggregates refer to the total volume of financing provided by the financial system to the real economy during a certain period of time. It is an incremental value.

2. Data for the current period are preliminary.

Sources: The People's Bank of China, National Development and Reform Commission, China Securities Regulatory Commission, China Insurance Regulatory Commission, China Government Securities Depository Trust & Clearing Co., Ltd., National Association of Financial Market Institutional Investors, and so forth.

the declining trend during the previous five consecutive months. Third, both debt and equity financing increased notably, and the amount and share of direct financing reached historic highs. In 2014, the combined amount of financing via debt and equity offerings on the domestic market by non-financial enterprises posted RMB2.86 trillion yuan, an increase of RMB827.3 billion yuan year on year. This accounted for 17.3 percent of the all-system financing aggregates, a historic high and up 5.5 percentage points from the last year. Fourth, new off-balance sheet financing declined notably year on year. In 2014, the combined amount of new entrusted loans, trust loans, and undiscounted bankers' acceptances registered RMB2.90 trillion yuan, a decrease of RMB2.27 trillion yuan year on year, accounting for 17.5 percent of the all-system financing aggregates, down 12.3 percentage points from the last year. In December, off-balance financing regained its momentum and registered a total of RMB725.4 billion yuan, an increase of RMB696.6 billion yuan month on month and RMB173.7 billion yuan year on year, respectively. In particular, trust loans and undiscounted bankers' acceptances turned from negative growth during the preceding five consecutive months to positive growth in December.

V. Loan interest rates of financial institutions declined and to some extent high corporate financing costs were reduced

In accordance with the overall arrangements of the State Council, the PBC, jointly with other relevant departments, has implemented a number of measures and has used quantity-based and pricing tools to guide the downward movement of financing costs. At the end of 2014, the yield-to-maturity of 3-year and 7-year AA-rated enterprise bonds on the inter-bank market posted 5.85 percent and 6.34 percent respectively, down 1.50 and 1.27 percentage points from the end of the last year. In December 2014, the weighted average loan interest rate offered to non-financial companies and other sectors was 6.77 percent, down 0.42 percentage point from the end of the last year. In particular, the weighted average loan interest rate was 6.92 percent, down 0.22 percentage point from the beginning of the year; the weighted average bill financing rate was 5.67 percent, down 1.87 percentage points from the

Table 3 Shares of Loans with Rates at, above, or below the Benchmark Rate, January through December 2014

Unit:%

Month	Lower than the benchmark	At the benchmark	Higher than the benchmark					
			Sub-total	(1.0,1.1]	(1.1,1.3]	(1.3,1.5]	(1.5,2.0]	Above 2.0
January	8.20	22.81	68.99	17.90	27.39	11.00	9.78	2.92
February	7.56	24.96	67.48	20.61	26.09	10.13	8.05	2.60
March	8.35	21.40	70.25	18.81	27.69	11.17	9.56	3.02
April	6.14	20.60	73.26	20.20	28.47	11.93	9.69	2.97
May	7.35	19.81	72.84	20.45	28.12	11.97	9.52	2.78
June	9.32	21.57	69.11	20.24	26.71	11.19	8.42	2.55
July	8.23	19.68	72.09	19.35	27.78	12.46	9.69	2.81
August	7.50	18.80	73.70	18.28	29.35	13.21	9.81	3.05
September	8.31	20.43	71.26	19.01	28.18	12.29	9.00	2.78
October	8.91	20.43	70.66	18.55	27.29	12.08	9.63	3.12
November	9.44	19.94	70.63	18.73	26.84	12.32	9.55	3.19
December	13.10	19.64	67.26	18.87	24.89	11.26	9.22	3.02

Source: The People's Bank of China.

Table 4 Average Interest Rates of Large-value Deposits and Loans Denominated in US Dollars, January through December 2014

Unit:%

Month	Large-value deposits						Loans				
	Demand deposits	Within 3 months	3-6 months (including 3 months)	6-12 months (including 6 months)	1 year	Above 1 year	Within 3 months	3-6 months (including 3 months)	6-12 months (including 6 months)	1 year	Above 1 year
January	0.21	2.41	3.43	3.48	3.54	2.68	2.82	2.90	3.14	2.88	3.56
February	0.20	2.50	3.54	3.68	3.66	3.08	3.08	3.13	3.46	3.10	3.08
March	0.25	2.60	3.68	3.63	3.85	2.72	3.08	3.20	3.35	3.30	3.16
April	0.27	2.45	3.56	3.70	3.66	2.81	3.11	3.24	3.59	3.52	3.47
May	0.26	2.21	3.24	3.43	3.58	2.83	2.97	3.09	3.45	3.52	3.63
June	0.22	1.99	3.03	3.17	3.69	2.78	2.87	3.03	3.37	3.42	3.45
July	0.21	1.59	2.72	2.96	3.47	2.48	2.73	2.97	3.32	3.24	3.72
August	0.19	1.09	2.13	2.77	3.06	2.16	2.61	2.66	3.01	2.89	3.39
September	0.14	0.83	1.76	2.30	2.40	1.18	2.53	2.51	2.67	2.74	3.55
October	0.15	0.86	1.59	2.19	2.46	1.57	2.59	2.52	2.78	2.74	3.39
November	0.12	0.70	1.41	2.08	2.53	1.85	2.15	2.22	2.57	2.75	3.68
December	0.14	0.64	1.31	1.87	2.03	1.40	2.29	2.22	2.36	2.72	3.47

Source: The People's Bank of China.

beginning of the year. The weighted average home mortgage interest rate first increased and then declined, posting 6.25 percent in December, down 0.29 percentage point from the beginning of the year.

In 2014 the shares of loans with interest rates lower or higher than the benchmark rates rose, while the shares of loans offered at the benchmark rates declined. In December, the shares of loans with interest rates lower or higher than the benchmark rates were 13.10 percent and 67.26 percent respectively, up 0.63 and 3.86 percentage points from the beginning of the year, whereas the shares of loans offered at the benchmark rates were 19.64 percent, down 4.49 percentage points.

The deposit and lending rates of foreign currencies declined as compared with the beginning of this year due to fluctuations in interest rates on international markets and changes in the supply and demand for foreign currencies in China. In December, the weighted average interest rate of US dollar demand deposits and US dollar deposits with maturities within 3 months registered 0.14 percent and 0.64 percent respectively, down 0.04 and 1.34 percentage points from the beginning of the year. The weighted average interest rates of US dollar loans with maturities below 3 months and maturities of 3 to 6 months (including 3 months) posted 2.29 percent and 2.22 percent respectively, down 0.37 and 0.60 percentage point from the beginning of the year.

VI. The RMB exchange rate fluctuated in both directions with enhanced flexibility

In 2014, the RMB exchange rate experienced a mild depreciation and moved in both directions, with much stronger flexibility and stable expectations. At the end of 2014, the central parity of the RMB against the US dollar was RMB6.1190 yuan per dollar, representing a depreciation of 221 basis points, or 0.36 percent, from the end of 2013. From the reform of the RMB exchange-rate regime in 2005 to the end of 2014, the RMB registered a cumulative appreciation of 35.26 percent against the US dollar. According to calculations by the BIS, in 2014 the NEER and REER of the RMB appreciated by 6.41 percent and 6.24 percent respectively, and from the RMB exchange-rate regime reform in 2005 to December 2014, the NEER and REER of the RMB exchange rate

Figure 1 RMB Settlements of Cross-border Trade

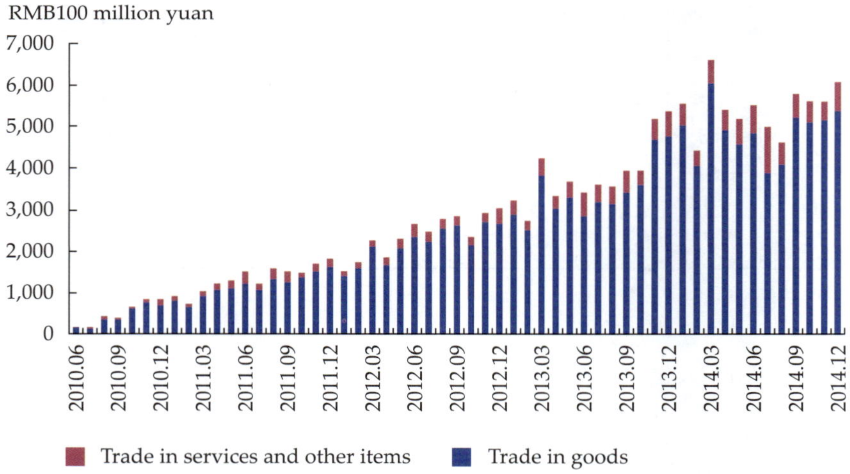

Source: The People's Bank of China.

appreciated by 40.51 percent and 51.04 percent respectively.

VII. Cross-border RMB business maintained steady growth

In 2014 RMB settlements of cross-border trade and investments continued to grow in a stable manner. According to preliminary statistics, commercial banks processed RMB6.55 trillion yuan in RMB settlements of cross-border trade,[1] up 42 percent year on year. In particular, settlements of trade in goods registered RMB5.9 trillion yuan and settlements of trade in services and other items under the current account registered RMB0.65 trillion yuan. Actual RMB receipts and payments from cross-border trade registered RMB2.73 trillion yuan and RMB3.82 trillion yuan respectively, resulting in a receipt–payment ratio of 1:1.4. Bank settlements of cross-border direct investments in RMB totaled RMB1.05 trillion yuan. Specifically, outward direct investments settled in RMB totaled RMB186.56 billion yuan, up 118 percent year on year, and foreign direct investments settled in RMB totaled RMB862.02 billion yuan, up 92 percent year on year.

1. Beginning from August 2014, statistics on entrepôt trade without custom declarations and clearances were adjusted from trade in services to trade in goods. Consequently, the statistics on trade in goods increased, whereas the statistics on trade in services decreased. The historical data have been adjusted accordingly.

PART 2

Monetary Policy Operations

Since the start of 2014, in the face of the complicated and changing economic and financial environments at home and aboard, the PBC has closely followed the overall arrangements of the CPC Central Committee and the State Council, continuing to make progress while maintaining stability, promoting reform and innovation, and maintaining the sound monetary policy. The PBC remained focused on the objectives of macro-economic management, took initiatives as called for, dealt with key economic-performance problems, continued to improve and optimize the combination of monetary policy instruments, and carried out pre-emptive adjustments and fine-tunings in a timely and appropriate manner.

I. Flexible open market operations were conducted

In 2014 capital inflows declined as the balance of payments and the RMB exchange rates moved closer to the equilibrium and the Fed gradually exited from the quantitative easing. As such, the impact of capital inflows on liquidity in the banking system was generally neutral, though at times fluctuations could still be observed. Meanwhile, with the rapid development of financial markets and innovations, seasonal, market, and regulatory factors became intertwined, adding to the uncertainty of liquidity in the banking system.

The PBC analyzed liquidity changes during various periods and conducted open market operations flexibly in line with the sound monetary policy. It appropriately combined various instruments and effectively managed liquidity in the banking system. It maintained aggregate liquidity at adequate levels and ensured the smooth functioning of liquidity and the money market. In the first half of 2014, liquidity provided through foreign-exchange purchases initially grew rapidly, but it later slowed down. Seasonal factors, such as the Spring Festival, had a notable influence on liquidity. Taking these factors into consideration, the PBC carried out open market operations in a flexible manner, using repo operations as a major tool supplemented by reversed repo operations and short-term liquidity operations (SLO) to ensure a reasonable overall liquidity level and a balanced distribution in the system. In the second half of the year, overall liquidity remained relatively abundant, but liquidity provided through exchange purchases slowed down and uncertainties accumulated. Thus, the PBC gradually reduced the intensity and frequency of repo operations, leading to a temporary suspension of such operations. Meanwhile, the PBC injected adequate liquidity into the system in a timely manner as a result of the matured repo operations and central bank notes, and fresh SLO operations. These measures, together with other measures, ensured steady growth in liquidity. Pre-emptive adjustments and fine-tunings were also enhanced to reduce short-term liquidity fluctuations. In 2014, a total of RMB3,021.0

billion yuan of repo operations and RMB525.0 billion yuan of repo operations were conducted. Through SLO operations, RMB1,021.0 billion yuan of liquidity was injected into the system and RMB100.0 billion yuan was drained from the system. At the end of the year, outstanding repos and reversed repos both registered zero. Outstanding SLO for injecting and withdrawing liquidity posted RMB100.0 billion yuan and zero respectively. Outstanding central bank notes reached RMB422.2 billion yuan.

The PBC closely monitored the movements of market interest rates and enhanced the flexibility of open market operations when appropriate in order to effectively guide market expectations. In the first half of 2014, interest rates in open market operations generally remained stable. In the second half of the year, in line with the market interest-rate movements, 14-day repo rates dropped on four occasions by a cumulative 60 basis points, while deposit and lending benchmark rates were also adjusted. These measures played an active role in reducing money-market interest rates and financing costs.

Central treasury cash management operations were conducted at appropriate times. In 2014 a total of RMB620.0 billion yuan of central treasury funds was deposited in commercial banks on 12 separate operations, including RMB380.0 billion yuan in three-month deposits, RMB150.0 billion yuan in six-month deposits, and RMB90.0 billion yuan in nine-month deposits. The outstanding amount of treasury deposits reached RMB270.0 billion yuan by the end of the year, an increase of RMB160.0 billion yuan from the end of the last year.

II. The Standing-Lending Facility (SLF) operated appropriately and a Medium-term Lending Facility (MLF) was launched

In order to strengthen liquidity management in the banking system, to keep liquidity at a reasonable volume, and to facilitate the smooth operation of the money market, the PBC launched a pilot SLF program in 10 provinces (municipalities) to provide short-term liquidity support to local financial institutions that met the prudential regulatory requirements. Immediately before the Spring Festival in 2014, the PBC headquarters and its branch offices in the pilot regions offered liquidity support to qualified financial institutions and explored the role of the SLF interest rates as the ceiling for the interest rates in the money market in order to stabilize market expectations and to facilitate smooth operations of the money market. The PBC, considering the overall liquidity situation in the money market, did not conduct SLF operations in the second quarter. The volume of outstanding SLF was zero by year- end.

In September 2014, the PBC introduced the MLF as an instrument to provide medium-term base money to commercial banks and policy banks that met the macro-prudential requirements. During the whole year, the PBC conducted MLFs in the amount of RMB1.14 trillion yuan and the outstanding MLF reached RMB644.5 billion yuan by the end of the year. The maturity was three months, with an interest rate of 3.5 percent. In general, in a situation where liquidity provided through foreign-exchange purchases was declining, the MLF operations provided an avenue to pro-actively inject base money into the system. This was conducive to ensuring a reasonable growth of credit and total social financing. It also helped to create an appropriate level of overall liquidity to stabilize growth and to facilitate structural adjustments. In the MLF operations, the PBC guided financial institutions to beef up support to small and micro firms (SMFs), agriculture-related sectors, and other key areas and weak links in the economy and used the medium-term interest rate to lower the lending interest rates and the financing costs so as to better serve the real economy.

III. Reserve requirements were reduced in a targeted manner and adjustments were made to the scope of institutions holding reserve requirements

The PBC conducted targeted reductions of the reserve requirement on two occasions to provide incentives to financial institutions to increase lending to agriculture-related businesses and SMFs. In April and June of 2014, the PBC lowered the reserve requirements for county-level commercial banks in rural areas and rural cooperative banks by 2 and 0.5 percentage points respectively and reduced by 0.5 percentage point the reserve requirement for commercial banks, which met the prudential requirements and reached a certain ratio in their lending to agriculture-related businesses and SMFs. Moreover, the PBC lowered the reserve requirement by 0.5 percentage point for finance companies, financial leasing companies, and auto finance companies.

Taking into account the change in the channels for base money injections and seasonal factors, the PBC decided to lower the reserve requirement of financial institutions by 0.5 percentage point, beginning from February 5, 2015, in order to bridge the liquidity gap and to maintain an appropriate liquidity level. Meanwhile, in order to enhance the capability of financial institutions to support the structural adjustments, the SMFs, the agriculture-related sector, and the key irrigation projects, the PBC reduced the reserve requirement by 0.5 percentage point for urban commercial banks and for non-county-level commercial banks in the rural areas, as long as their lending to the SMFs reached a certain criteria; and additionally it cut the reserve requirement ratio for Agricultural Development Bank of China by 4 percentage points.

Moreover, starting from 2015, the PBC readjusted the coverage for the collection of deposit statistics. Certain types of deposits which had been absorbed by deposit-taking financial institutions and previously had been recorded under the inter-bank account item in the statistical coverage, such as deposits for securities transactions and settlements, deposits by banks for non-financing purposes, deposits by SPVs, deposits by other financial institutions, and deposits by overseas financial institutions, were included in the deposit data and the reserve requirement will be applied, though currently at zero.

IV. Macro-prudential management was strengthened and the dynamic adjustment mechanism of differentiated reserve requirements continued to play a role in counter-cyclical management and structural adjustments

The PBC continued to use the dynamic

adjustment mechanism of the differentiated reserve requirements to strengthen macro-prudential management. In each of the four quarters of 2014, the PBC took into consideration the economic and financial developments at home and aboard, the soundness of financial institutions, and the implementation of credit policies, and accordingly adjusted the parameters of the above-mentioned mechanism and further improved its rules. Based on effective credit demand, the PBC adjusted the parameters to create a favorable environment for small- and medium-sized financial institutions which better support SMFs and agriculture-related businesses, and for financial institutions in the central/western and underdeveloped regions. Financial institutions were encouraged to increase the proportion of lending to SMFs and lending to agriculture-related businesses in central/western and underdeveloped regions among their total lending so as to guide appropriate credit growth.

V. Policy lending and other new tools were introduced and central bank lending and discounts were strengthened to optimize credit extensions

At the beginning of 2014, the PBC adjusted the classification of central bank lending. A new category of "credit policy supporting loans" was introduced, which included agriculture supporting loans and the newly-established SMF-supporting loans. In addition, the PBC also introduced Pledged Supplementary Lending (PSL) to adjust the credit structure to promote adjustments, strengthen financial institutions' credit support to key areas and weak links in the economy, such as agriculture-related businesses, SMFs, and shantytown renovations. Management was improved for credit policy–supporting loans and discounts, and the quota was increased on several occasions for agricultural-supporting and micro enterprise–supporting loans and discounts. By the end of 2014, outstanding agricultural-supporting loans reached RMB215.4 billion yuan, RMB47.0 billion yuan more than that at the beginning of the year. Outstanding micro enterprise supporting loans registered RMB52.4 billion yuan, an increase of RMB52.4 billion yuan from the beginning of the year. The outstanding amount of discounts was RMB137.2 billion yuan, an increase of RMB23.5 billion yuan from the beginning of the year.

Pilots were launched for credit asset collateralization and central bank internal ratings. In order to safeguard the creditor's right of the central bank, to prevent moral hazards of financial institutions, and to solve the problem of insufficient collateral held by small and medium-sized financial institutions, in 2014 the PBC launched pilot programs for credit asset collateralization and central bank internal ratings in Shandong and Guangdong. High-quality credit assets of financial institutions with central bank internal ratings were acknowledged as eligible collateral, thus improving the collateral management framework. So far, the basis system, operating procedures, and central bank internal-rating database have been established for central bank lending against credit asset collaterals in the pilot regions. Operations were conducted and experience was gained, which can be further applied to other regions. In 2015, the PBC will gradually expand the pilot program through its branches.

VI. Window guidance and credit policy guidance were strengthened

The PBC continued to use monetary policy, macro-prudential management, and credit policy to send signals and to guide structural adjustments, strengthened the coordination of credit policy and industrial policy, further improved assessments of the effects of credit policy guidance, and guided financial institutions to optimize their credit structure. The PBC encouraged banking financial institutions to make innovations in their organization, operating mechanisms, collateralization, and products and services in order to channel a larger proportion of their lending to key areas and weak links in the economy, such as the agriculture-related sector and the SMFs. Research was conducted on expanding the scope of collateral in rural areas and banks were encouraged to make innovations to provide customized financial services to new types of businesses, such as family farms and big specialized farming households. Financial support was strengthened to improve the people's livelihood. A financial services coordination mechanism was put in place in 14 contiguous and extremely impoverished areas. Financial services were enhanced to support employment, education, ethnic minorities, migrant workers, and college-graduate village officials, and to support reconstruction in earth quake-hit Ludian County of Yunnan province. Credit inputs were increased to advanced manufacturing industries with good market prospects, strategic emerging industries, modern IT industries and information consumption, the cultural industry, the service industry, the transformation and upgrading of traditional industries, and industries promoting green and environmentally friendly growth. The reasonable funding needs of key ongoing and follow-up projects were met and efforts were made to support major infrastructure and livelihood projects, such as the reconstruction of shanty dwellings, railway construction, irrigation systems, and underground pipe networks, in order to help improve the quality and efficiency of economic growth. As for industries with excess capacity, in line with the principle of "differentiated treatment and no one-size-fits-all approach," the PBC urged financial institutions to strengthen and improve credit management by way of absorbing, relocating, consolidating, and eliminating excess capacity. The differentiated housing credit policies were also improved and implemented. In addition, the role of capital markets was enhanced, with credit asset securitization promoted to help financial institutions manage their stock of credit assets. Qualified commercial banks were permitted to issue small and micro enterprise financial bonds, and efforts were made to launch the issuance of specialized financial bonds to support agriculture-related businesses.

As the various measures were put in place, the credit structure of financial institutions continued to improve and their support to the SMFs and the central/western regions was enhanced. First, loans to small and micro enterprise grew relatively rapidly, outpacing the growth of total loans. At the end of 2014, outstanding loans to the SMFs reached RMB15.26 trillion yuan, an annual increase of 15.5 percent. The growth rate was 1.3 percentage points higher than that in 2013 and 1.9 percentage points higher than the total loans in 2014. In 2014, newly increased loans to the SMFs registered RMB2.13 trillion yuan, an annual increase of RMB128.5 billion yuan. This accounted for 41.9 percent of the newly increased loans to enterprises and it was 18.1 percentage points higher than that of the large enterprises. Second, the growth of loans to the central/western regions remained higher than that to the eastern regions, as credit support continued to benefit the central/western regions. By the end of the year, outstanding loans to the western regions had increased 16.7 percent on a year-on-year basis, 0.9 percentage point higher than that to the central regions and 5.2 percentage points higher than that to the eastern regions. Third, mid-term and long-term loans to industries with excess capacity continued to fall. At the end of 2014, the annual growth of mid-term and long-term loans to industries with excess capacity was 3.9 percent, 3.6 percentage points lower than that at the end of 2013.

VII. Benchmark deposit and lending rates were reduced and the market-based interest-rate reform continued

In order to tackle the problem of a lack of access to financing and the high costs of financing in the real economy, and in view of the trend in price movements, on November 22, 2014, the PBC reduced the benchmark RMB lending and deposit rates of financial institutions in an asymmetric manner. The benchmark one-year lending rate was lowered by 0.4 percentage point to 5.6 percent, and the benchmark one-year deposit rate was lowered by 0.25 percentage point to 2.75 percent. Such adjustments were in accordance with the fall in inflation at the time, but it did not alter the sound monetary policy stance. The reduction in the benchmark deposit and lending rates was conducive to allowing them to play a greater role in reducing the market interest rates and the financing costs, such that the real interest rate would gradually move back to a reasonable level.

The market-based interest-rate reform continued to make important progress. First, control over the interest rates of financial institutions continued to be loosened in an orderly manner. On March 1, 2014, the PBC removed the ceiling on small-value foreign-exchange deposit interest rates in the China (Shanghai) Pilot Free Trade Zone. On November 22, 2014, when the PBC reduced the benchmark deposit and lending rates, it expanded the floating band of the deposit interest rates from 1.1 times the benchmark deposit rate to 1.2 times the benchmark deposit rate. It also simplified the brackets of the benchmark interest rate so that the pricing capacity of financial institutions was further improved. Second, the self-regulatory market interest-rate pricing mechanism continued to be improved. Membership in the mechanism continued to expand. A total of 93 financial institutions became new members and self-regulation in the mechanism was enhanced. Third, the trading of inter-bank certificates of deposit was steadily promoted. The scope of issuers of deposit certificates was further expanded and issuances became more frequent. This enhanced the management of liability and the pricing capacity of the banks, and provided valuable experience for the issuance of certificates of deposit to enterprises and individuals. In 2014, 89 financial institutions issued 998 certificates of deposit in the inter-bank bond market, with a total amount of RMB898.6 billion yuan. Among them, RMB423.1 billion yuan of the certificates were traded in the secondary market. All of the certificates of deposit were based on the Shibor rates. The relatively rapid development of the market for certificates of deposit provided a basis for quoting the medium- and long-end Shibor rates. In December, the weighted average interest rate of three-month deposit certificates was 5.01 percent, which was 43 basis points higher than the 3-month Shibor rate.

Box 1 Changes in the pricing of the deposit and lending rates by financial institutions after the PBC adjusted its interest-rate policies

On November 22, 2014, the PBC reduced the benchmark deposit and lending rates of financial institutions in an asymmetric manner, thus further promoting the market-based interest-rate reform. After this adjustment, the lending rate of financial institutions began to move downward, deposit rate pricing became more market-oriented, and the policy effects became more obvious.

For loan rate pricing, after the PBC policy adjustments, financial institutions quickly adapted to the new benchmarks and lowered their quotes of lending rates and adjusted the parameters in their pricing system. Thus bank customers enjoyed lower lending rates. The impact of the lower benchmark rates on reducing the real interest rates became more obvious. Currently, the Loan Prime Rate (LPR) quote is 5.51 percent, 0.25 percentage point lower than that prior to the policy adjustments. In December, the weighted average rate of loans (not including discounts) to non-financial enterprises and other sectors was 6.92 percent, 0.44 percentage point lower than before the policy adjustments (October 2014, the same hereinafter). In December, due to the fluctuations in the money-market rates, the bill financing interest rates rose, which to some extent helped mitigate the decline in the lending rates. In December, the weighted average rate of loans to non-financial enterprises and other sectors was 6.77 percent, a reduction of 0.11 percentage point from the pre-reduction level.

After the policy rate adjustments, financial institutions are basically able to price their lending rates by considering funding costs and the risk premium based on the principle that profits should cover the costs of the risks. The lending rates for different customers became increasingly differentiated. According to surveys, the weighted average lending rates of state-owned financial institutions and joint stock commercial banks were lower than those of local financial institutions, such as rural cooperative financing institutions, reflecting the differentiated pricing practices for different customers. The lending rates for large, small, and medium enterprises also declined. Due to the different risk premiums for various customers, there was a difference in the spread between their lending rates and the benchmark rate. The larger enterprises tended to enjoy lending rates that were lower than those of the smaller enterprises.

After the policy rate adjustments, the deposit rate quotes by financial institutions generally declined. The floating band of deposit rates for various maturities was expanded, but it still remained within the 1.2 time limit. According to surveys, in December the weighted average rates for demand deposits and for 3-month, 6-month, 1-year, 2-year, and 3-year deposits were 0.37 percent, 2.74 percent, 2.98 percent, 3.23 percent, 3.92 percent, and 4.61 percent respectively. Except for the demand deposit rate, which remained unchanged, and the 3-year deposit rate, which increased slightly, all other deposit rates declined. In general, the weighted average deposit rates of various terms was 1.17 times that of the benchmark deposit rate.

After the policy rate adjustments, the pricing strategies of financial institutions began to diversify and a multi-layered deposit rates began to develop. The deposit rate quotes offered by state-owned commercial banks were the lowest and those of local financial institutions were generally higher. The rates offered by joint stock commercial banks were in the middle between the two. At the same time, state-owned commercial banks and joint stock banks generally delegated more pricing power to their branches to price the deposit rates according to their business strategies, competition in the respective localities, and the profiles of their customers so as to properly manage their funding costs.

In brief, with the policy rate adjustments and the continuing market-based interest-rate reform, the pricing capacity of financial institutions was enhanced and real deposit rates declined. These measures have played an active role in reducing the financing costs of enterprises, enhancing the pricing capacity of financing institutions, and improving the market-based interest-rate formation and transmission mechanism. Considering that such policy rate adjustments have been fairly recent and that the deposit rate decline may also be influenced by factors such as the financing costs of financial institutions, the pricing adjustments at the beginning of the year, and the risk premium of the lending rates, more observation is needed before an assessment of the effectiveness of the policy rate adjustments is made.

VIII. The RMB exchange-rate regime was further improved

The market-based RMB exchange-rate regime was further improved in a self-initiated, controllable, and gradual manner, while the RMB exchange rate was kept basically stable at an adaptive and equilibrium level. On March 15, 2014, the PBC announced that the floating band of the RMB spot rate against US dollar would be expanded from 1 percent to 2 percent. On July 2, the PBC removed the regulation over the spread between USD selling and buying rate quotes of banks. Market supply and demand are playing an increasingly important role in the RMB exchange-rate formation, the flexibility of the RMB exchange rate has been enhanced, and market expectations have begun to diversify. The central bank has basically exited from its regular interventions on the foreign-exchange market so as to develop a managed floating exchange-rate regime.

In 2014 the highest and lowest central parity of the RMB against US dollar were RMB6.0930 yuan and RMB6.1710 yuan respectively. Among the 245 trading days, the RMB appreciated on 107 days and depreciated on 138 days. The largest daily appreciation was 0.37 percent (225 basis points) and the largest daily depreciation was 0.18 percent (111 points).

The RMB appreciated against other major international currencies, including the euro and the Japanese yen. At the end of 2014, the central parity of RMB against the euro and the Japanese yen was RMB7.4556 yuan per euro and RMB5.1371 yuan per 100 yen respectively, an appreciation of 12.92 percent and 12.46 percent respectively from the end of the last year. From the start of the reform of the RMB exchange-rate regime in 2005 until the end of 2014, the RMB appreciated against the euro and the yen by 34.32 percent and 42.22 percent respectively.

To facilitate bilateral trade and investment, the PBC continued to promote the RMB direct trading between RMB and other currencies. In 2014, the direct RMB trading against the New Zealand dollar, the British pound, the euro, and the Singapore dollar was launched on the inter-bank foreign exchange market, and the direct trading between the RMB and the Kazakh tenge was launched in the regional inter-bank foreign-exchange market. Direct trading between the RMB and foreign currencies in the inter-bank foreign-exchange market was active and market liquidity increased notably, thus helping to lower the costs of currency conversion in the economy.

Table 5 Trade Volume of the RMB against Foreign Currencies in the Inter-bank Foreign-Exchange Spot Market in 2014

Unit: RMB100 million yuan

Currency	USD	Euro	Japanese Yen	HKD	GBP	Australian Dollar	New Zealand Dollar	Singapore Dollar	Canadian Dollar	Malaysian Ringgit	Russian Ruble	Thai Baht	Kazakh tenge
Trading volume	239,942	3,155	4,551	2,031	1,377	1,486	281	838	14	12	255	2	3

Source: China Foreign Exchange Trade System.

Box 2 The steady development of direct trading between the RMB and other currencies

Since the beginning of the pilot program of cross-border RMB transaction in 2009, the RMB has been more widely used throughout the world. After the global financial crisis, fluctuations in the value of the major currencies increased. Thus, in order to reduce currency conversion costs, economic entities had higher demand for trading between RMB and emerging market currencies. In order to meet such a demand, the PBC began to explore direct trading between the RMB and the emerging market currencies in the inter-bank foreign-exchange market. In 2010, direct RMB trading with the Malaysian ringgit and the Russian ruble were launched simultaneously in China's inter-bank foreign-exchange market and in the corresponding countries. With the increased acceptance of RMB globally and the development of the direct trading market, some advanced economies also showed interests in direct trading with the RMB. By the end of 2014, direct trading between the RMB and 8 foreign currencies had been launched in the inter-bank foreign-exchange market.

Overseas direct RMB trading markets have developed greatly. Direct trading between the RMB and other currencies became increasingly active, with the trading volume growing rapidly. In 2014, direct trading between the RMB and other currencies registered RMB1,048.2 billion yuan, accounting for 4.7 percent of the spot trading in the inter-bank foreign-exchange market. By comparison, before 2010 the trading volume of the RMB against non-USD currencies was only 0.5 percent. From the launch of direct trading between RMB and non-USD currencies until the end of 2014, the daily average of RMB trading registered RMB10.222 billion yuan, which is 8.4 times the daily average of RMB1.212 billion yuan in the year before the launch of direct trading.

There are several features of the direct RMB trading. First, a direct exchange-rate formation mechanism, without the use of cross rates, has been established. Before the introduction of direct trading, banks usually converted their non-USD positions to USD in the inter-bank foreign-exchange market, and then traded the USD for RMB. After direct trading was established, banks no longer had to do this. They now only have to clear their positions by direct trading in the inter-bank foreign-exchange market, helping form direct exchange rates. Based on this progress, the central parity of RMB against other currencies are not calculated by using dollar exchange rates with the two currencies; the central parity are calculated from the quotes of market-makers in the direct trading market. The market exchange rate is determined mainly by supply and demand in the bilateral local currency settlements and the international exchange market conditions.

Second, the structure of the market-makers has been improved. Each of the currencies under direct trading has its own independent market-making system, which covers different types of market-makers. This reflects the diversified market demand for different currencies. Among the market-makers, there are both Chinese banks with adequate branches and offices and foreign banks with rich market-making experience. The former include large national commercial banks and local banks in areas where cross-border trade is active. The latter includes internationally active banks and branches of foreign banks from countries that issue the directly-traded currencies.

Third, more currencies can be traded directly with the RMB. During the past 5 years, in line with market needs, direct RMB trading has started from RMB against ringgit and the ruble, and expanded to include the major reserve currencies, such as the euro, the pound sterling, the Japanese yen, and other convertible currencies including the Australian dollar, the New Zealand dollar, and the Singapore dollar. An initial network of direct RMB trading has been developed, in tandem with the development of the international use of the RMB.

Fourth, direct trading markets at home and abroad have developed hand in hand. In developing direct RMB trading markets, the PBC attached great importance to the principle that direct RMB trading should be launched simultaneously at home and abroad in order to ensure interaction between the domestic and overseas markets and to boost mutual development. For currencies with certain convertibility restrictions, such as the Korean won, direct trading was first launched in the overseas market. Currently, off-shore direct RMB trading markets with relatively large trading volumes have been established in Moscow, London, Frankfurt, Singapore, Australia, and so forth. These off-shore markets facilitate direct trading between the RMB and the foreign currencies and create economies of scale.

The benefits of direct RMB trading have become increasingly obvious. First, the currency conversion costs have been reduced. By clearing their foreign-currency positions in one transaction, banks can reduce their exchange costs and the exchange rate in the transaction can be transmitted to the exchange rate quotes offered to customers through internal pricing mechanism. From the exchange rate quotes offered by the banks to individual customers, it can be seen that the spread between the buying and selling rates has been narrowed from 0.8 percent to 0.7 percent, so that the conversion cost is reduced by 12.5 percent. As enterprises have certain bargaining powers, they can actually save more. Second, price transparency has been increased. Before direct trading, economic entities had no access to information on the RMB exchange rate against some currencies. Direct trading creates a bilateral exchange rate of the RMB against these currencies, thus helping lower the research and friction costs. Third, international use of the RMB has been promoted. In recent years, direct trading between RMB and the local currency has grown to fairly large volumes in Russia and Korea. Take the direct trading between the RMB and ruble in the Russian foreign-exchange market as an example. The trading volume of the RMB against ruble on the Moscow Inter-bank Currency Exchange (MICEX) in 2014 was 7 times that the volume in 2013. Fourth, direct trading facilitates the development of foreign-exchange markets and supports the real economy. Direct trading in the inter-bank market provides liquidity for the sale and purchase of foreign exchange at bank counters and more currencies can be quoted at the counters. These measures facilitate foreign-exchange transactions and provide support to the real economy. Fifth, direct trading helps promote the reform of a market-based foreign-exchange rate regime.

As the economic and trade ties between China and the rest of the world continue to grow, the demand for direct trading between RMB and the local currency will gradually increase. The PBC will continue to promote the development of direct RMB trading markets to support bilateral economic and trade ties and to provide effective and low-cost financial services to facilitate trade and investment.

In 2014 under the bilateral local currency swap agreements signed by the PBC and the relevant monetary authorities, PBC conducted swaps in a total amount of RMB1,130.550 billion yuan with counterparty monetary authorities. The amount of RMB actually used was RMB38.007 billion yuan and the outstanding amount was RMB15.801 billion yuan. This has played an active role in facilitating bilateral trade and investment.

IX. Reforms of financial institutions were deepened

The PBC solicited public comments on the *Regulations on Deposit Insurance (Consultative Document)*. In 2014 the State Council Executive Meeting reviewed and adopted the *Report of the PBC on Plans to Establish a Deposit Insurance System*. It was then decided that a deposit insurance system will be established covering all deposit-taking financial institutions, and the insurance limit will be RMB500,000 yuan per account. Initially, the premium rate will be low and a deposit insurance fund will be established gradually. On December 30, 2014, the PBC completed the public consultation process. A deposit insurance system is an important institutional arrangement to protect depositors and to improve the financial safety net in a market economy. It will help define the respective roles of the government and the market, deepen the financial reforms, maintain financial stability, and increase the competitiveness of the financial industry. The insurance limit of RMB500,000 yuan per account will provide full coverage for 99.6 percent of the depositors and will be adequate to maintain confidence and stability.

Reforms of financial institutions continued to be deepened. In July of 2014, the Housing Financing Department of the China Development Bank (CDB) was established. Meanwhile, the CDB continued to support the renovation of shantytown areas and to provide legally-compliant, convenient, reasonably-priced, and stable funding. In 2014 the CDB provided RMB408.6 billion yuan of new loans for shantytown renovation, which was RMB302.6 billion yuan more than that in the last year, or a 286 percent increase. In principle, the reform plan of the Agricultural Development Bank of China, which clarified the general target and main measures of the reform, was approved by the 63rd Executive Meeting of the State Council. Reform of the CDB and the Export-Import Bank of China was accelerated and their policy roles were enhanced. The transformation and reform of asset management companies also made progress. In August, China Huarong Asset Management Co. Ltd. signed cooperation agreements with eight strategic investors, with a total investment of RMB14.54 billion yuan, accounting for 21.0 percent of its equity after the capital increase. Reform of the rural credit cooperatives (RCCs) also proceeded smoothly, with constant improvements in their business operation, financial performance, and agriculture-related financial services. At the end of 2014, the average NPL ratio of RCCs was 3.8 percent, an annual decline of 0.3 percentage point. Their capital adequacy ratio was 13.2 percent, 2.8 percentage points higher than that in the last year. The provision coverage ratio was 135.2 percent, up by 8.7 percentage points. Total profits registered RMB233.9 billion yuan in 2014. Agriculture-related loans and loans to farmers were RMB7.1 trillion yuan and RMB3.4 trillion yuan respectively, up by 13.4 percent and 12.0 percent year on year. By the end of 2014, a total of 1,484 RCCs with legal person status at the county (municipality) level had been established nationwide, and the number of rural commercial banks and rural cooperative banks had reached 665 and 89 respectively. In general, the RCCs have established a governance framework consisting of a general meeting of stockholders, a board of directors, a board of supervisors, and senior management, as well as relevant rules and policies. With these arrangements in place, the internal management of RCCs has improved.

X. Reform was promoted in foreign-exchange administration

Progress was made in streamlining administrative procedures, delegating powers, and facilitating trade and investment. First, the number of items requiring administrative approval was further reduced. In 2014, 5 items were removed from the list, and 88 foreign exchange administrative regulations were revoked. Second, more measures were taken to support the steady growth of trade. Reforms were promoted in trade related foreign-exchange management, thus further facilitating border trade and trade business run by individuals. Administrative approval on border trade accounts was removed and documentation requirements for trade business run by individuals were streamlined so as to promote the development of all kinds of trade. Third, a pilot program for foreign exchange payment business for cross-border e-commerce was launched. The 22 enterprises in the pilot program have processed a total of USD1.0 billion in cross-border receipts and payments to support the development of new types of businesses, including e-commerce.

Convertibility of the capital account has been constantly improved. First, the pilot program of centralized foreign-exchange fund management by multinational companies has been expanded nationwide. More than 200 enterprises, including state-owned, private, and foreign enterprises, are allowed to manage their foreign exchange fund in a centralized manner, which concretely reduces the financial costs for large enterprises and multinational companies. Second, another pilot program was launched to allow foreign-invested enterprises to sell their foreign-currency denominated capital funds to banks on a voluntary basis. In line with the philosophy of negative-list management, the PBC launched the program in 17 national economic and financial reform pilot zones, including the China (Shanghai) Pilot Free Trade Zone and the Tianjin Binhai New Area, where firms are allowed to sell their foreign-exchange denominated capital funds on a voluntary basis. Third, more channels were developed for funds to "go global." Foreign-exchange management for overseas investments has been largely streamlined. Foreign exchange can be purchased for establishment and operation of special purpose vehicles in overseas markets, and the restrictions on lending to such companies have been removed. Fourth, the two-way opening up of the capital market has been promoted. The quota management of the RMB Qualified Foreign Institutional Investors (RQFIIs) has been streamlined and the pilot program of the Qualified Domestic Limited Partner (QDLP) was launched in certain areas. Fifth, measures have been put in place to facilitate transactions under the capital account. All ex-ante approvals for cross-border guarantees have been removed and external guarantee policies for domestic lending of the domestic and foreign-invested enterprises have been unified. Approval requirements in certain procedures for external debts to be transformed into funds for lending have been removed. In some regions, pilot program were launched whereby foreign invested enterprises can manage a proportion of their external debt on a self-disciplined basis in order to reduce their funding costs.

In addition, efforts were made to improve the statistics and monitoring system for cross-border capital flows, enhancing the capability of monitoring, early warnings, and management of capital flows, and further developing the statistical system for the balance of international payments.

PART 3 Financial Market Analysis

In 2014 China's financial market performed in a sound manner. The money market traded briskly, while market rates were generally stable; the volume of bond issuances increased significantly, and the yield curve of bonds shifted downward; both the stock indices and equity financing rose significantly. Reforms of the financial market proceeded steadily. Innovations in financial products deepened, the institutional framework in the financial market gradually improved, and the financial market played a greater role in lowering the financing costs and facilitating the development of the real economy.

I. Financial market analysis

1. The money market traded briskly and market interest rates were generally stable

Growth of repo transactions on the inter-bank market accelerated, while the turnover of inter-bank borrowing increased rapidly year on year. In 2014 the turnover of bond repos on the inter-bank market totaled RMB224.4 trillion yuan, representing an average daily turnover of RMB897.7 billion yuan, up 41.9 percent year on year and an acceleration of 30.7 percentage points from the previous year. The turnover of inter-bank borrowing reached RMB37.7 trillion yuan, with an average daily turnover of RMB150.7 billion yuan, up 6.0 percent year on year and representing an acceleration of 30.3 percentage points from the last year. In terms of the maturity structure, overnight products still dominated the bond repos and inter-bank borrowing transactions, accounting for 78.1 percent and 78.3 percent of their respective turnovers in 2014. The turnover of government securities repos on the stock exchanges rose 37.2 percent year on year to RMB90.72 trillion yuan.

The flow of funds among financial institutions displayed the following characteristics. First, large banks remained net fund providers, and the amount of their net lending increased 87.1 percent year on year, an acceleration of 111.8 percentage points from the previous year. Second, small- and medium-sized banks, and securities and fund management companies remained net fund borrowers, with their net borrowing increasing by 114.8 percent and 90.7 percent respectively from the last year. In particular, during the third and fourth quarters the net borrowing of small- and medium-sized banks increased rapidly, accounting for 73.9 percent of the total net borrowing in 2014.

Money-market interest rates were stable. In general, money-market interest rates declined in the first half of the year, fluctuated somewhat due to seasonal factors in June and July, and then went up in December, though they were still lower than during the same period of the last year. Due to the frequent issuances of new stocks, on-going buoyant trading on the stock market, declines in the RMB equivalent of foreign- exchange purchases on a net basis, and increases in provisional funds of commercial banks at year-end, interest rates on the money

Table 6 Fund Flows among Financial Institutions in 2014

Unit: RMB100 million yuan

	Repos		Inter-bank borrowing	
	2014	2013	2014	2013
Chinese-funded large banks[1]	-816,890	-439,669	-63,213	-30,650
Chinese-funded small- and medium-sized banks[2]	314,746	152,761	-41,619	-25,633
Securities and fund management companies	299,378	158,905	76,852	38,354
Insurance companies	89,564	55,543	180	25
Foreign-funded financial institutions	50,404	12,679	6,806	1,598
Other financial institutions and vehicles[3]	62,798	59,780	20,994	16,307

Notes: 1. Chinese-funded large banks include the Industrial and Commercial Bank of China, the Agricultural Bank of China, the Bank of China, the China Construction Bank, the China Development Bank, the Bank of Communications, and the Postal Savings Bank of China.
2. Chinese-funded small- and medium-sized banks include the China Merchants Bank and sixteen other medium-sized banks, small-sized city commercial banks, rural commercial banks, rural cooperative banks, and village and township banks.
3. Other financial institutions and vehicles include urban credit cooperatives, rural credit cooperatives, finance companies, trust and investment companies, financial leasing companies, asset management companies, social security funds, investment companies, corporate annuities, and other investment vehicles. Some of these financial institutions and vehicles do not participate in the inter-bank funding market.
4. A negative sign indicates net lending and a positive sign indicates net borrowing.
Source: China Foreign Exchange Trade System.

market went up slightly in December and the weighted average interest rate of inter-bank borrowing and bond-pledged repos both posted 3.49 percent, down 67 and 79 basis points respectively from the same period of the last year. At end-2014, the overnight and 7-day Shibor rates posted 3.53 percent and 4.64 percent respectively, up 38 basis points and down 61 basis points from the end of the last year; and the 3-month and 1-year Shibor rates were 5.14 percent and 4.73 percent respectively, down 42 and 23 basis points from the end of the last year.

Transactions of interest-rate derivatives increased rapidly. In 2014 the total notional principal of RMB interest-rate swaps amounted to RMB4.03 trillion yuan, up 47.9 percent year on year. In terms of the term structure, RMB interest rates with maturities within one year traded most briskly and their aggregate notional principal posted RMB3.18 trillion yuan, accounting for 78.9 percent of the total. In terms of the reference rates, the base rate of the floating end of the RMB interest-rate swaps mainly included the 7-day fixing repo rate (FR007) and the Shibor, and their notional principal accounted for 81.1 percent and 18.2 percent of the total respectively. To meet the increasing demand of market participants to hedge interest-rate risks and to promote the balanced development of the spot and derivative markets, the China Foreign Exchange Trade System (CFETS) launched in November 2014 four kinds of standard products for interest-rate derivatives on the inter-bank market, based on the FR007, the Shibor, and other benchmarks. By the end of 2014, a total of 212 standard products of interest-rate derivatives had been traded, with a gross turnover of RMB41.35 billion yuan.

Table 7 Transactions of Interest-rate Derivatives

	Interest-rate swaps		Bond forwards		Forward-rate agreements	
	Number of deals (lots)	Amount of notional principal (RMB100 million yuan)	Transactions (lots)	Amount (RMB100 million yuan)	Transactions (lots)	Amount of notional principal (RMB100 million yuan)
2013	24,409	27,277.8	1	1.0	1	0.5
2014	43,019	40,347.2	—	—	—	—

Source: China Foreign Exchange Trade System.

2. Bond issuances expanded rapidly, and the yield curve of bonds shifted downward by a larger margin

The spot bond trading volume on the inter-bank market came close to the level of the last year. In 2014 a total of RMB40.36 trillion yuan of bonds was traded, with a daily average of RMB161.4 billion yuan, down 3 percent year on year. In terms of the trading entities, Chinese-funded small- and medium-sized banks were mainly net bond sellers, with total net spot bond sales of RMB1.11 trillion yuan in 2014; other financial institutions and vehicles, and foreign-funded financial institutions were mainly net bond purchasers, with net spot bond purchases of RMB598.8 billion yuan and RMB418.6 billion yuan respectively. Large Chinese-funded banks turned from net bond sellers during the first three quarters to net bond purchasers in the fourth quarter, with net bond purchases of RMB39.7 billion yuan for the entire year. In terms of trading products, a total of RMB5.88 trillion yuan of spot government securities was traded, accounting for 14.6 percent of the spot bond transactions on the inter-bank market; the turnover of spot financial bonds and corporate debenture bonds was RMB18.46 trillion yuan and RMB15.89 trillion yuan respectively, accounting for 45.7 percent and 39.4 percent. A total of RMB2.81 trillion yuan of government securities was traded on the stock exchanges in 2014, up 61.6 percent year on year.

Bond indices on the inter-bank markets moved upward. In 2014 the China Bond Composite Index (net price) rose from 96.07 points at the beginning of the year to 101.42 points at year-end, up 5.57 percent, while the China Bond Composite Index (full price) rose from 107.47 points to 114.50 points, up 6.54 percent. The Government Securities Index on the stock exchanges rose 4.36 percent, from 139.52 points early in the year to 145.60 points at year-end.

The yield curve of government securities on the inter-bank market moved downward by a large margin. At end-2014, the yields of 1-year, 3-year, 5-year, 7-year, and 10-year government securities declined by 96, 105, 95, 98, and 93 basis points respectively from the end of 2013, while the spread between 10-year and 1-year government securities widened by 3 basis points to 36 basis points from the end of 2013. The reasons for the downward movements of the yield curve were as follows. First, as the growth of the Chinese economy slowed down, the hike in the CPI moderated. Second, after regulation of the inter-bank business of commercial banks was strengthened, the released funds gradually flowed back to the

Figure 2 Yield Curves of Government Securities on the Inter-bank Bond Market

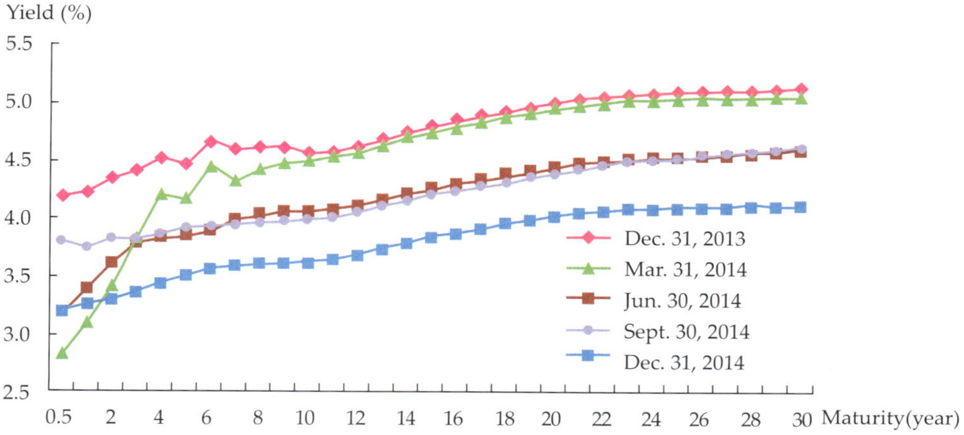

Source: China Government Securities Depository Trust and Clearing Co., Ltd..

bond market. Third, as the PBC used a mix of monetary policy tools to strengthen macro controls, volatilities in the demand and supply of funds declined and the demand for bond investments increased accordingly.

The volume of bond issuances expanded significantly. In 2014 a total of RMB10.98 trillion yuan of bonds (including central bank bills) was issued, RMB2.12 trillion yuan more than that in the previous year, among which the issuances of debt-financing instruments of non-financial businesses and financial bonds registered a larger year-on-year increase. At end-2014, outstanding bonds of all kinds posted RMB35.32 trillion yuan, up 17.8 percent year on year.

Some innovative products, such as project-revenue bills and carbon emission revenue bonds were launched. Project-revenue bills are issued by the project companies and use cash flows from the project operations as the main source of repayment. The launch of project-revenue bills helps to establish a transparent and regulated investment and financing mechanism for urban construction, to effectively control and mitigate the risks of local government debts, and to provide funding for the construction of urbanization. The carbon emission revenue bonds are priced based on fixed plus floating rates. In particular, the floating rate is based on the yield of the specific carbon emissions project of the issuer. This creates a precedent whereby the pricing of debt-financing instruments is connected to "unconventional targets" and the concept of low carbon is promoted. This is of great significance for improving the low-carbon economy, developing a financial eco-system, and promoting industrial transformation and upgrading.

Coupon rates declined notably. The coupon rate of 10-year government bonds issued in December was 3.77 percent, down 31 basis points from those of the same maturity issued in November of 2013. The coupon rate of 10-

Table 8 Bond Issuances in 2014

Type of bonds	Issuance (RMB100 million yuan)	Year-on-year growth (RMB100 million yuan)
Government securities[1]	21,747	1,517
Central bank bills	0	-5,362
Financial bonds[2]	36,552	10,242
Of which: Financial bonds issued by the China Development Bank and policy financial bonds	23,201	3,390
Corporate debenture bonds[3]	51,516	14,817
Of which: Debt-financing instruments of non-financial enterprises	41,812	13,124
Enterprise bonds	8,260	2,008
Corporate bonds	1,028	-367
Total	109,815	21,214

Notes: 1. Including municipal bonds issued by the Ministry of Finance on behalf of local governments.

2. Including financial bonds issued by the China Development Bank, policy financial bonds, ordinary bonds issued by commercial banks, subordinated bonds issued by commercial banks, hybrid bonds issued by commercial banks, bonds issued by securities firms, and so forth.

3. Including debt-financing instruments issued by non-financial enterprises, enterprise bonds, corporate bonds, convertible bonds, bonds with detachable warrants, privately placed SME bonds' and so forth.

Sources: The People's Bank of China, National Development and Reform Commission, China Securities Regulatory Commission, and China Government Securities Depository Trust and Clearing Co., Ltd..

year financial bonds issued by the China Development Bank in December was 4.37 percent, down 67 basis points from that of the same maturity issued in December 2013. The coupon rates of corporate debenture bonds issued in December rebounded somewhat, though they were still lower than those of the same maturity issued in the last year. The average coupon rate of short-term financing bills (rated A-1) issued by AAA-rated enterprises was 5.3 percent, up 26 basis points from September and down 129 basis points from the same period of the last year; the average coupon rate of 5-year medium-term notes (rated AAA) issued by AAA-rated enterprises was 5.67 percent, up 18 basis points from September and down 81 basis points from the same period of the last year. The Shibor played a greater role in bond pricing. In 2014 2 floating-rate bonds were issued based on the Shibor, with a gross issuance volume of RMB8 billion yuan; 582 fixed-rate enterprise bonds were issued based on the Shibor, with a gross issuance volume of RMB689.2 billion yuan; and a total of RMB1,034.1 billion yuan of fixed-rate short-term financing bills was issued based on the Shibor, accounting for 98 percent of all fixed-rate short-term financing bills.

3. The volume of bill financing increased rapidly and interest rates showed a downward trend

The bill acceptance business increased slightly. In 2014 commercial bills issued by enterprises totaled RMB22.1 trillion yuan, up 8.9 percent year on year; outstanding commercial papers posted RMB9.9 trillion yuan at end-2014, up 9.3 percent year on year. In the first half of the year, the balance of bill acceptances continued to increase, and at end-June they reached a historical high of RMB10.2 trillion yuan. In the second half of the year, the balance of bill acceptances fluctuated by a small margin, and at end-2014 they had increased by RMB800 billion yuan from the beginning of the year. In terms of the issuing entity, outstanding bankers' acceptances were mainly issued by enterprises in the manufacturing, wholesale, and retail industries, with small- and medium-sized enterprises issuing about two-thirds of the total. The steady growth in bill acceptances has provided financing support to the real sector, in particular to small- and medium-sized enterprises.

The outstanding balance of bill financing increased rapidly and interest rates on the bill market showed a downward trend. In 2014, commercial papers discounted by financial institutions totaled RMB60.7 trillion yuan, up 33.0 percent year on year; the outstanding balance of bill discounts stood at RMB2.9 trillion yuan, up 48.9 percent year on year. The outstanding amount of bill financing increased rapidly, growing by RMB960 billion yuan from the beginning of the year; the share of outstanding bill financing in the total outstanding loans stood at 3.6 percent, up 0.84 percentage point year on year. In 2014, as overall liquidity in the banking system was reasonable and appropriate, interest rates on the money market showed a downward trend. Due to the downward movement of discount rates as a result of central bank discount rate adjustment, movements of the money-market interest rates, and changes in the supply and demand in the bill market, interest rates declined amid fluctuations on the bill market.

4. Both the stock indices and equity financing increased notably

The stock indices rebounded steadily in the first three quarters and rose rapidly in the fourth quarter. At end-2014, the Shanghai Stock Exchange Composite Index and the Shenzhen Stock Exchange Component Index closed at 3,235 points and 11,015 points, up 52.9 percent and 35.6 percent respectively from the end of 2013. The Growth Enterprise Board (GEB) Index (Chinext Price Index) closed at 1,472 points, up 12.8 percent from the end of 2013. The weighted average P/E ratio of the A-share market of the Shanghai Stock Exchange rose from 11.0 times at end-2013 to 16.0 times at end-2014, while during the same period that of the Shenzhen Stock Exchange rose from 28.0 times to 34.6 times.

Turnover on the stock markets increased rapidly. In 2014 turnover on the Shanghai and Shenzhen stock exchanges totaled RMB74.24 trillion yuan, up 58.6 percent year on year, and the daily turnover averaged RMB303 billion yuan, up 54.1 percent year on year. In particular, turnover in the fourth quarter increased rapidly, with an average daily turnover of RMB549.4 billion yuan, up 172 percent year on year. Turnover on the GEM Board amounted to RMB7.8 trillion yuan in 2014, up 52.5 percent year on year. At end-2014 the combined market capitalization of the Shanghai and Shenzhen exchanges posted RMB31.56 trillion yuan, up 58.1 percent year on year; the market capitalization of the GEM Board posted RMB1.31 trillion yuan, up 59.1 percent year on year.

Table 9 Use of Insurance Funds, End-2014

Unit: RMB100 million yuan, %

	Outstanding balance		As a share of total assets	
	End-2014	End-2013	End-2014	End-2013
Total assets	101,591	82,887	100.0	100.0
Of which: Bank deposits	25,311	22,641	24.9	27.3
Investments	68,004	54,232	66.9	65.4

Source: China Insurance Regulatory Commission.

The amount of equity financing increased rapidly. In 2014 a total of RMB706 billion yuan was raised by enterprises by way of IPOs, additional offerings, rights issuances, and warrant exercises, representing an increase of RMB319.3 billion yuan year on year. Among this total, RMB484.2 billion yuan was raised on the A-share market, an increase of RMB203.9 billion yuan from the last year.

5. Assets in the insurance industry grew rapidly

In 2014 total premium income in the insurance industry amounted to RMB2.02 trillion yuan, representing year-on-year growth of 17.5 percent and an acceleration of 6.3 percentage points over the last year; total claim and benefit payments amounted to RMB721.6 billion yuan, representing year-on-year growth of 16.1 percent. Specifically, total claim and benefit payments in the property-insurance sector increased 10.2 percent, while those in the life-insurance sector increased 23.6 percent.

The growth of insurance assets accelerated. At end-2014, total assets in the insurance industry posted RMB10.16 trillion yuan, representing year-on-year growth of 22.6 percent and an acceleration of 9.9 percentage points from the end of 2013. Among this total, bank deposits increased 11.8 percent year on year, while investment-linked assets increased 25.4 percent.

6. Swap and forward transactions on the foreign-exchange market increased rapidly

In 2014 the turnover of spot RMB/foreign-exchange transactions totaled USD4.12 trillion, up 1.2 percent year on year. Turnover of RMB/foreign-exchange swap transactions totaled USD4.49 trillion, up 32.1 percent year on year, among which overnight RMB/USD swap transactions amounted to USD2.36 trillion and accounting for 52.6 percent; turnover on the RMB/foreign-exchange forward market totaled USD52.9 billion, up 63.5 percent year on year. Turnover of foreign currency pair transactions amounted to USD60.6 billion, down 5.7 percent year on year. In particular, USD/HKD transactions accounted for the lion's share, or 35 percent, of the total.

The number of participants on the foreign-exchange market increased further. At end-2014, there were 465 members on the foreign-exchange spot market, 98 members on the foreign-exchange forward market, 97 members on the foreign-exchange swap market, 84 members on the currency swap market, and 39 members on the foreign- exchange options market. In addition, there were 31 market-makers on the spot market and 27 market-makers on the forward and swap markets.

7. The price of gold saw large fluctuations

In 2014 the price of gold rallied and then declined. The price of gold on the international market peaked at USD1,385.0 per ounce and reached a trough of USD1,142.0 per ounce, closing at USD1,199.25 per ounce at end-2014 and representing a decline of USD2.25 per ounce, or 0.2 percent, from the end of the last year. The movement of domestic gold prices kept pace with that on the international market. During the year, the highest price of gold (Au9999) on the Shanghai Gold Exchange was RMB273.6 yuan per gram, and the lowest price was RMB223.0 yuan per gram. At end-2014, the price of gold closed at RMB240.59 yuan per gram, representing an increase of RMB4.13 yuan per gram, or 1.8 percent, from the end of the last year. For the whole year, the weighted average price recorded RMB249.51 yuan per gram, down 10.4 percent from the last year.

The Shanghai Gold Exchange performed in a stable manner, while its trading volume increased significantly. In 2014 the trading volume of gold was 18,500 tons, an increase of 59.2 percent year on year, and turnover posted RMB4.6 trillion yuan, an increase of 42.8 percent year on year. The trading volume of silver was 500,000 tons, an increase of 16.1 percent year on year, and turnover posted RMB1.9 trillion yuan, down 3.9 percent year on year. The trading volume of platinum was 64.9 tons, a decline of 28.1 percent year on year, and turnover posted RMB18.77 billion yuan, down 31.4 percent year on year.

II. Institutional building in the financial markets

1. The bond market was regulated to promote innovation and to build a multi-tiered market system

Efforts were made to promote the building of a multi-tiered bond market and to guide non-legal-person private equities, such as eligible trust products, asset management schemes of securities firms, rural financial institutions, and eligible non-financial institutions, to invest in the inter-bank bond market, thus further broadening the investor base. Continued efforts were made to promote innovation in financial products. Project-revenue bills, M&A bonds, supply chain bills, and carbon-emission bonds were launched. The pilot scheme of credit asset securitization was further expanded, and the product variety of the bond business on commercial bank counters was expanded to include other government-sponsored entity bonds, such as financial bonds issued by the China Development Bank, policy financial bonds, bonds issued by the China Railway Corporation, and so on. Efforts were made to promote the issuance of highly-rated bonds by the China Development Bank and other institutions simultaneously on the inter-bank bond market and the exchange market. In December 2014 bond pre-issuance trading business was launched to improve the transparency and competitiveness of bond issue pricing, to improve the bond yield curve, and to buoy up bond trading on the secondary market.

2. The foreign-exchange market developed based on regulation, and the opening-up of the gold market was promoted steadily

The principle of business regulation and the principle of bank operations were combined to regulate the development of the foreign-exchange derivative business. There is a larger variety of risk-hedging instruments, such as foreign-exchange options. Limit on the spread of banks' quotations of RMB/USD buying and selling rates to clients were lifted and banks can now price their quotation rates independently. The *Administrative Rules on Banks' Purchase and Sale of Foreign Exchange* and its implementation rules were amended to lower the market access threshold and to support access of non-banking financial institutions to the inter-bank foreign-exchange market. The *Guidelines on the Code of Conduct and Conventions in the Inter-bank Foreign-Exchange Market* were issued to strengthen self-disciplining in the foreign-exchange market.

Institutional building of the gold market was promoted on a gradual basis. The Shanghai Gold Exchange amended and improved a number of rules on OTC transactions, agency business, and so forth, and issued the *Master Agreement on Gold Leasing Business (2013 version)*. A market-making system of OTC gold trading was established on a trial basis, OTC gold options were launched, and the gold market had more participants. The Shanghai Gold Exchange launched the international gold board in the China (Shanghai) Pilot Free Trade Zone to welcome international investors to the market and to steadily promote the opening-up of the gold market.

3. Remarkable achievements were made in the reform and opening-up of the securities market

In May 2014 the State Council issued *Several Opinions on Further Promoting the Healthy Development of the Capital Market* (State Council Document [2014] No.17), laying out a roadmap for the next stage of capital market development. In 2014 remarkable achievements were made in the institutional building of the securities market. First, the *Administrative Rules for the Pilot Program of Preferred Stocks* were issued, and the program was steadily promoted. During the year, a total of five listed companies issued preferred stocks and raised RMB103 billion yuan. The launch of the preferred stock program has supported the M&A and restructuring activities of enterprises, increased the varieties of securities products, and provided investors with diversified investment channels. Second, the Shanghai-Hong Kong Stock Exchanges Connect Mechanism (SHSECM) was formally launched. The connect mechanism will foster closer ties between capital markets in Mainland China and in Hong Kong and will promote the development of capital markets in the two places, as well as the internationalization process of the RMB. In April, the securities authorities in the Chinese mainland and Hong Kong published a joint announcement regarding approval in principle of the establishment of the Shanghai-Hong Kong Stock Exchanges Connect pilot program. In June, the CSRC issued *Several Guidelines on the Pilot Program of the Shanghai-Hong Kong Stock Exchanges Connect Mechanism*, specifying the coverage of the connect business, the share of foreign ownership, the clearing and squaring approach, and stipulating the requirements for investor protection, supervision, management, and so forth. In November, with the approval of the State Council, the Shanghai-Hong Kong Stock Exchanges Connect Mechanism (SHSECM) was formally launched, and the securities markets in mainland China and Hong Kong performed in a stable manner. Third, *Several Guidelines on Reforming, Improving, and Strictly Implementing the Delisting System of Listed Companies* were issued. The launch of the delisting system of listed companies indicated the market-orientation, legalization, and normalization of the delisting of listed companies. Fourth, the *Rules on Regulation of Futures Companies* were issued, appropriately lowering the market access threshold and establishing regulations on the scope of business, investor protection, and so forth.

4. Efforts were made to improve institutional arrangements in the insurance market

In 2014 the State Council in succession issued *Several Opinions on Accelerating the Development of a Modern Insurance Service Industry and Several Opinions on Accelerating the Development of Commercial Health Insurance*, further clarifying the development plan for the insurance industry. Efforts were made to steadily promote the institutional building on the insurance market, through the market-based reform, risk prevention, consumer rights protection, and so forth. First, the market-based reform of the use of insurance funds was advanced. Supervision of the proportional use of insurance funds was improved, and the investment channels for insurance funds were broadened. Insurance funds can establish private equity fund and can be invested in preferred stocks, venture capital funds, and companies listed on the GEM Board. In addition, the China Insurance Asset Management Association was established, the reform of market access and exit mechanisms for insurance companies was deepened, and the administrative rules on the M&A of insurance companies were developed. Second, risk prevention for insurance companies was strengthened, post-investment management of insurance funds was improved, and management of the reputational risks of insurance companies was included in the comprehensive risk management system. The sales volume, rate limit, and capital regulation of high cash-value products were clarified to promote the healthy development of high cash-value products. Third, the *Opinions on Strengthening the Protection of Rights and Interests of Insurance Consumers* were issued. Qualifications and business standards for the sale of non-insurance financial products by insurance companies and insurance sales agents were stipulated to prevent misleading sales and to protect the rights and interests of consumers.

PART 4 Macroeconomic Analysis

I. Global economic and financial developments

In 2014 the global economy was still in a period of deep rebalancing, with a modest recovery and an insufficient growth momentum. The economic performance and macro policies in the major economies clearly diverged, with higher volatility in the international financial market and in commodity prices, and more shocks from non-economic factors, including higher geopolitical risks. Specifically, the U.S. economic recovery was stronger than that in the other major economies, and conditions improved in the U.S. labor market. Growth in the euro area was weak, and there were tremendous downward pressures on inflation. In Japan, economic performance was significantly affected by policy volatility. Growth in the emerging market economies generally slowed down, with fluctuations in several financial markets.

1. Developments in the major economies

The economic growth momentum continued to strengthen in the U.S. GDP growth recorded 2.4 percent for the entire year of 2014, the fastest growth for the past four years. Real GDP growth contracted by 2.1 percent quarter on quarter (annualized) during the first quarter, hurt by the severe weather conditions. Since the second quarter, business investment, consumption, exports, and the real estate sector continued to move up, and the real estate market developed steadily. The annualized GDP growth in the second and third quarters posted 4.6 percent and 5.0 percent respectively. The CPI was relatively lower than the 2 percent inflation target set by the Fed during most of 2014, mainly due to the appreciation of the US dollar and the falling oil prices. In addition, in 2014 more new jobs since 1999 were created, with an average monthly increase of 208,000 new jobs. The unemployment rate dropped from 6.7 percent at the end of 2013 to 5.6 percent at the end of 2014.

Economic growth in the euro area was weaker than expected, with tremendous downward pressures on inflation. Since the second quarter of 2014, growth again slowed down and investments were still weak. A series of loose monetary policies launched by the European Central Bank (ECB) did not fundamentally speed up the real economy. The annualized GDP growth rates in the second and third quarters were merely 0.1 percent and 0.2 percent respectively. Inflation continued to move downward in 2014. In December, the Harmonized Index of Consumer Prices (HICP) declined by 0.2 percent year on year in the euro area, revealing the tremendous downward pressures on inflation. The unemployment rate remained high, registering about 11.4 percent by end-2014.

Japan's economic performance was significantly affected by its policies. Economic growth showed a sharp rebound in the first quarter and then dropped significantly in the second quarter

Table 10 Macroeconomic and Financial Indices in the Major Economies

Country	Index	2013 Q4			2014 Q1			2014 Q2			2014 Q3			2014 Q4		
		Oct.	Nov.	Dec.	Jan.	Feb.	Mar.	Apr.	May	Jun.	Jul.	Aug.	Sept.	Oct.	Nov.	Dec.
United States	Real GDP growth rate (annualized quarterly rate, YOY, %)	3.5			-2.1			4.6			5.0			2.6 (primary estimate)		
	Unemployment rate (%)	7.2	7.0	6.7	6.6	6.7	6.7	6.3	6.3	6.1	6.2	6.1	5.9	5.7	5.8	5.6
	CPI (YOY, %)	0.9	1.2	1.5	1.6	1.1	1.5	2.0	2.1	2.1	2.0	1.7	1.7	1.7	1.3	0.8
	DJ industrial average(closing number)	15,237	16,086	16,577	15,699	16,322	16,458	16,581	16,717	16,852	16,563	17,098	17,043	17,391	17,828	17,823
Euro Area	Real GDP growth rate (annualized quarterly rate, YOY, %)	0.2			0.3			0.1			0.2			—		
	Unemployment rate (%)	11.9	11.9	11.8	11.8	11.8	11.7	11.6	11.6	11.6	11.6	11.5	11.5	11.5	11.5	11.4
	HICP (YOY, %)	0.7	0.9	0.8	0.8	0.7	0.5	0.7	0.5	0.5	0.4	0.4	0.3	0.4	0.3	-0.2
	EURO STOXX 50(closing number)	2,774	2,901	2,919	2,853	2,968	2,916	2,978	3,033	3,228	3,115	3,044	3,067	2,998	3,076	2,990
Japan	Real GDP growth rate (annualized quarterly rate, YOY, %)	-1.5			5.8			-6.7			-1.9			—		
	Unemployment rate (%)	4.0	3.9	3.7	3.7	3.6	3.6	3.6	3.5	3.7	3.8	3.5	3.5	3.5	3.5	3.4
	Core CPI (YOY, %)	1.1	1.5	1.6	1.4	1.5	1.6	3.4	3.7	3.6	3.4	3.3	3.2	2.9	2.4	2.4
	Nikkei 225 (closing number)	14,328	15,662	16,291	14,915	14,841	14,828	14,304	14,632	15,162	15,621	15,425	16,174	16,414	17,460	17,451

Source: Statistical Bureaus and Central Banks of the Relevant Economies.

due to the increase in the consumption tax rates since April 1. In the last quarter of 2014, the manufacturing PMI data rebounded slightly and the foreign trade data improved somewhat, but consumer and investor confidence remained weak. The consumer confidence index has been under 40 since September. In addition, due to falling oil prices, inflation in Japan again faced great downward pressures, which made it more difficult to achieve the inflation targets.

Growth in the emerging market economies generally slowed down, with several financial markets experiencing volatile fluctuations. With the Fed normalizing its monetary policy, the increasing geopolitical risks, and the sharply falling international oil prices, some emerging market economies with structural problems are facing risks of capital outflows. Countries such as Russia, Brazil, and Malaysia, which are highly dependent on commodity exports, have felt the brunt of these shocks. Some Asian economies, including Indonesia, felt the pinch due to their structural problems.

2. Developments in global financial markets

Since the beginning of 2014, affected by such factors as monetary policy divergences in the major economies, geopolitical risks, the sharp decline in international oil prices, and so forth, global financial markets experienced large fluctuations. The stock markets in some advanced economies rallied with a zig-zag path and the yields of government securities declined sharply. The financial markets in some emerging market economies fluctuated and local currencies depreciated substantially.

The USD appreciated against most major currencies. At the end of 2014, the exchange rate of the USD/EUR closed at 1.2097 dollar per euro, a depreciation of 11.99 percent from the end of 2013. The exchange rate of the GBP/USD and the JPY/USD closed at 1.5573 dollar per pound and 119.68 yen per dollar respectively, representing a depreciation of 5.94 percent and 12.02 percent respectively from the end of 2013. At the same time, most of the emerging market currencies depreciated. Among them, the Russian ruble, the Argentina peso, the Chilean peso, the Mexican peso, and the Brazilian real depreciated against the USD by 43.34 percent, 23.69 percent, 13.37 percent, 11.61 percent, and 11.11 percent respectively.

Money-market rates fluctuated at subdued level. Due to the tapering of the quantitative easing monetary policy by the Fed, the USD Libor in the London Inter-bank Market rose slightly. At the end of 2014, the 1-year dollar Libor posted 0.6288 percent, an increase of 4.58 basis points from the end of 2013. After the further easing of monetary policies by the ECB, the Euribor declined markedly. At the end of 2014, the 1-year Euribor registered 0.325 percent, a decrease of 23.1 basis points from the end of 2013.

Government bond yields in the major developed economies dropped substantially, though the yields in some emerging market economies rose considerably. At the end of 2014, 10-year government bond yields in the U.S., Germany, and Japan closed at 2.174 percent, 0.541 percent, and 0.326 percent respectively, down by 83, 140, and 41 basis points respectively from the end of 2013. The yields of 10-year government bonds in some emerging market economies continued to rise. By the end of 2014, the yields of 10-year government bonds in Russia had shot up by 511 basis points from the end of 2013.

The stock indices in the major advanced economies rallied, but the stock indices fluctuated wildly in most of the emerging market economies. At the end of 2014, the Dow Jones Industrial Average Index, the STOXX50 Index, and the Nikkei 225 Index closed at 17,823, 2,990, and 17,451 points respectively, up by 7.5 percent, 2.4 percent, and 7.1 percent respectively from end-2013. The stock markets in most of the emerging market economies went up, but with larger volatility than last year. The stock indices in India, Indonesia, and Turkey surged by 29.9 percent, 22.3 percent, and 32.1 percent. In contrast, affected by the crisis in Ukraine and the decline in its economy, the stock index in Russia went down significantly, dropping by 45.2 percent throughout the year.

3. Monetary policies in the major economies

Since the beginning of 2014, the monetary policies in the major advanced economies diverged further. The Federal Open Market Committee (FOMC) of the Federal Reserve (Fed) maintained the current 0 to one-quarter percent target range for the federal funds rate. From January to October, it made a series of further measured reductions in its asset purchases. The FOMC decided to conclude its asset-purchase program in October. In addition, in an effort to make adjustment in the forward guidance, the FOMC said that "it can be patient in beginning to normalize the stance of monetary policy" in the statement released after its December regular meeting, instead of "it likely will be appropriate to maintain the 0 to one-quarter percent target range for the federal funds rate for a considerable time."

The European Central Bank (ECB) further

relaxed monetary policies at its regular meetings in June and September. In September, the ECB announced it would lower interest rates on the main refinancing operations (MROs), the marginal lending facility, and the deposit facility respectively to 0.05, 0.3, and -0.2 percent, and, from the fourth quarter of 2014, it would launch a two-year asset-purchase plan to buy asset-backed securities (ABS) and covered bonds. On January 22, 2015, to meet its inflation target, the ECB announced to expand asset-purchase program to include bonds issued by governments and institutions in the euro area in the program. The combined monthly purchases of public and private sector securities will amount to euro60 billion and the program is intended to be carried out until the end of September 2016.

The Bank of Japan (BOJ) expanded the scale of its quantitative and qualitative monetary easing policy. On October 31, it announced it would increase injections of base money from 60 trillion to 70 trillion yen per year to 80 trillion yen per year, increase Japanese government bond (JGB) purchase by 30 trillion to 80 trillion yen per year, extend the average remaining maturity of JGB purchases to about 7 to 10 years (an extension of a maximum of about 3 years compared with that in the past), and increase the purchase of exchange-traded funds (ETFs) and Japan real estate investment trusts (J-REITs) by a large margin.

The Bank of England (BOE) maintained the Bank Rate at 0.5 percent and the scale of asset purchase at GPB375 billion. Affected by the ECB's actions to expand its asset-purchase program, the central banks in Canada, Switzerland, Denmark, Australia, and other countries have cut their policy rates since the beginning of 2015. In addition, the Swiss National Bank (SNB) discontinued the minimum exchange rate of CHF 1.20 per euro.

The monetary policies in the emerging market economies have diverged as well, and the policy challenges have been more difficult. On the one hand, some countries tightened monetary stance in response to inflationary pressures, capital outflows, and depreciation pressures. The Central Bank of Brazil increased the benchmark interest rate on five occasions, by a total amount of 175 basis points to 11.75 percent. The Central Bank of Argentina raised the interest rates of short-term central bank bills twice, by a total of 930 basis points to 28.8 percent. The South African Reserve Bank raised the policy rate on two occasions, by 75 basis points to 5.75 percent. In response to the substantial depreciation of the local currency, the Central Bank of Russia raised the benchmark rate on six occasions, by a total of 1,150 basis points to 17 percent. The National Bank of Ukraine raised its policy rate on two occasions, by a total of 450 basis points, to 14 percent. In addition, some emerging market economies intervened in the foreign-exchange markets to maintain a stable exchange rate.

On the other hand, some emerging market economies relaxed their monetary policies in order to boost economic growth. The Central Bank of the Republic of Turkey lowered the 1-week repo rate on three occasions, by 175 basis points in total to 8.25 percent. The Central Bank of Chile lowered the policy rate on six occasions, by a total of 150 basis points to 3 percent. The Bank of Korea lowered its benchmark rate on two occasions, by a total of 50 basis points to 2 percent. The Bank of Mexico lowered benchmark rate by 50 basis points to 3 percent. In January 2015 the Central Bank of Russia lowered the benchmark rate by 200 basis points to 15 percent to stimulate growth, and the central banks in India and Turkey also lowered their policy rates respectively.

4. The global economic outlook and major challenges

The pace of the global recovery is expected to accelerate in 2015. In its *World Economic Outlook* released in January 2015, the International Monetary Fund (IMF) revised downward the projection for global growth in 2015 by 0.3 percentage point to 3.5 percent, but this was an increase of 0.2 percentage point from the previous year. Projections for growth in the U.S. were revised upward by 0.5 percentage point to 3.6 percent, an increase of 1.1 percentage points from the previous year; projections for growth in the euro zone and Japan were both revised downward by 0.2 percentage point to 1.2 percent and 0.6 percent respectively, 0.4 and 0.5 percentage point higher than the growth in 2014; growth in the emerging market and developing economies was projected to be 4.3 percent in 2015, representing a downward adjustment of 0.6 percentage point from the previous projection and a deceleration of 0.1 percentage point from the growth registered in 2014. Overall, the global economy still faces the following challenges.

First, the economic performance and monetary policies in the major economies may continue to show increased divergences and higher volatility. With the successful deleveraging in the private sector and developments in new energy, new technology, and the manufacturing industries, the U.S. economy is expected to improve further. Due to the slow progress in structural reforms, recovery in Europe and Japan still face many uncertainties, such as weak economic growth and downward pressures on inflation. Some emerging economies are also facing structural adjustment pressures. While recovery in the major economies has diverged in the process of the global rebalancing, geopolitical risks and tensions have further intensified. Tensions between Russia and Ukraine, the mutual sanctions between Russia on the one hand, the U.S. and the European countries on the other, extremist activities, and social uncertainties caused by the widening gap between the rich and poor might take their toll on market confidence and have adverse effects on the global economy and trade and financial activities, thus increasing the complexity and uncertainty of the global economic recovery.

Second, affected by the divergence in the economic performance and the macro-economic policies of the major economies, volatility in global financial markets might increase further. The Fed is considering the timing of normalizing its stance on monetary policy, and the federal funding rate may gradually go up in 2015. However, the ECB and the BOJ are likely to further expand the scale of the quantitative easing monetary policy. There are many uncertainties in the timing and pace of the implementation of these monetary policies. Global assets may be reallocated on a wider scale driven by divergence in the economic performance and macro-economic policies across countries, and may increase the uncertainties and volatility in the direction of cross-border capital flows and exchange-rate movements. This may place pressures on those economies with vulnerable financial systems, making it more difficult for them to effectively implement the macro-economic policies.

Third, uncertainties in oil prices may pose new risks to global growth. The plummet in international oil prices since June 2014 impacted the world economy in two direction. On the one hand, it helped to increase global consumer demand by improving the terms of trade of oil-importing countries and providing opportunities for reductions in energy subsidies and tax reform. On the other hand, it had a strong negative impact on fiscal revenue and economic growth in some oil-exporting countries. There are different assessments on the future development of oil prices. Analysis by the IMF suggest that current oil prices may have fallen too much and may rebound sharper or sooner than expected. Uncertainties in international commodity prices further complicate the international economic environment.

II. Analysis of China's macroeconomic performance

In 2014 the Chinese economy continued to perform within a reasonable range, with positive developments in its structural adjustments. Consumption registered stable growth, and exports and imports stabilized after a slowdown. Investments grew at a more moderate pace, and final consumption contributed 51.2 percent to GDP growth, 3 percentage points higher than in the previous year. Employment was basically stable. Consumer prices registered moderate growth. It is estimated that China's GDP in 2014 registered RMB63.6 trillion yuan, growing by 7.4 percent year on year. The growth rate in the four quarters was 7.4 percent, 7.5 percent, 7.3 percent, and 7.3 percent respectively year on year, and 1.6 percent, 1.9 percent, 1.9 percent, and 1.5 percent quarter on quarter. The consumer price index (CPI) rose 2.0 percent year on year, and the trade surplus reached USD382.5 billion.

1. Consumption registered stable growth, while investment growth moderated and exports and imports stabilized amidst a slowdown

The income of urban and rural residents continued to rise. Consumption contributed more to promoting growth, and consumption based on new types of business operation registered higher growth. In 2014 per capita disposable income of urban residents stood at RMB28,844 yuan, increasing by 9.0 percent year on year in nominal terms and 6.8 percent in real terms. The per capita cash income of rural residents posted RMB9,892 yuan, growing by 9.2 percent in real terms. As indicated by the Q4 Urban Depositors' Survey conducted by the People's Bank of China, current income sentiment of urban residents registered 49.2 percent, which was flat with the previous quarter. Consumption sentiment registered stable growth, with residents inclined to consume more accounting for 18.7 percent, which is 0.7 percentage point more than that in the third quarter. In 2014, retail sales of consumer goods totaled RMB26.2 trillion yuan, up 12.0 percent year on year in nominal terms and 10.9 percent in real terms. Specifically, retail sales of consumer goods in urban areas totaled RMB22.6 trillion yuan, increasing by 11.8 percent, while retail sales of consumer goods in rural areas stood at RMB3.6 trillion yuan, growing by 12.9 percent year on year. Online retail sales in China maintained rapid growth, registering at RMB2.8 trillion yuan, up by 49.7 percent year on year. The growth of consumption of telecommunications equipment, recreation, and sports products grew more rapidly, and mass consumption and services consumption picked up. In 2014 the revenue of statistically small catering businesses rose by 13.2 percent, which was 11 percentage points higher than that of statistically large catering business. For the first time in history, the number of overseas trips made by Chinese residents exceeded 100 million last year.

Growth of fixed-asset investments slowed down. In 2014 fixed-asset investments (excluding those by rural residents) reached RMB50.2 trillion yuan, growing by 15.7 percent year on year in nominal terms and 15.1 percent in real terms, a deceleration of 3.9 percentage points and 4.1 percentage points from the previous year respectively. Broken down by industries, investment in the primary industry registered rapid growth, while the growth of investment in the tertiary industry slowed down due to the declining growth of real estate investment and other factors. In 2014 investment in the primary, secondary, and tertiary industries reached RMB1.2 trillion yuan, RMB20.8 trillion yuan, and RMB28.2 trillion yuan respectively, up 33.9 percent, 13.2 percent, and 16.8 percent year on year. Planned investments for on-going construction projects totaled RMB96.9 trillion yuan, up by 11.1 percent year on year, while planned investments for new projects rose 13.6 percent, reaching RMB40.6 trillion yuan.

Imports and exports stabilized amidst a slowdown. In 2014 imports and exports totaled RMB26.4 trillion yuan, up 2.3 percent year on year. Among this total, exports, displaying a trend of rebounding growth, posted RMB14.4 trillion yuan in 2014, up 4.9 percent year on year; while imports, as a result of a plummeting of commodity prices and a lower demand for imports in the processing trade, declined 0.6 percent year on year to RMB12.0 trillion yuan. In 2014 the trade surplus rose 45.9 percent year on year to RMB2.35 trillion yuan. In US dollar terms, the total value of exports and imports grew 3.4 percent to USD4.3 trillion. The share of general trade increased 1 percentage point year on year to 53.8 percent. The trade structure continued to improve. The share of the export value of manufactured goods increased for three consecutive years, and the equipment manufacturing industry was an important driver for export growth. The growth of exports of high-tech products, such as bio-technology products, aeronautics and astronautics products, and computer-integrated manufacturing products, was all above 15 percent, and consumer goods increased as a share of imports. China's trading partners further diversified. Trade with the developed economies registered stable growth, while the share of exports and imports with the developing countries gained 0.4 percentage point compared with the previous year. In 2014 actually utilized foreign direct investments rose 1.7 percent year on year to USD119.56

Figure 3 Import and Export Growth and the Trade Balance

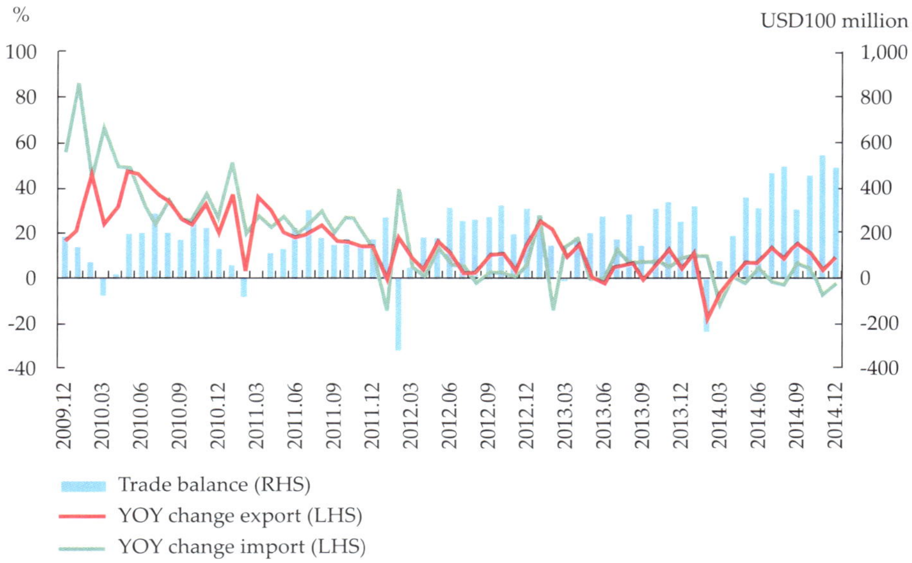

Sources: General Administration of Customs.

billion, and cumulative non-financial outbound direct investments increased 14.1 percent to USD102.89 billion.

2. Agricultural production was in good shape, and the performance of industrial production was within a reasonable range

The value-added growth of the tertiary industry outpaced that of the secondary industry, and accounted for a greater share. The value-added of the primary, secondary, and tertiary industries was RMB5.8 trillion yuan, RMB27.1 trillion yuan, and RMB30.7 trillion yuan respectively, growing by 4.1 percent, 7.3 percent, and 8.1 percent year on year and accounting for 9.2 percent, 42.6 percent, and 48.2 percent of GDP respectively. The share of the tertiary industry was 1.3 percentage points higher than that in the previous year, and 5.6 percentage points more than the share of the secondary industry.

Total grain production increased 0.9 percent year on year to 6.0710 trillion tons. Among this total, production of cereals reached 5.5727 trillion tons, growing by 0.8 percent year on year. The combined output of pork, beef, mutton, and poultry rose 2.0 percent year on year to 85.4 million tons, among which the output of pork grew 3.2 percent to 56.71 million tons.

Industrial production remained basically stable. In 2014 the value-added of statistically large enterprises, if calculated at comparable prices, grew by 8.3 percent year on year. Broken down by sectors, the value-added of the mining industry, manufacturing industry, electricity, heat, gas, and water production and supply industry increased by 4.5 percent, 9.4 percent, and 3.2 percent respectively. A total of 97.8 percent of the products supplied by statistically large enterprises was sold out. In 2014 the profits of statistically large enterprises rose 3.3 percent year on year to RMB6,471.53 billion yuan, and the profit margin of their main businesses registered 5.91 percent. Among the 41 industrial categories, 28 earned more profits than in the previous year. In particular, gross profits in the manufacturing, railway, shipping, aeronautics and astronautics and other transport equipment industries, the electricity and heat production and supply industries, the, automobile manufacturing industry, and the computer manufacturing, and telecommunications and other electronic equipment industries grew rapidly, by 20.5 percent, 19.1 percent, 18.1 percent, and 17.1 percent respectively. According to the PBC Survey of 5,000 Industrial Enterprises, in the fourth quarter business operations were facing headwinds, but remained profitable. The indices of export orders and domestic orders both fell; the business climate index was 54.5 percent, continuing a moderate decline; the profit index registered 55 percent, which was flat with the previous quarter.

3. Overall price levels remained stable but grew more moderately

In 2014 major price indicators generally fell after rising. In the first 3 quarters, the growth of consumer prices was basically stable, and the decline in producer prices narrowed. In Q4, as a result of the accelerated plunge of crude oil prices, the growth of consumer prices slowed down significantly and the decline in producer prices widened.

The growth of consumer prices slowed down, of which the slowdown in food prices was more significant. In 2014 the CPI rose 2.0 percent year on year, decelerating by 0.6 percentage point. CPI growth for the four quarters registered 2.3 percent, 2.2 percent, 2.0 percent, and 1.5 percent respectively. Broken down by categories, food prices slowed down by a large margin, while the slowdown of non-food prices was more moderate. Food prices rose by 3.1 percent, decelerating by 1.6 percentage points year on year; non-food prices increased by 1.5 percent, decelerating by 0.1 percentage point compared with the last year. The price of consumer goods slowed down more significantly than that of services. The price of consumer goods grew by 1.8 percent, decelerating by 0.7 percentage point year on year; service prices rose by 2.5 percent, decelerating by 0.4 percentage point.

The decrease in producer prices was on a par with that in the previous year. In 2014 producer prices fell by 1.9 percent year on year, which remained the same as that in the previous year. Producer prices in the four quarters fell by 2.0 percent, 1.5 percent, 1.3 percent, and 2.7 percent respectively. The price of capital goods dropped by 2.5 percent, narrowing by 0.1 percentage point year on year, while the price of consumer goods registered zero growth, a deceleration of 0.2 percentage point year on year. Producer purchasing prices fell by 2.2 percent year on year, which was 0.2 percentage point more than the decrease in the previous year, and the decline in the four quarters stood at 2.1 percent, 1.9 percent, 1.5 percent, and 3.2 percent respectively. The price of agricultural capital goods dropped by 0.9 percent, which was larger than the 0.2 percent decline in the producer prices of agricultural products. In 2014 the corporate goods price index (CGPI) fell 2.2 percent year on year, decreasing by 2.0 percent, 1.6 percent, 1.6 percent, and 3.7

percent respectively in each quarter. The price of primary commodities plummeted, and the decline in investment products exceeded the drop in the price of consumer goods.

As a result of the plunge in crude oil prices and the overall slide in commodity prices in international markets, import prices continued to decrease. From Q1 through Q4, the average price of Brent Crude oil futures on the Intercontinental Exchange moved by -1.4 percent, 1.7 percent, -5.7 percent, and -25.5 percent quarter on quarter respectively, which amounted to a cumulative tumble of 29.5 percent; the average price of copper on the London Metal Exchange increased by -1.6 percent, -3.6 percent, 3.0 percent, and -5.3 percent on a quarter-on-quarter basis, which amounted to a cumulative decline of 7.4 percent. In 2014 import prices decreased 3.4 percent year on year, which was 1.6 percentage points more than the decline in the last year. From Q1 to Q4, import prices fell by 5.1 percent, 1.1 percent, 1.7 percent, and 5.5 percent respectively. Export prices dropped by 0.7 percent year on year, which was 0.1 percentage point more than the decline in the previous year, and grew by -1.8 percent, -2.0 percent, 0.6 percent, and 0.5 percent respectively in the four quarters.

The GDP deflator decreased. In 2014 the GDP deflator (the ratio of nominal GDP to real GDP) was 0.8 percent, down by 0.9 percentage point from the same period of the last year.

The price reform continued. First, the *Guiding Opinion on Establishing a Ladder Price System for Gas for Residents*, requiring local authorities to draft local implementation plans which should meet residents' demands for gas, reflect the scarcity of resources, cover the costs of supply, and guarantee fair burden-sharing. Second, the pilot program for target prices of cotton in the Xinjiang Uyghur Autonomous Region and that of soybeans in Northeast China and in the Inner Mongolian Autonomous Region was launched, where the target prices were calculated as a sum of the production costs and the basic profits. The temporary storage policy was cancelled. Producers are to sell cotton and soybeans at market prices, while the government will provide subsidies based on the price differentials, the acreage of the plantations, and the volume of production or sales. Third, an ad valorem tax reform on coal was launched nationwide, and the relevant funds established with revenues from various fees and charges were straightened out. Fourth, the pricing of a number of goods and services were deregulated and are now decided by the market.

Box 3 Movements of International Commodity Prices and Monetary Policy

The appreciation of the US dollar and the plummet of oil prices are two prominent recent phenomena in the global economy. It is necessary to study and analyze the implications of these developments and how macro-economic policy may respond.

International commodities include energy, basic raw materials, and agricultural commodities. Mostly priced in US dollars and affected by global demand, the different international commodities usually follow similar patterns in the movement of prices, but sometimes they may vary due to their respective supply and demand factors. As an important international commodity, oil prices demonstrate a typical pattern of volatility, and such volatility exerts a significant influence on the economy, which is a focus of all the relevant parties. The several oil crises in the twentieth century were characterized by a sudden rise and fall in oil prices, leading to higher inflation and lower production in the oil-importing countries, or so-called stagflation. As tightening macro-economic policies designed to address the inflation would cause further cuts in output, there was a consensus that monetary policy should not over-respond to the volatility in oil price, due to the following reasons: first, oil prices fluctuate quite often; second, monetary policy is more efficient in adjusting demand, but it has limited effects when responding to supply shocks. However, if it is an adjustment in fundamentals on the demand side that causes the change in oil prices, or if the change in oil price causes notable changes in inflationary expectations and is transmitted to core inflation, macro-economic policy should respond accordingly.

Since the second half of 2014, international oil prices tumbled from USD120 per barrel in June 2014 to below USD50 per barrel in January 2015. Behind such a plummet there were both demand and supply factors. On the one hand, lower potential growth in some economies caused slower growth in demand; on the other hand, increased shale gas (oil) capacity in the United States and the decision of the Middle Eastern countries not to reduce production led to a rise in aggregate supply. According to IMF research, lackluster demand was the main factor behind the oil price dive before Q4 2014, whereas thereafter the supply side played a bigger role. Moreover, the diverging recovery trajectories of the major economies and significant dollar appreciation as a result of the normalization of the Federal Reserve monetary policy also aggravated the plunge in oil prices, which are denominated in US dollars.

The tumbling oil prices have varying influences on different economies. For oil exporters, lower oil prices cut income and lead to higher fiscal and balance-of-payment pressures and a local currency depreciation. For oil importers, such a dive helps improve the terms of trade, reduces import expenditures, and may lead to an expansion of the trade surplus and the current account surplus. Meanwhile, lower oil prices also help lower the costs of intermediate inputs, facilitate further use of labor and capital, and promote national income and employment, which in general are positive factors. In an open economy, however, oil exporters and importers are closely connected, and thus an oil price plunge may also be risky for the importing countries. For example, financial institutions in oil-importing countries may have risk exposures to oil-exporting countries; enterprises in oil-importing countries have large investments in oil exporting countries; the huge fluctuations in the real economy or financial markets of some oil exporters due to structural problems may heighten uncertainties in the international economy and financial markets. In addition, price signals may serve as a negative incentive for the development of new energy.

A plunge in oil prices may also lead to lower price levels and even induce deflationary pressures. Such implications require an objective and comprehensive analysis. First, falls in oil prices mainly have an impact on the supply side and may not necessarily lead to lower demand. With steady consumption demand, lower raw material costs may help to reduce production costs in the corporate sector, and better performance in the corporate sector may enhance the residents' income and promote final demand. Second, a plunge in international oil prices provides an opportunity to reform the pricing system of resource products (including the relevant taxation and subsidy schemes). Further reform of the pricing of resource products will buffer the impact of oil price falls on general price levels.

As a result of heightened volatility in commodity prices and the exchange rates of the major currencies, and various supply and demand factors, uncertainty mounts regarding cross-border capital flows. The picture is made ever more complicated due to the diverging performance and the diverging policy responses in the different economies and the related spillovers. Therefore, a sound monetary policy stance should be maintained. The instruments for short-term demand management should mainly target changes in demand as well as changes in expectations and the behavior of market participants. Meanwhile, macro-prudential instruments can be adopted to mitigate pro-cyclical movements in the financial system and external shocks from non-fundamentals. In addition, the oil-related risks to financial assets should be closely watched and measures should be taken when necessary to mitigate such risks.

4. The growth of fiscal revenue and expenditures edged up

In 2014 fiscal revenue rose 8.6 percent to RMB14.04 trillion yuan, decelerating by 1.6 percentage points from the increase in the last year. Fiscal expenditures reached RMB15.17 trillion yuan, up 8.2 percent year on year, a deceleration of 2.7 percentage points from 2013. Fiscal revenue exceeded expenditures by RMB1.13 trillion yuan, which was RMB71.1 billion yuan than in the previous year.

In terms of the structure of fiscal revenue, tax revenue rose 7.8 percent year on year to RMB11.92 trillion yuan, and non-tax revenue registered RMB2.12 trillion yuan, up 13.5 percent year on year. Among this total, the corporate income tax and personal income tax grew by 9.8 percent and 12.9 percent year on year, and the domestic value-added tax, domestic consumption tax, and business tax rose by 7.1 percent, 8.2 percent, and 3.2 percent respectively, while the value-added tax on imported goods and the excise tax increased by 3 percent. As for the structure of fiscal expenditures, fiscal expenditures for urban and rural community affairs, traffic and transportation, and affordable housing grew relatively rapidly, increasing by 15.4 percent, 10.9 percent, and 10.9 percent respectively.

5. The employment situation was generally stable

At end-2014 total nationwide employment rose

by 2.76 million year on year to 772.53 million, of which 393.1 million were employed in the urban areas, an increase of 10.7 million year on year.

A statistical analysis by the China Human Resources Market Information Monitoring Center indicates that market demand and supply were basically balanced in Q4 2014, and the ratio of job seekers to job vacancies was 1.15, an increase of 0.05 compared with Q3 of this year and Q4 of 2013. Broken down by industry, demand for labor in sectors such as the health industry, social security and social welfare, and the production and supply of electricity, gas, and water rose slightly, while demand for labor in other sectors went down. In terms of job seekers, there were fewer job seekers among young people who had just entered the labor market, fresh college graduates, the unemployed who formerly were employed, local rural residents, and migrants from other provinces. As for demand, 59.9 percent of job vacancies required a certain level of professional or technical qualifications. The demand for labor with preliminary professional levels increased by 27.6 percent, but the demand for a workforce with medium or high skill levels declined by 7.1 percent and 7.4 percent respectively.

6. International payments and expenditures were generally balanced

It is estimated that the current account surplus in 2014 was USD213.8 billion. The current account surplus to GDP ratio was 2.1 percent, remaining within a sustainable range as acknowledged by the international community. The capital and financial account registered a deficit of USD96 billion in 2014. After taking into account the changes in the exchange rate and asset prices, total reserve assets increased by USD118.8 billion in real terms in 2014 but declined by USD29.3 billion in Q4. In the second half of 2014, China's balance-of-payments position shifted to a pattern of a current account surplus combined with a deficit in the financial and capital account. The volatility in two-way cross-border capital flows was more keenly felt. These developments were related to various factors including the U.S. monetary policy normalization, stronger dollar, the structural adjustments in the Chinese economy, and the accelerated global capital reallocation, which also significantly affected the supply and demand for liquidity in China.

The total external debt continued to grow. As of end-September 2014, the outstanding external debt posted USD894.8 billion, up 3.7 percent year on year. Among this total, the stock of registered outstanding external debt posted USD561.3 billion, an increase of 6.6 percent year on year and accounting for 62.7 percent of the total; the outstanding short-term external debt posted USD709 billion, an increase of 4.8 percent year on year and accounting for 79.2 percent of the total.

7. Sector analysis

(1) The real-estate sector

In 2014, nationwide turnover of commercial real estate declined and more cities reported lower real-estate prices. The growth of investment in real-estate development slowed down, while growth in loans in the real-estate sector moderated. Since the beginning of the fourth quarter, the decline in sales and the price of real estate have narrowed.

Sales of commercial real estate continued to fall. In 2014 the nationwide floor area of sold commercial real estate posted 1.21 billion square meters, down 7.6 percent year on year, which was 1.0 percentage point less than the decline in the first three quarters of the year. The sales value of commercial real estate declined 6.3 percent year on year to RMB7.6 trillion yuan, which was 2.6 percentage points less than the decline during the first three quarters of the year. Among this total, the sold floor area and the sales value of commercial residential housing accounted for 87.2 percent and 81.8 percent of the total sold floor area and the turnover in commercial real estate respectively.

More cities reported lower real-estate prices compared with the beginning of the year. In December 2014 the price of newly-built commercial residential housing dropped in 66 out of 70 nationwide large- and medium-sized cities, 60 more than in January, but the decline in prices narrowed in 60 cities in comparison with that in September; the price of newly-built commercial residential housing fell year on year in 68 cities, representing an increase of 67 from January. The price of pre-owned residential housing declined in 60 cities, which was 47 more than that in January but 10 less than that in September. Compared with last year, the price of pre-owned residential housing declined in 67 cities, 66 more cities than that in January.

The growth of investment in real-estate development continued to decline. In 2014 nationwide investment in real-estate development totaled RMB9.5 trillion yuan, up 10.5 percent year on year, a deceleration of 9.3 percentage points compared with the previous year. In particular, investment in residential housing posted RMB6.4 trillion yuan, growing 9.2 percent year on year and decelerating by 10.2 percentage points from 2013 and accounting for 67.7 percent of total investment in real-estate development. The floor area of newly started real-estate projects declined 10.7 percent year on year to 1.8 billion square meters, in comparison with an increase of 13.5 percent in 2013. The floor area of real-estate projects under construction grew 9.2 percent year on year to 7.26 billion square meters, representing a deceleration of 6.9 percentage points year on year. The floor area of completed real-estate projects posted 1.07 billion square meters, representing year-on-year growth of 5.9 percent, an acceleration of 3.9 percentage points from the previous year.

The growth in real-estate loans moderated. As of end-2014, outstanding real-estate loans of major financial institutions (including foreign-funded financial institutions) stood at RMB17.4 trillion yuan, up 18.9 percent year on year, which was 0.2 percentage point less than that at end-2013 and 0.6 percentage point more than that at end-November 2014. Outstanding real-estate loans accounted for 21.3 percent of the total outstanding loans, which was 0.3 percentage point higher than that at the end of 2013. In particular, outstanding mortgage loans rose 17.6 percent year on year to RMB10.6 trillion yuan, a deceleration of 3.4 percentage points from end-2013 but an acceleration of 0.4 percentage point from end-November; outstanding housing-development loans gained 24.4 percent year on year to RMB3.3 trillion yuan, an acceleration of 8.6 percentage points from end-2013; outstanding land-development loans rose 25.7 percent year on year to RMB1.3 trillion yuan, an acceleration of 15.9 percentage points from end-2013. In 2014 new real-estate loans registered RMB2.7 trillion yuan, an increase of RMB405.7 billion yuan year on year and accounting for 28.1 percent of total new loans, which was flat with end-2013.

More credit support was provided for the construction of welfare housing. At end-2014 outstanding loans for welfare-housing development posted RMB1,141 billion yuan, up 57.2 percent year on year, which was 35.5 percentage points higher than the growth of housing-development loans and accounted for 35 percent of the total outstanding real-estate development loans. In addition, the pilot program of using housing provident fund loans to support the construction of affordable housing proceeded steadily. At end-2014, 355 welfare-housing projects in 81 cities passed loan approvals and received RMB77.74 billion yuan in loan disbursements based on the construction progress, and RMB32.33 billion yuan of the principal was repaid.

(2) High-speed railway sector

As a vital part of infrastructure and one of the most important forms of mass transit, railways constitute arteries for the Chinese economy and play an indispensable role in economic and social development. Railways with a design speed of more than 250 kilometers enjoy advantages, such as high speed, large capacity, low pollution, and sound security. Such high-speed railways provide convenient transportation among cities along the line and play a positive role in supporting coordinated regional development, optimizing resource allocations and industrial layouts, and putting in place an efficient transportation system, lowering logistical costs, and so forth.

In recent years, the high-speed railway industry witnessed rapid growth. In terms of technological development, the Guangzhou-Shenzhen Express, which started operations in 2004, was the "test field" for the development of China's high-speed railway. On August 1, 2008, the Beijing-Tianjin inter-city high-speed railway, which was the first high-speed railway line with independent intellectual property rights, began operations. On December 26, 2009, the Wuhan-Guangzhou high-speed railway started operations, which was the world's longest high-speed railway completed under one project and which involved the most complicated types of engineering. Currently, the high-speed railway industry in China has completed the phase of importing, digesting, and absorbing technologies, and has entered the stage of independent innovation. The industry is now equipped with world-class high-speed railway design, production, and engineering technologies. During such development, the high-speed railway technologies in China have also gone global and participated in international competitions. In terms of development of the network, the speed hike on six occasions and the inauguration of CRH (China Railway High-Speed) kick-started the high-speed era in China. The construction of high-speed railways accelerated, and the carrying capacity continued to increase. From 2009 to 2014, the total mileage of the high-speed railway grew from 6,552 kilometers to

160,000 kilometers. In 2014 a total of 3.16 billion passengers were transported by high-speed railways, accounting for 38.5 percent of the total passengers, which represented significant growth from the 4.8 percent in 2007.

During the next stage, efforts will be made to enhance the quality and efficiency of high-speed railways, optimize the layout of railway networks, improve the technology and the safety coefficient, and minimize environmental pollution and ecological disruptions. Meanwhile, the investment and financing mechanisms for high-speed railways should be diversified, optimized, and better-regulated so as to solve the debt problems of the high-speed railway sector.

PART 5 Monetary Policy Stance to be Adopted in the Next Stage

I. Outlook for the Chinese economy

After the global financial crisis, the world economy entered a period of profound rebalancing. The Chinese economy is switching gears and undergoing structural adjustments while at the same time absorbing the effects of the stimulus policy adopted during the previous period. More evidence is showing that the economy is adapting to a "new normal," reflected in a moderation in the speed of growth, structural adjustments, and a shift in drivers. Together with the slowdown in the traditional growth engine and the shift of gears in economic growth, there are also new trends and obvious signs of structural adjustments in the economy, such as the rise of the emerging and service industries, generally stable employment conditions, the rapid growth in consumption, the increased contribution of the service industries and the tertiary industry to growth, the booming of entrepreneurship, and the acceleration of Chinese investment in global assets. In general, as a big economy, China has much room for maneuver by facilitating a new type of industrialization, the application of IT technology, urbanization, and modernization of the agricultural industry in a coordinated way. The Chinese market is quite large and resilient. In order to release its huge growth potential and to push the economy to enter a more advanced stage of development with a more sophisticated division of labor and a more optimized structure, the structural reforms should continue. Rich experiences have been gained through innovations and improvements in the management of the macro economy over the past several years, and more emphasis has been put on targeted adjustments within a framework of range management, and measures to facilitate reform, adjust the structure, and improve the people's livelihood have been given priority in adjusting short-term demand. On the one hand, in order to build a new growth engine, the market has been given a bigger role in resource allocations and mass entrepreneurship and innovation have been encouraged; on the other hand, in order to transform and upgrade the traditional growth engine, the role of government has been improved and the supply of public goods and services has increased. These new twin engines will provide strong support for the sustained and healthy growth of the economy and will stabilize employment. As indicated by the Urban Depositors' Survey conducted by the People's Bank of China, in the fourth quarter the future income sentiment index and the future employment expectation index of urban residents went up by 0.9 percentage point and 0.2 percentage point from that in the previous quarter. The willingness to purchase cars, houses, and big-ticket consumer products in the following three months increased. In terms of the external environment, the momentum in the global economy has further diverged. Yet, the global economy remains on the track of a mild recovery, and the external environment is generally stable.

It should be noted that the economy faces both historical legacies and new problems. In terms of international conditions, economic performance and macro policies are diverging across various areas during the global economic rebalancing. Boosted by the rebound of the U.S. economy, the US dollar will enter an interest rate hike cycle, yet with unclear timing and pace. While the monetary policies in the EU and Japan will remain loose, the intensity and pace of the easing are uncertain. With the increased spillover effects from the diversified policy measures, the exchange rates between the major currencies and cross-border capital flows might experience more fluctuations. There might also be multiple non-economic shocks, including geopolitical shocks. All of these will lead to a complicated and constantly changing international environment. In terms of domestic conditions, the endogenous drivers of growth have yet to be strengthened. The investment behavior of the entire society will be affected by the reform of the fiscal, taxation, investment, and financing systems. With the acceleration of the structural adjustments, there inevitably will be higher downward pressures and more risk exposure. Meanwhile, the overall debt level is still on the rise, insufficient supply coexists with surplus supply, and structural problems remain serious. Therefore, strenuous efforts are needed to ensure steady growth, adjust the economic structure, facilitate reform, improve the people's livelihood, and prevent risks.

Price growth has moderated due to a number of reasons. In recent months, the price growth of consumer goods continued to slide and that of industrial products dropped by an even larger margin. This round of a decline in price growth is closely linked with the softening demand caused by the acceleration of the structural adjustments and the freefall of international commodity prices. Lower commodity prices led to reduced costs and had a direct impact on the supply of the importing countries. According to the Entrepreneur Survey conducted by the People's Bank of China, in the fourth quarter the product sales index and the raw material purchase price index fell by 1.5 percentage points and 3.8 percentage points respectively from the last quarter. Furthermore, the fresh capacity gain in the overcapacity industries will intensify downward pressure on prices, especially those of manufactured goods. In the near future, factors such as weak external demand, a domestic economy under the simultaneous impacts of moderated economic growth, structural adjustments, absorption of the effects of the previous policies, increasing downward pressures from the structural adjustments, and low international commodity prices will continue to weigh on prices. Since the last round of price hikes is still in the memory of residents, price expectations will be mixed. Overall, price movements face the concerted effects of demand, supply, and economic structural adjustments. Taking into consideration the impact of the decline of prices on market expectations and the behavior of market participants, we should make a comprehensive and objective analysis, closely monitor possible changes in prices, and take differentiated yet targeted, multiple yet coordinated approaches in response.

In general, the Chinese economy has entered a state of new normal, with changed development conditions and a changed environment. At the core of all these changes is the transformation of the development pattern and the economic structural adjustments. Against such macro-economic background, it is necessary to properly handle the relationship between adjustments to the economic structure and aggregate policies. First, the growth gears are shifting from high speed to medium-to-high speed. The direction and intensity of macro policy should be properly handled and the flexibility of the adjustments should be improved. When there are significant changes in the fundamentals, timely and proper adjustments will be made to balance between the prevention of an inertia slowdown in economy and an excessive stimulus which might lead to structural distortions and push up the debt and leveraging levels. Second, the economy may go through a long process of upgrading and structural adjustments, in which a slowdown in the traditional growth engine will occur along with the booming of the emerging industries. Thus we face the dual tasks of removing excess capacity and facilitating the development of the emerging industries. While economic aggregates will be maintained at a stable level, the structure of the economy will be further optimized so as to solve the outstanding problems in economic performance in a targeted way. The stock of credit assets will be revitalized and the use of new loans will be optimized to support the structural adjustments, transformation, and upgrading of the economy. Third, increased risk exposures will be inevitable in the process of the structural adjustments. On the one hand, such risk exposures indicate there will be positive signals of market clearing and structural adjustments; on the other hand, risk mitigation systems should be established or improved to prevent large fluctuations and pro-cyclical developments in the financial system and to ward off systemic or regional financial risks. Fourth, as structural adjustments and reforms become increasingly imperative and difficult, more efforts will be made to boost production efficiency and the dynamics of the economy. Moreover, the reforms will be deepened to solve the deep-rooted problems in the economy. As a result, there will be demanding requirements to continuously deepen financial reform and to develop the financial market. Measures will be taken to effectively accelerate economic structural adjustments and the pace of reform, to keep policies in line with the changes in the economic structure and demand, and to make breakthroughs in key areas. The key is to cultivate new economic growth points, stimulate the dynamics of the economy, and improve the quality and efficiency of development. These measures will also contribute to the effective allocation of financial resources to the proper sectors.

II. Monetary policy during the next stage

The PBC will earnestly implement the decisions of the 18th Party Congress, the 3rd and 4th Plenary Session of the 18th Central Committee of the Chinese Communist Party and the Central Economic Work Conference and follow the strategic arrangements of the Party Central Committee and the State Council. The PBC will adhere to the guideline of seeking progress while maintaining stability and the overall principle of maintaining stable macroeconomic policies while adopting flexible micro policies, take initiatives to adapt to the new normal in the economy, prioritize the change in the development pattern and structural adjustments, maintain the consistency and stability of policies, continue to implement a sound monetary policy that is neither too tight nor too loose, conduct timely and appropriate fine-tunings and preemptive adjustments, create a neutral and proper monetary and financial environment for structural adjustments, transformation, and the upgrading of the economic structure, and promote sustainable economic development. Innovation in reform will be emphasized and the reform measures will be integrated with the macro-economic management policies so that monetary policy will work closely with the reform measures to further tap into the decisive role of the market in resource allocations. In view of the financial deepening and the innovations in the financial markets, the conduct of policies, including that of the transmission mechanism, will be further improved. Efforts will be concentrated on solving the thorniest problems. The quality of financial services, the efficiency of the financial sector, and the capacity of the financial sector serving the real sector will be improved.

First, a combination of various monetary policy instruments will be employed, the macro-prudential policy framework will be improved, and the combination of policy measures will be further diversified and optimized to keep liquidity at an appropriate volume and to realize the opportune growth of money, credit, and all-system financing aggregates. In view of the changes in domestic and international economic and financial conditions, we will flexibly utilize various monetary policy tools, improve the central bank collateral management framework, maintain liquidity at an appropriate level, and safeguard the stability of the money market. At the same time, we will guide commercial banks to strengthen liquidity and balance-sheet management by properly handling the liquidity level at various time points and sensibly planning the total volume and term structure of asset and liability so as to enhance liquidity risk management. The dynamic adjustment mechanism of the differentiated reserve requirement will continue to play a role in counter-cyclical management and structural adjustments. The parameters for the mechanism will be adjusted properly and in a timely manner according to five factors, including lending to small enterprises and the agricultural sector, the capital adequacy ratio, internal risk controls, the opening of new branches, and regional development, so that the mechanism will be more differentiated and targeted to guide financial institutions to keep pace of credit extensions in line with real and seasonal demands, to provide more credit to the agricultural sector, rural areas, and farmers and other key areas and to the weak links in the economy, and to support the development of the real economy. Continued efforts will be made to explore and improve the mechanism and approach of macro-prudential regulation.

Second, the stock of credit assets will be revitalized and the use of new loans will be optimized to support the structural adjustments, transformation, and upgrading of the economy. Measures will be taken to optimize the direction and structure of the provision of liquidity, properly implement the targeted reduction in the reserve requirement ratio, and tap into the role of credit policy supporting central bank lending and the central bank discount policy to guide financial institutions to optimize the credit structure. Efforts will be made to encourage innovations in financial products and services, support economies of scale in agricultural activities, give more support to the construction of water conservancy projects and provide better financial services to the new type of urbanization. Policies supporting small and micro enterprises will continue to be implemented and funding sources for these enterprises will be expanded and diversified so as to facilitate the healthy growth of small and micro enterprises. Assessments of the effects of credit policy guidance will be further improved and the results of such assessments will be closely linked with the utilization of monetary policy and financial market tools to guide financial institutions to increase credit to the agricultural sector, rural areas, farmers, and small and micro enterprises. Better financial services will be provided to support the strategy of innovation-driven development, financing products tailored to the needs of enterprises in technology innovation will be designed, and financial institutions will be encouraged to enhance support for science and technology, culture, the strategic emerging industries, and other key areas. Efforts will be made to promote the removal of excess capacity, provide better financial services for development-oriented poverty reduction, facilitate the development of micro-credit for poverty alleviation, and strengthen the coordination of financial services for large and extremely poverty-stricken areas. Financial inclusion will be actively promoted and financial support and services related to the people's livelihood will be enhanced, such as those for employment, education, ethnic minorities, migrant workers, and college-graduate-turned-village officials. A differentiated housing mortgage policy will be implemented to support the building of welfare housing and common commercial housing with small and medium floor area plans and reasonable home purchases by households, while regular and market-based financing channels will be broadened. Development financing will continue to play a role in the reconstruction of shantytowns. A number of measures will be taken to reduce the costs of financing in the entire economy, such as maintaining the reasonable growth of money and credit, improving the corporate governance of banks, cleaning up the unreasonable financial service charges, improving a multi-tiered capital market, increasing the supply of financial services, deepening the reforms and structural adjustments, and so forth.

Third, the market-based interest-rate reform and the RMB exchange-rate regime reform will be deepened to improve efficiency in the allocation of financial resources and to improve the monetary policy framework. The self-regulatory market interest-rate pricing mechanism will be improved to build the independent pricing capacity of financial institutions. The issuance and trading of inter-bank certificates of deposit will be promoted and we will explore the introduction of certificates of deposit to corporate and individual customers to gradually increase the range of market-priced liability products of financial institutions. Efforts will be made to develop the Shibor and Loan Prime Rate to build a fairly complete market interest-rate system. The central bank interest-rate adjustment framework will be improved to enhance guidance on expectations and to strengthen price-based adjustments and the transmission mechanism. The RMB exchange-rate regime will be further improved to allow market demand and supply to play a greater role, to enhance two-way flexibility of the RMB exchange rate, and to keep the exchange rate basically stable at an adaptive and equilibrium level. Development of the foreign- exchange market will be accelerated in the principle of serving the real economy to provide exchange-rate risk management services to importers and exporters based on actual demand. Measures will be taken to support the use of RMB in cross-border trade and investment activities, and more channels will be made available for the inflow and outflow of RMB funds. Direct trading of the RMB against other currencies will be promoted to provide better services for RMB settlements of cross-border trade activities. The impact of changing international situation on capital flows will be carefully watched and effective monitoring of cross-border capital movements will be strengthened.

Fourth, there will be continued efforts to improve the system of financial markets, to support the role of financial markets in preserving stable economic growth, supporting economic structural adjustments and transformation, deepening reform and opening up, and preventing financial risks. The financial infrastructure and the institutional arrangements will be strengthened to provide a more efficient investment and financing market for economic structural adjustments and upgrading. Market innovations will be encouraged to diversify the products and layers in the bond market and to better meet investor demands. The market-making mechanism will be improved to enhance liquidity in the bond market and to lay a solid foundation for an effective yield curve. The investor base will be expanded and market participants will be diversified. The diversity of financial markets, financial products, investors, and financing intermediaries will be further promoted. Qualified overseas and domestic institutional investors will be welcomed to invest in the inter-bank bond market. The risk-sharing and market-discipline mechanisms will be strengthened. We will implement measures to promote direct financing and develop a multi-tiered capital market. Market supervision and the role of the corporate debenture bond joint ministerial coordination mechanism will be enhanced. We will further strengthen regulatory coordination and facilitate the development of market discipline mechanisms, such as information disclosure and credit ratings, to regulate the trading behavior of market participants, to prevent financial risks, and to promote the efficient operation and sound development of financial markets.

Fifth, the reform of financial institutions will be deepened to improve financial services by increasing supply and enhancing competition. The reform of large commercial banks and other large financial institutions will be furthered so as to continue to improve corporate governance, build effective mechanisms for decision making, execution, and checks and balances, and to translate the principle of corporate governance into daily operations and risk-control behaviors. Further studies will be carried out on expanding the pilot reform program of the Rural Finance Business Division of the Agricultural Bank of China so that it can be expanded and deepened. Research will be advanced to explore a sustainable model for market-based financial services to the agricultural sector, rural areas, and farmers, and to improve financial services to the agricultural sector, rural areas, and farmers, and customers in the counties. A reform program for the policy financial institutions will be implemented to establish capital constraint mechanisms, improve the governance structure, and support fiscal and financial policy in order to create a favorable policy environment and foster policy financial institutions with Chinese characteristics that operate on a sustainable basis and provide good services to support economic development. The shift to market-based operations of asset management companies will be further promoted. Under the precondition of stronger supervision, the development of various kinds of financial institutions, financial service organizations, and intermediary agencies will be encouraged to build a financial eco-environment for fair competition with participation by all kinds of market participants. The standards and rules for internet financing will be further improved to level the playing field, to enhance industry self-regulation, to build stronger capacity for risk management, to safeguard the rights and interests of investors, and to promote sound development of internet financing.

Sixth, effective measures will be adopted to mitigate systemic financial risks and to preserve stability in the financial system. Macro-prudential regulation will be enhanced to guide financial institutions to operate on a sound basis and to encourage them to strengthen liquidity, internal controls, and risk management. While supporting financial innovations, monitoring and prevention of potential risks in the wealth management and inter-bank business will be enhanced. We will cooperate with the relevant government agencies to dispose of local government debts and to prevent related risks. The systemic financial risk early-warning and assessment mechanism will be improved, and monitoring and analysis of overcapacity industries, borrowing by local government financing vehicles, the real-estate sector, shadow banking businesses, and mutual guarantees and joint peer guarantees of enterprises will be enhanced to identify potential risks on a continual basis and to urge financial institutions to draft response plans for various scenarios. The Joint Ministerial Financial Regulatory Coordination Conference will play a role in enhancing risk monitoring and in regulatory coordination of cross-sector and cross-market products, in coordinating development of various financial markets and instruments, and in establishing a system of comprehensive financial statistics and an information-sharing mechanism. Efforts will be adopted to prepare for the implementation of a deposit insurance regime. A comprehensive set of measures will be taken to preserve financial stability and to safeguard the bottom line of preventing systemic and regional financial risks.

附录一　2014年中国货币政策大事记

1月7日，中国人民银行联合科技部、银监会、证监会、保监会和国家知识产权局等六部门发布《关于大力推进体制机制创新　扎实做好科技金融服务的意见》（银发[2014]9号），从鼓励和引导金融机构大力培育和发展服务科技创新的金融组织体系、加快推进科技信贷产品和服务模式创新、拓宽适合科技创新发展规律的多元化融资渠道等方面进行工作部署，要求金融机构推进体制机制创新，做好科技金融服务各项具体工作。

1月17日，中国人民银行发布《关于开展常备借贷便利操作试点的通知》（银发[2014]19号），在北京、江苏、山东、广东、河北、山西、浙江、吉林、河南、深圳开展分支机构常备借贷便利操作试点，主要解决符合宏观审慎要求的地方法人金融机构流动性需求，稳定市场预期，促进货币市场平稳运行。

1月26日，中国人民银行向全国人大财经委员会汇报2013年货币政策执行情况。

1月26日，印发《中国人民银行金融市场司关于商业银行理财产品进入银行间债券市场有关事项的通知》（银市场[2014]1号），允许符合条件的银行理财产品入市并进行了相应规范。

1月28日，中国人民银行发布《关于建立场外金融衍生产品集中清算机制及开展人民币利率互换集中清算业务有关事宜的通知》（银发[2014]29号），建立场外金融衍生产品集中清算机制，促进场外金融衍生产品市场安全高效运行和健康规范发展。

1月29日，为贯彻落实2014年人民银行工作会议精神，发挥信贷政策导向作用，印发《中国人民银行办公厅关于做好2014年信贷政策工作的意见》（银办发[2014]23号），要求人民银行各分支机构和各银行业金融机构加强对“三农”、小微企业、新型城镇化、产业结构调整、保障性安居工程、扶贫、就业等民生领域以及信贷政策导向效果评估和信贷资产证券化试点的金融服务工作。

1月30日，为进一步改善宏观调控，规范再贷款的功能定位，充分发挥中央银行流动性管理和引导金融机构优化信贷结构的功能，更好地服务于中央银行履职，中国人民银行发布《关于调整再贷款分类的通知》（银发[2014]36号），将再贷款由三类调整为四类，即将原流动性再贷款进一步细分为流动性再贷款和信贷政策支持再贷款，金融稳定再贷款和专项政策性再贷款分类不变。

2月8日，发布《2013年第四季度中国货币政策执行报告》。

2月14日，中国人民银行印发《关于做好家庭农场等新型农业经营主体金融服务的指导意见》（银发[2014]42号），鼓励和引导银行业金融机构积极推动金融产品、利率、期限、额度、流程、风险控制等方面创新，合理调配信贷资源，扎实做好家庭农场、专业大户、农民合作社、农业产业化龙头企业等新型农业经营主体各项金融服务工作。

2月20日，中国人民银行授权上海总部发布《关于支持中国（上海）自由贸易实验区扩大人民币跨境使用的通知》（银总部发[2014]22号），支持在自贸区内开展各项跨境人民币业务创新试点，鼓励和扩大人民币跨境使用。

2月21日，印发《中国人民银行办公厅关于做好2013年度涉农和小微企业信贷政策导向效果评估有关事项的通知》（银办发[2014]36号），从中小企业信贷政策导向效果评估平稳过渡到小微企业信贷政策导向效果评估，加强了评估工作的有效性和针对性，鼓励和引导金融机构着力改进和完善“三农”、小微企业金融服务。

3月1日，中国人民银行放开中国（上海）自由贸易试验区小额外币存款利率上限。自贸区的先行先试，将为在全国推进小额外币存款利率市场化积累可复制、可推广的经验，并为下一步深入推进利率市场化改革打好坚实基础。

3月5日，发布《中国人民银行公告[2014]第3号》，将商业银行柜台债券业务品种由记账式国债扩大至国家开发银行债券、政策性金融债券和中国铁路总公司等政府支持机构债券，进一步丰富居民投资选择，推动多层次债券市场建设。

3月5日，中国人民银行增加支农再贷款额度200亿元，支持金融机构做好春耕备耕金融服务。

3月6日，中国人民银行农村信用社改革试点专项中央银行票据发行兑付考核评审委员会决定对山西省浮山县农村信用社兑付专项票据，额度为1 570万元，至此全国农村信用社专项票据兑付考核工作全面完成，资金支持政策全部落实到位。

3月6日，中国人民银行联合财政部、银监会、证监会、保监会、扶贫办和共青团中央发布《关于全面做好扶贫开发金融服务工作的指导意见》（银发[2014]65号），要求加强协作，合理配置金融资源，创新金融产品和服务，完善金融基础设施，优化金融生态环境，积极发展农村普惠金融，着力支持贫困地区经济社会持续健康发展和贫困人口脱贫致富。

3月11日，中国人民银行印发《关于切实做好家禽业金融服务工作的通知》（银发[2014]69号），针对H7N9流感疫情和家禽企业、养殖户的困难和资金需求，从保证正常生产经营的资金供应、灵活确定贷款期限和还款方式、合理确定贷款利率水平、建立金融服务应急机制、加大金融政策支持、加强政策协调配合等方面，提出有针对性的解决措施。

3月14日，中国人民银行、财政部、商务部、海关总署、国家税务总局、银监会联合发布《关于简化出口货物贸易人民币结算企业管理有关事项的通知》（银发[2014]80号）。

3月15日，中国人民银行宣布自2014年3月17日起，银行间即期外汇市场人民币兑美元交易价浮动幅度由1%扩大至2%，外汇指定银行为客户提供当日美元最高现汇卖出价与最低现汇买入价之差不得超过当日汇率中间价的幅度由2%扩大至3%。

3月18日，经中国人民银行授权，中国外汇交易中心宣布在银行间外汇市场开展人民币对新西兰元直接交易。

3月20日，中国人民银行印发《关于开办支小再贷款　支持扩大小微企业信贷投放的通知》（银发[2014]90号），在信贷政策支持再贷款类别下创设支小再贷款，专门用于支持金融机构扩大小微企业信贷投放，同时下达全国支小再贷款额度共500亿元。

3月28日，中国人民银行与德意志联邦银行签署了在法兰克福建立人民币清算安排的合作备忘录。

3月31日，中国人民银行与英格兰银行签署了在伦敦建立人民币清算安排的合作备忘录。

4月2日，中国人民银行货币政策委员会召开2014年第一季度例会。

4月9日，中国人民银行联合财政部、银监会、证监会、保监会、扶贫办、共青团中央召开全国扶贫开发金融服务工作电视电话会议，安排部署贫困地区扶贫开发金融服务的各项工作。

4月15日，中国人民银行向全国人大财经委员会汇报2014年第一季度货币政策执行情况。

4月22日，中国人民银行决定从4月25日起下调县域农村商业银行人民币存款准备金率2个百分点，下调县域农村合作银行人民币存款准备金率0.5个百分点。

4月23日，中国人民银行决定在分支行开展信贷资产质押试点。将信贷资产纳入央行合格抵押品范围，有利于解决中小金融机构合格抵押品相对不足问题，进一步完善央行抵押品管理框架。

4月25日，为贯彻落实国务院第43次常务会议精神，中国人民银行创设抵押补充贷款（PSL）为开发性金融支持棚改提供长期稳定、成本适当的资金来源。

4月25日，中国人民银行与新西兰储备银行续签双边本币互换协议，互换金额仍为250亿元人民币/50亿新西兰元。有效期三年，经双方同意可以展期。

5月6日，发布《2014年第一季度中国货币政策执行报告》。

5月8日，印发中国人民银行、银监会公告[2014]第8号，拓宽消费金融公司等非银行金融机构的融资渠道，合理调整金融租赁公司、汽车金融公司发行金融债券的条件，加大金融对消费的支持力度。

5月9日，中国人民银行、银监会、证监会、保监会、外汇局联合印发《关于规范金融机构同业业务的通知》（银发[2014]127号），就规范同业业务种类和会计核算、加强和改善同业业务内外部管理、推动开展规范的资产负债业务创新等方面提出了十八条规范性意见。

5月30日，中国人民银行使用中韩本币互换协议下4亿韩元（约合240万元人民币）资金支持企业贸易融资，这是中国人民银行首次在双边本币互换协议下动用对方货币。

6月9日，中国人民银行决定从6月16日起对符合审慎经营要求且“三农”和小微企业贷款达到一定比例的商业银行（不含4月25日已下调过准备金率的机构）下调人民币存款准备金率0.5个百分点，对财务公司、金融租赁公司和汽车金融公司下调人民币存款准备金率0.5个百分点。

6月11日，为鼓励金融机构创新多种方式，加大对外贸的支持力度，中国人民银行发布《关于贯彻落实〈国务院办公厅关于支持外贸稳定增长的若干意见〉的指导意见》（银发[2014]168号）。

6月18日，为促进中国与英国之间的双边贸易和投资，便利人民币和英镑在贸易投资结算中的使用，满足经济主体降低汇兑成本的需要，经人民银行授权，中国外汇交易中心宣布在银行间外汇市场完善人民币对英镑的交易方式，发展人民币对英镑直接交易。

6月24日，发布《2013年中国区域金融运行报告》。

6月28日，中国人民银行与法兰西银行签署了在巴黎建立人民币清算安排的合作备忘录。

6月28日，中国人民银行与卢森堡中央银行签署了在卢森堡建立人民币清算安排的合作备忘录。

7月1日，为进一步完善人民币汇率市场化形成机制，中国人民银行发布《关于银行间外汇市场交易汇价和银行挂牌汇价管理有关事项的通知》（银发[2014]188号），取消银行对客户各币种挂牌买卖价差管理。

7月2日，中国人民银行货币政策委员会召开2014年第二季度例会。

7月3日，中国人民银行与韩国银行签署了在首尔建立人民币清算安排的合作备忘录。

7月15日，中国人民银行向全国人大财经委员会汇报2014年上半年货币政策执行情况。

7月18日，中国人民银行与阿根廷中央银行续签了双边本币互换协议，互换规模为700亿元人民币/900亿阿根廷比索，有效期三年，经双方同意可以展期。

7月21日，中国人民银行与瑞士国家银行签署了双边本币互换协议，互换规模为1 500亿元人民币/210亿瑞士法郎，有效期三年，经双方同意可以展期。

8月1日，发布《2014年第二季度中国货币政策执行报告》。

8月21日，中国人民银行与蒙古银行续签了双边本币互换协议，互换规模扩大为150亿元人民币/4.5万亿蒙古图格里克，有效期三年，经双方同意可以展期。

8月26日，中国人民银行、银监会、证监会和保监会联合发布《关于鲁甸地震灾后恢复重建金融服务工作的指导意见》（银发[2014]252号），指导金融机构全面做好云南鲁甸地震灾后恢复重建的金融服务工作。

8月27日，为贯彻落实国务院常务会议关于“加大支农、支小再贷款和再贴现力度”的要求，提高金融服务“三农”等国民经济薄弱环节的能力，中国人民银行对部分分支行增加支农再贷款额度200亿元，引导农村金融机构扩大涉农信贷投放，促进降低“三农”融资成本。

9月，中国人民银行创设中期借贷便利（Medium-term Lending Facility，MLF），对符合宏观审慎管理要求的金融机构提供中期基础货币，中期借贷便利利率发挥中期政策利率的作用，促进降低社会融资成本。

9月16日，中国人民银行与斯里兰卡中央银行签署了双边本币互换协议，互换规模为

100亿元人民币/2 250亿斯里兰卡卢比，有效期三年，经双方同意可以展期。

9月28日，为促进贸易投资便利化，中国人民银行办公厅发布《关于境外机构在境内发行人民币债务融资工具跨境人民币结算有关事宜的通知》（银办发[2014]221号）。

9月29日，为促进中国与欧元区成员国之间的双边贸易和投资，便利人民币和欧元在贸易投资结算中的使用，满足经济主体降低汇兑成本的需要，经人民银行授权，中国外汇交易中心宣布在银行间外汇市场完善人民币对欧元的交易方式，开展人民币对欧元直接交易。

9月30日，中国人民银行货币政策委员会召开2014年第三季度例会。

9月30日，为进一步改进对保障性安居工程建设的金融服务，继续支持居民家庭合理的住房消费，促进房地产市场持续健康发展，中国人民银行和银监会联合发布《关于进一步做好住房金融服务工作的通知》（银发[2014]287号）。

10月11日，中国人民银行与韩国银行续签了双边本币互换协议，互换规模为3 600亿元人民币/64万亿韩元，有效期三年，经双方同意可以展期。

10月13日，中国人民银行与俄罗斯联邦中央银行签署了双边本币互换协议，互换规模为1 500亿元人民币/8 150亿卢布，有效期三年，经双方同意可以展期。

10月16日，中国人民银行向全国人大财经委员会汇报2014年前三个季度货币政策执行情况。

10月17日，印发《中国人民银行金融市场司关于非金融机构合格投资人进入银行间债券市场有关事项的通知》（银市场[2014]35号），允许符合条件的非金融机构合格投资人通过非金融机构合格投资人交易平台进行债券投资交易。

10月27日，为促进中国与新加坡之间的双边贸易和投资，便利人民币和新加坡元在贸易投资结算中的使用，满足经济主体降低汇兑成本的需要，经中国人民银行授权，中国外汇交易中心宣布自10月28日起在银行间外汇市场开展人民币对新加坡元直接交易。

11月2日，中国人民银行发布《关于跨国企业集团开展跨境人民币资金集中运营业务有关事宜的通知》（银发[2014]324号）。

11月3日，中国人民银行与卡塔尔中央银行签署了规模为350亿元人民币/208亿元里亚尔的中卡双边本币互换协议。同日，双方签署了在多哈建立人民币清算安排的合作备忘录。

11月6日，为拓宽境内外人民币资金双向流动渠道，便利人民币合格境内机构投资者境外证券投资活动，中国人民银行印发《关于人民币合格境内机构投资者境外证券投资有关事项的通知》（银发[2014]331号）。

11月6日，发布《2014年第三季度中国货币政策执行报告》。

11月8日，中国人民银行与加拿大中央银行签署了双边本币互换协议，互换规模为2 000亿元人民币/300亿加拿大元，有效期三年，经双方同意可以展期。同日，双方签署了在加拿大建立人民币清算安排的合作备忘录。

11月10日，为顺利实施沪港股票市场交易互联互通机制试点，规范相关资金流动，中国人民银行、证监会联合印发《关于沪港股票市场交易互联互通机制试点有关问题的通知》（银发[2014]336号）。

11月10日，中国人民银行与马来西亚国家银行签署了在吉隆坡建立人民币清算安排的合作备忘录。

11月17日，中国人民银行与澳大利亚储备银行签署了在澳大利亚建立人民币清算安排的合作备忘录。

11月22日，中国人民银行采取非对称方式下调金融机构人民币贷款和存款基准利率。其中，金融机构1年期贷款基准利率下调0.4个百分点至5.6%；1年期存款基准利率下调0.25个百分点至2.75%。同时结合推进利率市场化改革，将金融机构存款利率浮动区间的上限由存款基准利率的1.1倍调整为1.2倍；其他各档次贷款和存款基准利率相应调整，并对基准利率期限档次作适当简并。

11月22日，中国人民银行与香港金融管理局续签了双边本币互换协议，互换规模为4 000亿元人民币/5 050亿港元，有效期三年，经双方同意可以展期。

11月28日，印发《中国人民银行金融市场司关于做好部分合格机构投资者进入银行间债券市场有关工作的通知》（银市场[2014]43号），推动农村金融机构和信托产品、证券公司资产管理计划、基金管理公司及其子公司特定客户资产管理计划、保险资产管理公司资产管理产品四类非法人投资者规范进入银行间债券市场。

11月30日，《存款保险条例（征求意见稿）》在中国政府法制信息网公开向社会征求意见。征求意见稿共二十三条，就存款保险制度的覆盖范围、偿付限额、基金来源和运用、风险差别费率机制以及存款保险基金管理机构职责等方面内容作出了规定。

12月14日，中国人民银行与哈萨克斯坦国家银行续签了双边本币互换协议，互换规模为70亿元人民币/2 000亿哈萨克斯坦坚戈，有效期三年，经双方同意可以展期。

12月15日，在银行间外汇市场推出人民币对哈萨克斯坦坚戈区域交易，促进双边贸易和投资便利化。

12月16日，印发《全国银行间债券市场债券预发行业务管理办法》（中国人民银行公告[2014]第29号），在银行间债券市场推出债券预发行交易，对预发行券种范围、交易和结算方式等作出要求，并提出了相应的风险控制措施。预发行交易的推出有利于提高债券发行定价的透明度和竞争性，完善债券收益率曲线，活跃二级市场交易。

12月22日，中国人民银行与泰国银行续签了双边本币互换协议，互换规模为700亿元人民币/3 700亿泰铢，有效期三年，经双方同意可以展期。同日，双方还签署了在泰国建立人民币清算安排的合作备忘录。

12月23日，中国人民银行印发《关于存款口径调整后存款准备金政策和利率管理政策有关事项的通知》（银发[2014]387号）。中国人民银行于2015年起对存款统计口径进行调整，将存款类金融机构吸收并原在同业往来项下统计的证券及交易结算类存放、银行业非存款类存放、SPV存放、其他金融机构存放以及境外金融机构存放纳入各项存款统计范围。上述新纳入各项存款口径的存款计入存款准备金交存范围，适用的存款准备金率暂定为零。上述存款的利率管理政策保持不变，利率由双方按照市场化原则协商确定。

12月23日，中国人民银行与巴基斯坦国家银行续签了双边本币互换协议，互换规模为100亿元人民币/1 650亿巴基斯坦卢比，有效期三年，经双方同意可以展期。

12月24日，中国人民银行、发展改革委、工业和信息化部、财政部、交通运输部、银监会、证监会、保监会、外汇局联合印发《关于金融支持船舶工业加快结构调整促进转型升级的指导意见》（银发[2014]390号），引导金融机构做好对船舶工业发展的金融服务工作，推动船舶工业结构调整和转型升级。

12月26日，中国人民银行货币政策委员会召开2014年第四季度例会。

12月29日，中国人民银行印发《关于完善信贷政策支持再贷款管理 支持扩大"三农"、小微企业信贷投放的通知》（银发[2014]396号），调整信贷政策支持再贷款发放条件，下调支农、支小再贷款利率，明确量化标准，对信贷政策支持再贷款业务管理进行全面规范完善。

2014年，人民币合格境外机构投资者（RQFII）试点已扩大至10个国家（地区），包括：中国香港、中国台湾、英国、新加坡、法国、韩国、德国、卡塔尔、加拿大和澳大利亚，总投资额度为8 700亿元人民币。

Appendix 1 Highlights of China's Monetary Policy in 2014

On January 7, the PBC jointly with the Ministry of Science and Technology, the CBRC, the CSRC, the CIRC, and the State Intellectual Property Office, issued the *Opinions on Vigorously Promoting Institutional Innovations and Improving Financial Services for Science and Technology Development* (PBC Document [2014] No.9), urging and guiding financial institutions to vigorously foster and develop an organizational system that promotes science and technology innovation, accelerates innovation in credit products and other financial services for the development of science and technology, and creates diversified financing channels consistent with the trends in science and technology innovation and development. Financial institutions are required to promote institutional innovation to better serve scientific and technological innovation and development.

On January 17, the PBC issued the *Notice on Launching the Pilot Program of Standing Lending Facility (SLF) Operations* (PBC Document [2014] No.19). According to the Notice, PBC branch offices began to conduct a pilot program in Beijing, Jiangsu, Shandong, Guangdong, Hebei, Shanxi, Zhejiang, Jilin, Henan, and Shenzhen, aiming to meet the liquidity demands of locally incorporated financial institutions that have complied with the macro-prudential requirements to stabilize market expectations and to promote the smooth functioning of the money market.

On January 26, the PBC reported to the Finance and Economy Committee of the National People's Congress on the conduct of monetary policy in 2013.

On January 26, the PBC's Financial Market Department issued the *Notice on Access to the Inter-bank Bond Market by Wealth Management Products Issued by Commercial Banks* (PBC Financial Market Department Document [2014] No.1), allowing eligible wealth management products to access the inter-bank market and providing relevant regulation.

On January 28, the PBC issued the *Notice on the Establishment of a Centralized Clearing Mechanism for OTC Financial Derivatives and the Launch of a Centralized Clearing Business of RMB Interest-Rate Swaps* (PBC Document [2014] No.29). The establishment of a centralized clearing mechanism for OTC financial derivatives is of great significance for the safe and efficient operation and the sound development of the OTC financial derivatives market.

On January 29, in order to implement the decisions adopted at the PBC Work Conference in 2014 and put into play the role of credit policy, the PBC General Administration Department issued the *Opinion on Strengthening the Credit Policy Work in 2014* (PBC General Administration Department Document [2014] No.23), urging PBC branch offices and banking financial institutions to enhance financial services to the agricultural sector, rural areas, and farmers, small and micro enterprises, new-type urbanization projects, industrial structural adjustments, government-subsidized housing projects, poverty alleviation, employment, and other livelihood projects, as well as evaluation of credit policy effectiveness and the pilot program of credit asset securitization.

On January 30, to further improve macro-economic management, define the function of central bank lending, enable the central bank to play a better role in managing liquidity and guiding credit structural adjustments of financial institutions and to fulfill its mandate, the PBC issued the *Notice on the Classification of Central Bank Loans* (PBC Document [2014] No.36). The classification of central bank lending was adjusted from three categories to four categories. Central bank liquidity loans are sub-divided into central bank liquidity loans and credit policy–supporting loans, while financial stability loans and special policy loans remain unchanged.

On February 8, the *China Monetary Policy Report Q4* 2013 was released.

On February 14, the PBC issued the *Guidelines on Improving Financial Services to Family Farms and Other New Types of Agricultural Entities* (PBC Document [2014] No.42), urging and guiding banking institutions to speed up innovation in financial products, interest rates, maturities, credit amounts, procedures, and risk controls to mobilize and allocate credit resources so as to provide better financial services to new types of agricultural production entities, such as family farms, large specialized farming households, farmers' cooperatives, leading agricultural production companies, and so forth.

On February 20, with the authorization of the PBC, the PBC Shanghai Head Office issued the *Notice on Expanding Cross-border Use of RMB in the China (Shanghai) Pilot Free Trade Zone* (PBC Shanghai Head Office Document [2014] No.22) to promote pilot innovation in cross-border RMB business in the Free Trade Zone and to encourage cross-border use of RMB.

On February 21, the PBC General Administration Department issued the *Notice Regarding Assessments of the Effects of Credit Policy Guidance on the Agricultural Sector and Small and Micro Enterprises in 2013* (PBC General Administration Department Document [2014] No.36). The PBC assessments of the effects of credit policy have successfully migrated from small and medium enterprises to small and micro enterprises in order to increase the effectiveness and relevance of the assessment work and to encourage and guide financial institutions to improve services to the agricultural sector, rural areas, and farmers, and to small and micro enterprises.

On March 1, the PBC lifted the ceiling on interest rates of small-value foreign currency deposits in the China (Shanghai) Pilot Free Trade Zone. The experiment in the Free Trade Zone will provide experience for expanding the market-based reform of small-value foreign-currency deposit rates throughout the country and will establish a solid basis for the next stage of promoting the market-based interest-rate reform.

On March 5, the PBC issued *Public Announcement* [2014] No.3 to increase the variety of bonds available at bank counters to include, in addition to book-entry government securities, bonds issued by the China Development Bank, policy financial bonds, and other government-sponsored entities' bonds, such as those issued by the China Railway Corporation, in order to further diversify household investment choices and to promote a multi-tiered bond market.

On March 5, the PBC increased the quota of central bank agricultural support loans by RMB20 billion yuan to support financial institutions in providing financial services for spring farming activities.

On March 6, the committee to review the redemption of special central bank bills, issued under the pilot program for the reform of rural credit cooperatives (RCCs), decided to redeem central bank bills from RCCs in Fushan County, Shanxi Province, with a quota of RMB15.7 million yuan. Thus, assessments of the redemption of special central bank bills issued under the pilot program for the reform of the RCCs have been completed and all supportive funds as designated by the RCC reform policy have been put in place.

On March 6, the PBC, jointly with the Ministry of Finance, the CBRC, the CSRC, CIRC, the State Council Leading Group Office of Poverty Alleviation and Development, and the Central Committee of the Communist Youth League, issued the *Guidelines on Improving Financial Services for Poverty Alleviation and Development* (PBC Document [2014] No.65), requiring financial institutions to enhance collaboration, make reasonable allocations of financial resources, make innovations in financial products and services, improve the financial infrastructure, optimize the financial ecological system, and actively develop financial inclusion in the rural areas to support sustainable and healthy socio-economic development in poverty-stricken areas and to lift the poor out of poverty.

On March 11, the PBC issued the *Notice on Improving Financial Services to the Poultry Sector* (PBC Document [2014] No.69). To address the H7N9 flu situation and to respond to the funding demand of poultry farms, financial institutions were required to ensure a supply of funds for normal operations in the poultry sector, to determine loan terms and repayment arrangements in a flexible way, to provide reasonable lending rates, to build a financial services emergency response mechanism, to step up financial policy support, to strengthen policy coordination, and to put forward customized solutions.

On March 14, the PBC, the Ministry of Finance, the Ministry of Commerce, the General Administration of Customs, the State Administration of Taxation, and the CBRC jointly issued the *Notice on Simplifying Regulation of Enterprises Conducting RMB Settlement of Goods Exports* (PBC Document [2014] No.80).

On March 15, the PBC announced that, starting from March 17, 2014, the floating band of the RMB against the US dollar on the spot foreign-exchange market will be enlarged from 1 percent to 2 percent, and on each trading day the spread between the RMB/USD buying and selling prices offered by the designated foreign-exchange banks to their clients shall be within 3 percent, instead of 2 percent, of the published central parity of the US dollar on that day.

On March 18, with the authorization of the PBC, the China Foreign Exchange Trade System (CFETS) announced the launch of direct trading between the RMB and the New Zealand dollar (NZD) on the inter-bank foreign-exchange market.

On March 20, the PBC issued the *Notice on Launching Central Bank Loans Earmarked for Small and Micro Enterprises to Support Credit Extensions to Small and Micro Enterprises* (PBC Document [2014] No.90). According to the Notice, the PBC will launch central bank loans earmarked for lending to small and micro enterprises in the category of the central bank credit policy–supporting loans to support financial institutions to extend credit to small and micro enterprises. In the meantime, the PBC arranged a total quota of RMB50 billion yuan of central bank loans to support small and micro enterprises nationwide.

On March 28, the PBC and the Deutsche Bundesbank signed an MOU on establishing RMB clearing arrangements in Frankfurt.

On March 31, the PBC and the Bank of England signed an MOU on establishing RMB clearing arrangements in London.

On April 2, the Monetary Policy Committee of the PBC convened its first regular quarterly meeting in 2014.

On April 9, the PBC, the CBRC, the CSRC, the CIRC, the State Council Leading Group Office of Poverty Alleviation and Development, and the Central Committee of the Communist Youth League jointly convened a teleconference to make arrangements for financial services for poverty alleviation and development in poverty-stricken areas.

On April 15, the PBC reported to the Finance and Economy Committee of the National People's Congress on the conduct of monetary policy during the first quarter of 2014.

On April 22, the PBC decided to cut the reserve requirement ratios for county-level rural commercial banks and county-level rural cooperative banks by 200 and 50 basis points respectively, effective from April 25, 2014.

On April 23, the PBC decided to initiate a pilot credit asset collateral scheme in its branch offices. Including credit assets in the central bank's range of eligible collaterals will help solve the problem of insufficient collateral for small and medium-sized financial institutions and will further improve the central bank collateral management framework.

On April 25, in order to implement the decisions of the 43rd Executive Meeting of the State Council, the PBC launched Pledged Supplementary Lending (PSL) to provide stable longer-term and cost-effective funding support for the development of financial institutions in their efforts to promote renovation of shantytowns.

On April 25, the PBC and the Reserve Bank of New Zealand renewed the bilateral local currency swap agreement. The size of the renewed swap facility remains RMB25 billion yuan/NZD5 billion. The agreement is valid for three years and can be extended upon mutual consent.

On May 6, the *China Monetary Policy Report Q1 2014* was released.

On May 8, the PBC and the CBRC jointly issued *Public Announcement* ([2014] No.8) to broaden the financing channels for consumer finance companies and other non-banking financial institutions, to reasonably adjust the conditions for financial leasing companies and automobile finance companies in issuing financial bonds, and to beef up financial support to consumers.

On May 9, the PBC, the CBRC, the CSRC, the CIRC, and the SAFE jointly issued the *Notice on Regulating the Inter-bank Business of Financial Institutions* (PBC Document [2014] No.127), which provided 18 guidelines on regulating the classification and accounting treatment of inter-bank business to step up internal and external regulation in the inter-bank business and to promote standardized innovation in its asset and liability business.

On May 30, the PBC for the first time used 400 million won (or about RMB2.4 million yuan) under the China-ROK bilateral local currency swap arrangement to support trade financing for the corporate sector. This was also the first time that the PBC used foreign-currency funds under the bilateral local currency swap agreements.

On June 9, the PBC decided to cut, effective June 16, 2014, the reserve requirement ratio by 0.5 percentage point for commercial banks (excluding those subject to the reserve requirement ratio reduction on April 25, 2014) that have complied with the prudential requirements and have reached the required ratios in their lending to the agricultural sector, rural areas, and farmers, and to small and micro enterprises. In addition, the RMB reserve requirement ratios of finance companies, financial leasing companies, and automobile finance companies were cut by 0.5 percentage point.

On June 11, to encourage financial innovation and to step up financial support to the external trade sector, the PBC issued the *Opinions on Implementing the Opinions of the General Administration Department of the State Council on Supporting the Steady Growth of External Trade*

(PBC Document [2014] No.168).

On June 18, with the authorization of the PBC, the China Foreign Exchange Trade System (CFETS) announced the launch of direct trading between the RMB and the pound sterling (GBP) on the inter-bank foreign-exchange market. This was an important step to strengthen bilateral economic and trade ties between China and the United Kingdom, to facilitate the use of the RMB and the pound sterling in bilateral trade and investment, and to lower currency conversion costs for economic entities.

On June 24, the *Regional Financial Sector Performance Report* (2013) was released.

On June 28, the PBC and Banque de France signed an MOU on establishing RMB clearing arrangements in Paris.

On June 28, the PBC and Banque du Luxembourg signed an MOU on establishing RMB clearing arrangements in Luxemburg.

On July 1, to further improve the market-based RMB exchange-rate regime, the PBC issued the *Notice on the Management of Trading Prices in the Foreign-Exchange Market and the Margin of Bank Quotations* (PBC Document [2014] No.188) to lift all limitations on the spread of bank quotations of RMB/foreign currency buying and selling prices to clients.

On July 2, the Monetary Policy Committee of the PBC convened its second regular quarterly meeting in 2014.

On July 3, the PBC and the Bank of Korea signed an MOU on establishing RMB clearing arrangements in Seoul.

On July 15, the PBC reported to the Finance and Economy Committee of the National People's Congress on the conduct of monetary policy in the first half of 2014.

On July 18, the PBC and the Central Bank of Argentina renewed the bilateral local currency swap agreement. The size of the swap facility is RMB70 billion yuan/90 billion Argentina pesos. The agreement is valid for three years and can be extended upon mutual consent.

On July 21, the PBC and the Swiss National Bank signed a bilateral local currency swap agreement. The size of the swap facility is RMB150 billion yuan/21 billion Swiss francs. The agreement is valid for three years and can be extended upon mutual consent.

On August 1, the *China Monetary Policy Report Q2 2014* was released.

On August 21, the PBC and the Bank of Mongolia renewed a bilateral local currency swap agreement. The size of the renewed swap facility is RMB15 billion yuan/4.5 trillion Mongolian tugrik. The agreement is valid for three years and can be extended upon mutual consent.

On August 26, the PBC, the CBRC, the CSRC, and the CIRC jointly issued the *Guidelines on Improving Financial Services for Post-quake*

Recovery and Reconstruction in Ludian County (PBC Document [2014] No.252) to guide financial institutions to provide financial services for post-quake reconstruction in Ludian County, Yunnan Province.

On August 27, in order to implement the decisions adopted at the Executive Meeting of the State Council on increasing agro-supporting and small and micro enterprises supporting central bank loans and discounts, and to build the financial sector's capacity to provide services to the agricultural sector, rural areas, farmers, and other weak links in the economy, the PBC decided to increase the agro-support central bank loan quota of selected PBC branch offices by RMB20 billion yuan to guide rural financial institutions to increase agro-loans and to reduce the financing costs for the agricultural sector, rural areas, and farmers.

In September, the PBC launched the Medium-term Lending Facility (MLF), which was designated to inject medium-term base money to financial institutions that have complied with the requirements of macro-prudential regulation. The interest rates of the MLF will serve as the medium-term policy rate, and the MLF is expected to play a role in reducing the financing costs of the real sector.

On September 16, the PBC and the Central Bank of Sri Lanka signed a bilateral local currency swap agreement. The size of the swap facility was RMB10 billion yuan/LKR 225 billion. The agreement is valid for three years and can be extended upon mutual consent.

On September 28, the General Administration Department of the PBC released the *Notice on the Cross-border RMB Settlement of Debt-financing Instruments Issued by Overseas Institutions in China* (PBC General Administration Department Document [2014] No.221) to promote trade and investment facilitation.

On September 29, with the authorization of the PBC, the China Foreign Exchange Trade System (CFETS) announced the launch of direct trading between the RMB and the euro on the inter-market foreign-exchange market. This will help strengthen bilateral economic and trade ties between China and the euro zone member states, facilitate the use of the RMB and the euro in bilateral trade and investment, and lower currency conversion costs for economic entities.

On September 30, the Monetary Policy Committee of the PBC convened its third regular quarterly meeting in 2014.

On September 30, the PBC and the CBRC jointly released the *Notice on Further Improving Housing Financial Services* (PBC Document [2014] No.287) to further improve financial services to government-subsidized housing projects, continue to support reasonable housing purchase demands by the household sector, and promote the sustainable and healthy development of the real-estate market.

On October 11, the PBC and the Bank of Korea renewed their bilateral local currency swap agreement. The size of renewed swap facility is RMB360 billion yuan/64 trillion won. The agreement is valid for three years and can be extended upon mutual consent.

On October 13, the PBC and the Central Bank of Russian Federation signed a bilateral local currency swap agreement. The size of the swap facility is RMB150 billion yuan/815 billion rubles. The agreement is valid for three years and can be extended upon mutual consent.

On October 16, the PBC reported to the Finance and Economy Committee of the National People's Congress on the conduct of monetary policy in the first three quarters of 2014.

On October 17, the Financial Market Department of the PBC issued the *Notice on Allowing Eligible Non-financial Institutions Access to the Inter-bank Bond Market* (PBC Financial Market Department Document [2014] No.35), allowing eligible non-financial institutions to make bond investments on the trading platform of non-financial institutional qualified investors.

On October 27, with the authorization of the PBC, the China Foreign Exchange Trade System (CFETS) announced the launch of direct trading between the RMB and the Singapore dollar (SGD) on the inter-bank foreign-exchange market, effective October 28. This was an important step in promoting bilateral trade and investment, facilitating the use of the RMB and the SGD in the settlement of trade and investment, and lowering the currency conversion costs for economic entities.

On November 2, the PBC issued the *Notice on the Centralized Operation of RMB Funds of Multinational Enterprise Groups* (PBC Document [2014] No.324).

On November 3, the PBC and the Qatar Central Bank signed an MOU on establishing a bilateral local currency swap agreement. The size of the swap facility is RMB35 billion yuan/20.8 billion Qatari riyal. On the same day, the two parties also signed an MOU on establishing RMB clearing arrangements in Qatar.

On November 6, to broaden the two-way flow channels of RMB funds at home and abroad and to facilitate overseas securities investments by RMB qualified domestic institutional investors, the PBC issued the *Notice on Issues Relating to Overseas Investments by RMB Qualified Domestic Institutional Investors* (PBC Document [2014] No.331).

On November 6, the *China Monetary Policy Report Q3 2014* was released.

On November 8, the PBC and the Bank of Canada signed a bilateral local currency swap agreement. The size of the facility is RMB200 billion yuan/Can$30 billion. The agreement is valid for three years and can be extended upon mutual consent. On the same day, the two sides also signed an MOU on establishing RMB clearing arrangements in Canada.

November 10, in order to conduct the pilot Shanghai Hong Kong Stock Connect Scheme smoothly and to regulate the flow of investment funds, the PBC and the CSRC jointly issued the *Notice on Issues Relating to the Pilot Shanghai Hong Kong Stock Connect Scheme* (PBC Document [2014] No.336).

On November 10, the PBC and the Bank Negara Malaysia (BNM) signed an MOU on the establishment of RMB clearing arrangements in Kuala Lumpur.

On November 17, the PBC and the Reserve Bank of Australia signed an MOU on the establishment of RMB clearing arrangements in Australia.

On November 22, the PBC decided to cut the RMB benchmark loan and deposit interest rates for financial institutions in an asymmetrical way. The one-year RMB benchmark loan and deposit interest rates were lowered by 0.4 percentage point to 5.6 percent and by 0.25 percentage point to 2.75 percent, respectively. At the same time, the upper limit of the floating range for deposit interest rates was raised from 1.1 to 1.2 times the benchmark level in support of the market-based interest-rate reform. Adjustments were made accordingly to the benchmark interest rates on loans and deposits of other maturities. The maturity brackets were also duly simplified.

On November 22, the PBC and the Hong Kong Monetary Authority renewed the bilateral local currency swap agreement. The size of renewed facility is RMB400 billion yuan/HK$505 billion. The agreement is valid for three years and can be extended upon mutual consent.

On November 28, the PBC's Financial Market Department issued the *Notice on Access to the Inter-bank Bond Market by Selected Qualified Institutional Investors* (PBC Financial Market Department Document [2014] No.43), to give four types of non-legal-person investors, i.e., rural financial institutions and trust products, asset management schemes of securities firms, asset management schemes of specified clients of fund management companies and their subsidiaries, and asset management products of insurance asset management companies, access to the inter-bank bond market in an appropriate manner.

On November 30, the *Regulations on Deposit Insurance (Consultative Documents)* were posted at www.chinalaw.gov.cn to solicit public opinions. The draft Regulations consist of 23 articles and make provisions for the coverage of a deposit insurance system, insurance limits, sources and use of deposit insurance funds, a risk-based premium system, the mandate for managing the institution of the deposit insurance funds, and so forth.

On December 14, the PBC and the National Bank of Kazakhstan renewed the bilateral local currency swap agreement. The size of renewed swap facility is RMB7 billion yuan/200 billion KZT. The agreement is valid for three years and can be extended upon mutual consent.

On December 15, direct trading of the RMB and the Kazakh tenge was launched on the regional inter-bank foreign-exchange market to facilitate bilateral trade and investment between China and Kazakhstan.

On December 16, the PBC issued the *Administrative Rules for Bond Pre-issuance Business on the Inter-bank Bond Market* (PBC Public Announcement [2014] No.29), to launch the bond pre-issuance business on the inter-bank bond market and to clarify the requirements for the scope of the bond pre-issuance business, trading and settlement models, as well as relevant risk-control measures. The launch of the bond pre-issuance business will help increase the transparency and competitiveness of bond issuance pricing, improve the bond yield curve, and buoy up trading on the secondary bond market.

On December 22, the PBC and the Bank of Thailand renewed the bilateral local currency swap agreement. The size of new swap facility is RMB70 billion yuan/370 billion Thai baht. The agreement is valid for three years and can be extended upon mutual consent. On the same day, the two sides also signed an MOU on the establishment of RMB clearing arrangements in Thailand.

On December 23, the PBC issued the *Notice on Policies on the Deposit Reserve Requirement and Interest Rate Management after Adjustment of the Deposit Categories* (PBC Document [2014] No. 387). Starting from 2015, the PBC will adjust the statistical scope of deposits. Deposits that are absorbed by deposit-taking financial institutions and that were previously included in the statistical coverage of the "inter-bank transactions" category, such as deposits for securities transactions and settlements, deposits in banks registered as non-deposits, deposits by Special Purpose Vehicles (SPV), deposits by other financial institutions, and deposits by overseas financial institutions, are now included in the statistical coverage of the "various deposits" category. These deposits newly included in the "various deposits" category as mentioned above will be subject to a zero reserve requirement ratio for the time being. Interest policies on the above-mentioned deposits remain unchanged, and the interest rates will be negotiated according to market conditions.

On December 23, the PBC and the State Bank of Pakistan renewed the local currency swap agreement. The size of renewed swap facility is RMB10 billion yuan/165 billion rupees. The agreement is valid for three years and can be extended upon mutual consent.

On December 24, the PBC, the National Development and Reform Commission, the Ministry of Industry and Information Technology, the Ministry of Finance, the Ministry of Transport, the CBRC, the CSRC, the CIRC, and the SAFE jointly issued the *Guidelines for Stepping Up Financial Services to Accelerate Structural Adjustments and the Upgrading of the Shipbuilding Industry* (PBC Document [2014] No. 390), to guide financial institutions to enhance financial services for the development, structural adjustments, and upgrading of the shipbuilding industry.

On December 26, the Monetary Policy

Committee of the PBC convened its fourth regular meeting in 2014.

On December 29, the PBC issued the *Notice on Improving Central Bank Credit Policy Supporting Loans to Step Up Credit Inputs to the Agricultural Sector, the Rural Areas, and Farmers, and Small and Micro Enterprises* (PBC Document [2014] No. 396), to adjust the conditions for central bank credit policy supporting loan extensions, lower the interest rates of central bank agricultural and small and micro enterprise supporting loans, specify the quantitative criteria, and regulate the central bank credit policy supporting loans.

In 2014, the pilot scheme of the RMB Qualified Foreign Institutional Investors (RQFII) was expanded to 10 countries and regions, including Hong Kong SAR, Taiwan, United Kingdom, Singapore, France, Republic of Korea, Germany, Canada, and Australia, with total investment quota of RMB870 billion yuan.

附录二 2014年主要经济体中央银行货币政策

一、美联储

2014年，美联储公开市场委员会（FOMC）在8次例会后均宣布维持0～0.25%的基准利率不变。美联储自1月开始逐步缩减资产购买规模，在1月29日、3月19日、4月30日、6月18日、7月30日和9月17日例会上决定缩减资产购买规模各100亿美元，并于10月29日例会上决定结束资产购买计划。同时，美联储维持现有再投资政策，把所持机构债及机构抵押贷款支持证券（MBS）回笼的本金再投资于机构MBS，并将继续对到期国债进行展期操作，以维持宽松的金融环境。此外，美联储还调整了前瞻性指引，在3月例会上取消了6.5%的失业率门槛值和2.5%的通胀率（未来一至两年）门槛值，表示将参考一系列更广泛的指标来确定升息时间，预期“在资产购买结束后的相当长时间内将联邦基金利率维持在当前目标区间是合适的”；在12月例会上，美联储进一步强调，“对于开启货币政策正常化进程需保持耐心。”

二、欧洲中央银行

2014年，欧洲中央银行进一步加码宽松货币政策。在6月5日例会上，欧央行将主要再融资利率、边际贷款便利利率和存款便利利率分别下调10个、35个和10个基点至0.15%、0.40%和-0.10%，开始实施负利率政策；9月4日例会上，欧央行进一步将上述基准利率分别下调10个基点至0.05%、0.30%和-0.20%。与此同时，欧央行在6月例会上决定实施一系列定向长期再融资操作（TLTROs），用于提升银行对住户和非金融企业的信贷支持，初期规模为4 000亿欧元，所有操作将于2018年9月到期。9月18日，欧央行启动TLTRO，首批规模为826亿欧元。此外，欧央行延长固定利率全额配给主要再融资操作（MRO）至2016年年底，并暂停证券市场计划（SMP）购债冲销操作。10月，欧央行开始购买资产支持证券（ABS）和担保债券（covered bond），并宣布上述两项资产购买计划将至少持续两年。上述措施的推出旨在改善货币政策传导机制，支持金融机构对实体经济的信贷供给。欧央行理事会在12月4日例会后的新闻发布会上继续强调，如果低通胀风险持续时间过长，将在必要时采取其他的非常规措施。

三、日本银行

在2014年前三个季度例会上，日本央行均决定继续实施“量化和质化宽松货币政策”，将基础货币作为货币政策操作的目标，以每年60万亿～70万亿日元的速度增加基础货币，以期实现2%的通胀目标。10月31日，日本银行大规模加码“量化和质化宽松货币政策”，宣布将每年基础货币扩张规模增加10万亿～20万亿日元至80万亿日元，将每年国债购买规模增加30万亿日元至80万亿日元，所持国债未到期时间延长至七至十年，同时将每年交易所交易基金（ETFs）和日本房地产投资信托（J-REITs）的购买量分别扩大至3万亿日元和900亿日元，均为原规模的3倍。

四、英格兰银行

2014年，英格兰银行继续维持0.5%的基准利率和3 750亿英镑的资产购买规模不变。由于失业率下降并逼近7%的临界点，英格兰银行在2月对前瞻性指引进行了调整，不再将利率与失业率单独挂钩，提出仍然存在吸收闲置产能的空间，即使开始调升基准利率，也会考虑经济发展状况以渐进方式进行。

Appendix 2 Monetary Policies of the Central Banks of the Major Economies in 2014

1. U.S. Federal Reserve

The Federal Open Market Committee (FOMC) of the Federal Reserve (Fed) reaffirmed its view that the current 0 to one-quarter percent target range for the federal funding rate remained appropriate for the entire year of 2014, and it made a series of further measured reductions in the pace of its asset purchase step by step from January to October. At its October regular meeting, it decided to conclude its asset-purchase program. In the meantime, the FOMC maintained its existing policy of reinvesting principal payments from its holdings of agency debt and agency mortgage-backed securities in agency mortgage-backed securities and of rolling over maturing Treasury securities at auction. At its March regular meeting, the FOMC adjusted its forward guidance, replacing the unemployment rate threshold of 6.5 percent and the inflation threshold of 2.5 percent (for one to two years in the future) with a series of broader indicators as a reference to determine upward policy rate adjustments. In addition, in the statement released after its December regular meeting, the FOMC used, for the first time, such expressions as "it can be patient in beginning to normalize the stance on monetary policy" instead of "it likely will be appropriate to maintain the 0 to one-quarter percent target range for the federal funding rate for a considerable time."

2. European Central Bank

In 2014 the European Central Bank (ECB) further relaxed its monetary policies at its regular meetings in June and September. The ECB lowered interest rates on the main refinancing operations (MROs), the marginal lending facility, and the deposit facility by 10 basis points respectively to 0.15, 0.4, and -0.1 percent in June, and further lowered those policy rates by 10 basis points respectively to 0.05, 0.3, and -0.2 percent in September. In the meantime, in June the ECB announced the launch of a series of targeted longer-term refinancing operations (TLTROs). The initial entitlement amounted to 400 billion euros and all operations would mature in September 2018. In September, the ECB initiated 82.6 billion euros as its first batch of TLTROs and from the fourth quarter of 2014 it would launch a two-year asset-purchase plan to buy asset-backed securities (ABS) and covered bonds. On January 22, 2015, the ECB launched an expanded asset-purchase program to achieve its inflation target. The combined monthly purchases of public- and private-sector securities will amount to €60 billion. The program is intended to be carried out until end-September 2016 and will in any case be conducted until a sustained adjustment can be seen in the path of inflation, which is consistent with the ECB's aim of achieving inflation rates below, but close to, 2 percent over the medium term. In addition, the ECB decided to prolong the fixed-rate tender procedures of the MROs with full allotments until the end of 2016, and to suspend the fine-tuning operation sterilizing the liquidity injected under the securities market program (SMP). In October, the ECB began to buy asset-backed securities (ABS) and bonds (covered bonds), and announced those asset- purchase programs would continue for at least two years. The above measures have been introduced to improve the transmission mechanism of monetary policy and to make financial institutions provide more credit to the real economy. At the press conference after its regular meeting on December 4, the ECB continued to emphasize it may need to consider other unconventional measures if low inflation lasts for a long time.

3. Bank of Japan

At its regular meetings in the first three quarters of 2014, the Bank of Japan (BOJ) decided to continue implementation of the "quantitative and qualitative easing monetary policy," using the monetary base as the monetary policy target and increasing the monetary base at a pace of 60 trillion to 70 trillion yen per year so as to reach the 2 percent inflation target within two years. The BOJ expanded the scale of its quantitative and qualitative easing monetary policy. On October 31, it announced that it would conduct monetary operations so that the monetary base would rise at an annual pace of about 80 trillion yen (an addition of about 10 trillion to 20 trillion yen compared with the past), it would purchase Japanese government bonds (JGB) so that the amount outstanding will increase at an annual pace of about 80 trillion yen (an addition of about 30 trillion yen compared with the past), extend the average remaining maturity of JGB purchases to about 7 to 10 years (an extension of a maximum of about 3 years compared with the past), and it would expand the purchase of exchange-trade funds (ETFs) and Japan real-estate investment trusts (J-REITs) by three times to 3 trillion yen and 90 billion yen, respectively.

4. Bank of England

Throughout the year, the Bank of England (BOE) maintained the Bank Rate at 0.5 percent and the scale of asset purchases at 375 billion pounds. On February 12, 2014, as unemployment approached 7 percent, the Monetary Policy Committee (MPC) of the BOE made a further guidance statement on the setting of monetary policy once the unemployment threshold was reached. The MPC stated that there remained scope to further absorb spare capacity before raising the Bank Rate, despite the sharp fall in unemployment. When the Bank Rate does begin to rise, the appropriate path so as to eliminate slack over the next two to three years and to keep inflation close to the target is expected to be gradual. Furthermore, even when the economy has returned to normal levels of capacity and inflation is close to the target, the appropriate level of the Bank Rate is likely to be materially below the 5 percent level set on average by the Committee prior to the financial crisis. The MPC intends to maintain the stock of purchased assets at least until the first rise in the Bank Rate.

一、经济增长与经济发展水平
1. Economic Growth

1978年以来中国经济增长与宏观经济政策

China's economic growth and macroeconomic policies since 1978

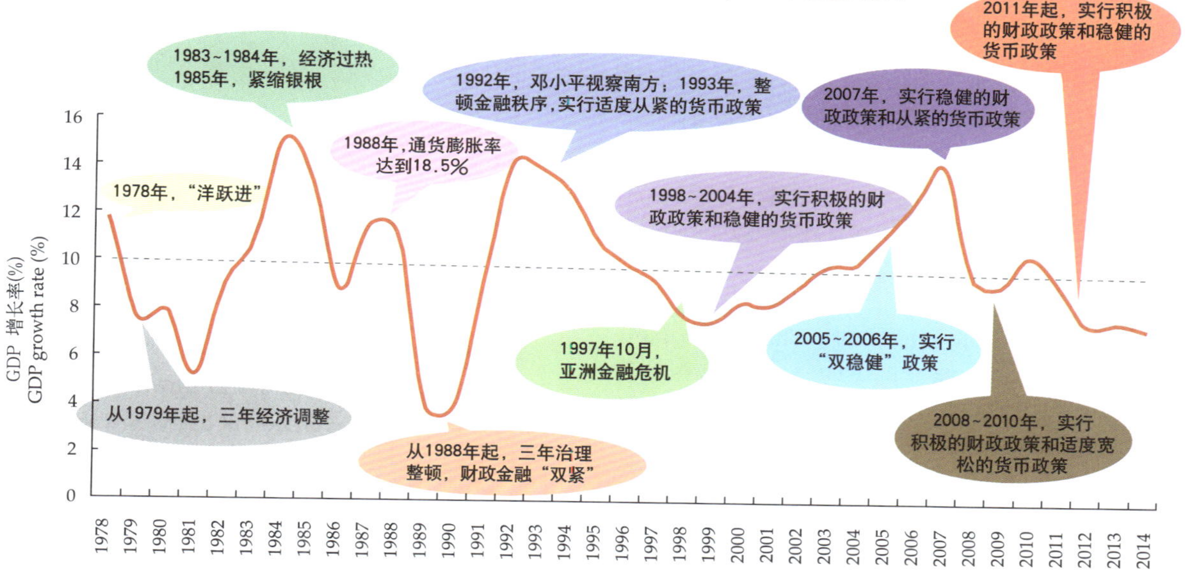

"Great leap forward" in 1978
3-year economic adjustment between 1979 and 1981
Over-heated economy between 1983 and 1984, tight monetary policy in 1985
Inflation of 18.5% in 1988
3-year rectification from 1988 to 1991, "double tightening" of fiscal and monetary policy
Deng Xiaoping's remarks on economic reform during his 1992 trip to South China, rectification of financial order and adoption of appropriately tight monetary policy in 1993
Asian financial crisis of October 1997
Proactive fiscal policy and sound monetary policy from 1998 to 2004
"Double sound" fiscal and monetary policy in 2005 and 2006
Sound fiscal policy and tight monetary policy in 2007
Proactive financial policy and moderately loose monetary policy in 2008 to 2010
Proactive financial policy and sound monetary policy since 2011

人均国内生产总值

Per capita GDP

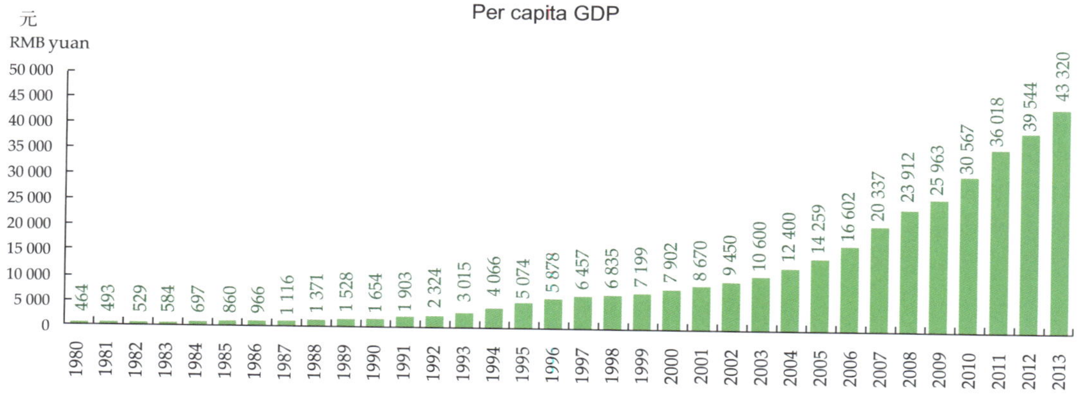

注：图中数据根据国家统计局最新数据修订。

Note: Data are revised by National Bureau of Statistics of China.

GDP总量： 据世界银行按汇率折算法测算，2013年中国GDP总量为9.24万亿美元，占世界GDP总量74.90万亿美元的12.3%，位居第二，排在美国之后。根据《2014年世界发展指标》，按购买力平价法估算，2013年中国GDP总量为16.16万亿美元，占世界GDP总量101.89万亿美元的15.9%，位居第二，排在美国之后。

人均GDP： 2013年，中国人均GDP为43 320元人民币，按年末汇率折算为7 105美元。

人均国民收入： 据世界银行按汇率折算法测算，2013年世界人均国民收入为10 564美元，中国人均国民收入为6 560美元，位居世界213个经济体由高向低排列的第109位。按购买力平价法估算，2013年中国人均国民收入为11 850美元，相当于世界人均国民收入14 211元的83.4%，位居世界213个经济体由高向低排列的第109位。

Gross Domestic Product (GDP): The World Bank estimated that the world total GDP and China's GDP in 2013 were USD74.90 trillion and USD9.24 trillion respectively based on Atlas methodology. Accounting for 12.3 percent of the world total, China's GDP ranked 2nd in the world after U.S.. The World Bank estimated that the world total GDP and China's GDP in 2013 were USD101.89 trillion and USD16.16 trillion respectively based on a PPP basis, according to the *World Development Indicators 2014*. Accounting for 15.9 percent of the world total, China's GDP ranked 2nd in the world, after the U.S..

GDP per capita: In 2013, China's GDP per capita reached RMB43,220 yuan, or USD7,105 based on the exchange rate at the end of 2013.

Gross National Income (GNI) per capita: The World Bank estimated that in 2013 the GNI per capita for the world as a whole was USD10,564 based on Atlas methodology. The GNI per capita in China was USD6,560, ranking 109th among 213 worldwide economies. In PPP terms, the GNI per capita in China in 2013 was USD11,850, equivalent to 83.4 percent of the world figure which was USD14,211, thus ranking 109th among the 213 worldwide economies.

2013年世界银行按汇率折算法测算的GDP总量前10名排序

Top ten economies in terms of GDP based on atlas methodology in 2013 (World Bank estimation)

排名 Rank	国家 Country		GDP(万亿美元) GDP (USD trillion)	占世界GDP总量的比重(%) As a percent of the world total (%)
1	美国	U.S.	16.80	22.4
2	**中国**	**China**	**9.24**	**12.3**
3	日本	Japan	4.90	6.5
4	德国	Germany	3.63	4.9
5	法国	France	2.73	3.7
6	英国	U.K.	2.52	3.4
7	巴西	Brazil	2.25	3.0
8	俄罗斯	Russia	2.10	2.8
9	意大利	Italy	2.07	2.8
10	印度	India	1.88	2.5
世界		World total	74.90	100

2013年世界银行按购买力平价方法估算的GDP总量前10名排序

Top ten economies in terms of GDP based on PPP in 2013 (World Bank estimation)

排名 Rank	国家 Country		GDP(万亿美元) GDP (USD trillion)	占世界GDP总量的比重(%) As a percent of the world total (%)
1	美国	U.S.	16.80	16.5
2	**中国**	**China**	**16.16**	**15.9**
3	印度	India	6.77	6.6
4	日本	Japan	4.62	4.5
5	俄罗斯	Russia	3.49	3.4
6	德国	Germany	3.46	3.4
7	法国	France	3.01	3.0
8	巴西	Brazil	2.44	2.4
9	英国	U.K.	2.39	2.3
10	墨西哥	Mexico	2.32	2.3
世界		World total	101.89	100

世界银行估算的2013年人均国民收入

National income per capita in 2013 (estimated by the World Bank)

单位：美元 Unit: USD

	世界平均 Global average	低收入国家 Low-income countries	中等收入国家 Middle-income countries			高收入国家 High-income countries
				较低收入组 Lower-middle-income countries	较高收入组 Upper-middle-income countries	
汇率折算法 On atlas methodology	10 564	664	4 721	2 068	7 540	39 312
购买力平价法 On a PPP basis	14 211	1 780	9 517	5 970	13 318	40 324

国内生产总值
Gross domestic product

年/季 Year /Quarter		国内生产总值 GDP		第一产业 Primary industry		第二产业 Secondary industry		第三产业 Tertiary industry	
		绝对值(亿元) Absolute value (RMB 100 million yuan)	增长(%) Growth(%)	绝对值(亿元) Absolute value (RMB 100 million yuan)	增长(%) Growth(%)	绝对值(亿元) Absolute value (RMB 100 million yuan)	增长(%) Growth(%)	绝对值(亿元) Absolute value (RMB 100 million yuan)	增长(%) Growth(%)
2008	I	66 284	11.3	4 679	2.8	31 658	11.5	27 097	10.9
	I～II	140 478	11.0	11 697	3.4	70 543	11.3	53 596	10.7
	I～III	217 026	10.6	21 869	4.4	105 889	11.2	81 989	11.2
	I～IV	314 045	9.6	33 702	5.4	149 003	9.9	131 340	10.4
2009	I	69 817	6.6	4 627	3.5	32 658	5.8	32 531	7.9
	I～II	148 204	7.5	11 831	3.8	71 703	7.1	64 670	8.5
	I～III	231 303	8.2	22 142	4.0	109 101	8.1	100 060	9.3
	I～IV	340 903	9.1	35 226	4.2	157 639	9.9	148 038	9.3
2010	I	82 613	12.1	5 144	3.8	39 436	14.5	38 034	10.5
	I～II	174 879	11.2	13 379	3.6	86 261	13.3	75 239	9.9
	I～III	272 627	10.7	25 623	4.0	129 947	12.6	117 056	9.7
	I～IV	401 513	9.8	40 534	4.3	187 383	12.3	173 596	9.8
2011	I	97 480	9.8	5 952	3.3	46 944	10.8	44 584	9.7
	I～II	206 488	9.5	15 626	3.0	102 527	10.6	88 336	9.7
	I～III	322 345	9.2	30 196	3.6	154 552	10.6	137 596	9.5
	I～IV	473 104	8.9	47 486	4.3	220 413	10.3	205 205	9.4
2012	I	108 472	7.9	6 922	3.8	51 374	8.9	50 176	7.4
	I～II	228 003	7.7	17 470	4.3	110 785	8.2	99 748	7.7
	I～III	353 742	7.6	33 086	4.2	165 316	7.9	155 339	7.9
	I～IV	519 470	7.7	52 374	4.5	235 162	7.9	231 934	8.1
2013	I	118 862	7.7	7 427	3.4	54 528	7.8	56 907	8.3
	I～II	248 024	7.5	18 622	3.0	116 955	7.6	112 447	8.3
	I～III	387 100	7.8	35 669	3.4	175 118	7.8	176 313	8.4
	I～IV	568 845	7.7	56 957	4.0	249 684	7.8	262 204	8.3
2014	I	128 213	7.4	7 776	3.5	57 587	7.3	62 850	7.8
	I～II	269 044	7.4	19 812	3.9	123 871	7.4	125 361	8.0
	I～III	419 908	7.4	37 996	4.2	185 787	7.4	196 125	7.9
	I～IV	636 463	7.3	58 332	4.1	271 392	7.3	306 739	8.1

注：① 表中绝对数按当年价格计算，“比上年同期增长”按不变价格计算。
② 表中数据根据国家统计局最新数据修订。

Notes: 1. Absolute figures in this table are calculated at current prices, and the year-on-year growth rates are calculated at constant prices.
2. Data are revised by National Bureau of Statistics of China.

1978年以来GDP及其增长率
GDP and its annual growth rate since 1978

年 Year	GDP(万亿元) GDP(RMB trillion yuan)	GDP增长率(%) GDP growth rate(%)
1978	0.4	11.7
1979	0.4	7.6
1980	0.5	7.8
1981	0.5	5.3
1982	0.5	9.0
1983	0.6	10.9
1984	0.7	15.2
1985	0.9	13.5
1986	1.0	8.9
1987	1.2	11.6
1988	1.5	11.3
1989	1.7	4.1
1990	1.9	3.8
1991	2.2	9.2
1992	2.7	14.2
1993	3.5	14.0
1994	4.8	13.1
1995	6.1	10.9
1996	7.1	10.0
1997	7.9	9.3
1998	8.4	7.8
1999	9.0	7.6
2000	9.9	8.4
2001	11.0	8.3
2002	12.0	9.1
2003	13.6	10.0
2004	16.0	10.1
2005	18.3	11.3
2006	21.2	12.7
2007	25.7	14.2
2008	31.4	9.6
2009	34.1	9.2
2010	40.2	10.4
2011	47.3	9.3
2012	51.9	7.7
2013	56.9	7.7
2014	63.6	7.4

注：表中数据根据国家统计局最新数据修订。
Note: Data are revised by National Bureau of Statistics of China.

GDP及其增长率
GDP and its annual growth rate

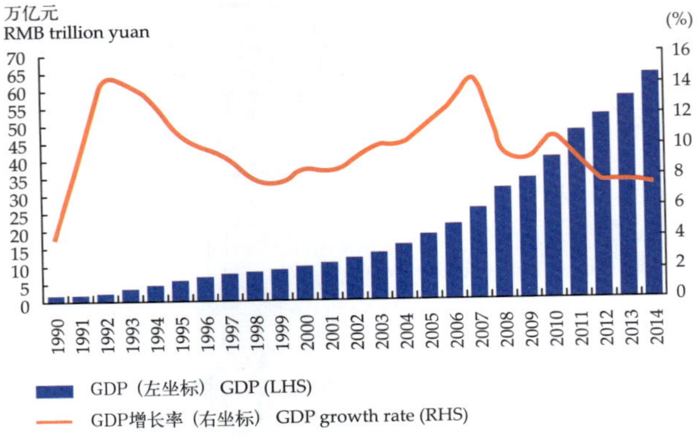

2007年以来GDP季度累计增长率
Quarterly accumulated GDP growth rates since 2007

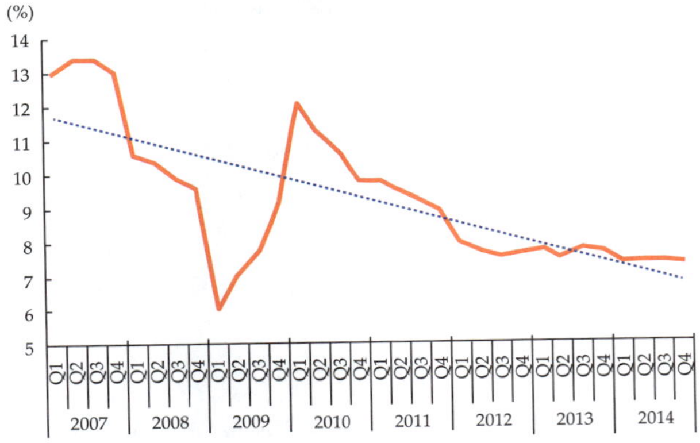

季度GDP三次产业所占的比重与增长率变化
Shares of industries in GDP and their growth rates on a quarterly basis

单位：%　Unit: %

年/季 Year/Quarter	第一产业所占的比重 Share of primary industry	第二产业所占的比重 Share of secondary industry	第三产业所占的比重 Share of tertiary industry	第一产业同比累计增长 YOY accumulated growth of primary industry	第二产业同比累计增长 YOY accumulated growth of secondary industry	第三产业同比累计增长 YOY accumulated growth of tertiary industry
2008Q1	7.4	49.9	42.7	2.8	11.5	10.9
2008Q2	8.8	51.5	39.8	3.5	11.3	10.7
2008Q3	10.6	50.0	39.4	4.5	10.6	10.5
2008Q4	10.7	47.4	41.8	5.5	9.3	9.5
2009Q1	7.1	48.6	44.2	3.5	5.3	7.4
2009Q2	8.6	50.1	41.3	3.8	6.6	8.3
2009Q3	10.3	48.9	40.8	4.0	7.5	8.8
2009Q4	10.3	46.2	43.4	4.2	9.9	9.3
2010Q1	6.2	47.7	46.0	3.8	14.5	10.5
2010Q2	7.7	49.3	43.0	3.6	13.3	9.9
2010Q3	9.4	47.7	42.9	4.0	12.6	9.7
2010Q4	10.1	46.7	43.2	4.3	12.3	9.8
2011Q1	6.1	48.2	45.7	3.3	10.8	9.7
2011Q2	7.6	49.7	42.8	3.0	10.6	9.7
2011Q3	9.4	47.9	42.7	3.6	10.6	9.5
2011Q4	10.0	46.6	43.4	4.3	10.3	9.4
2012Q1	6.4	47.4	46.3	3.8	8.9	7.4
2012Q2	7.7	48.6	43.7	4.3	8.2	7.7
2012Q3	9.4	46.7	43.9	4.2	7.9	7.9
2012Q4	10.1	45.3	44.6	4.5	7.9	8.1
2013Q1	6.2	45.9	47.9	3.4	7.8	8.3
2013Q2	7.5	47.2	45.3	3.0	7.6	8.3
2013Q3	9.2	45.2	45.5	3.4	7.8	8.4
2013Q4	10.0	43.9	46.1	4.0	7.8	8.3
2014Q1	6.1	44.9	49.0	3.5	7.3	7.8
2014Q2	7.4	46.0	46.6	3.9	7.4	8.0
2014Q3	9.0	44.2	46.7	4.2	7.4	7.9
2014Q4	9.2	42.6	48.2	4.1	7.3	8.1

注：表中数据根据国家统计局最新数据修订。
Note: Data are revised by National Bureau of Statistics of China.

季度GDP三次产业所占的比重与增长率变化
Shares of industries in GDP and their growth rates on a quarterly basis

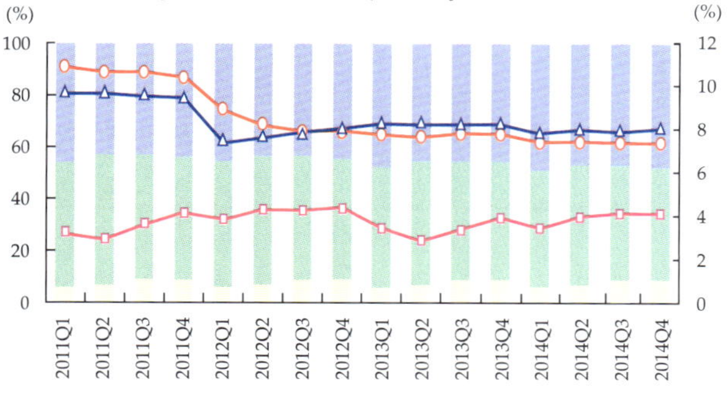

第三产业所占的比重（左坐标） Share of tertiary industry (LHS)
第二产业所占的比重（左坐标） Share of secondary industry (LHS)
第一产业所占的比重（左坐标） Share of primary industry (LHS)
第三产业同比累计增长（右坐标） YOY accumulated growth of tertiary industry (RHS)
第二产业同比累计增长（右坐标） YOY accumulated growth of secondary industry (RHS)
第一产业同比累计增长（右坐标） YOY accumulated growth of primary industry (RHS)

2004年以来年度GDP中三大产业比重
Shares of industries in GDP since 2004

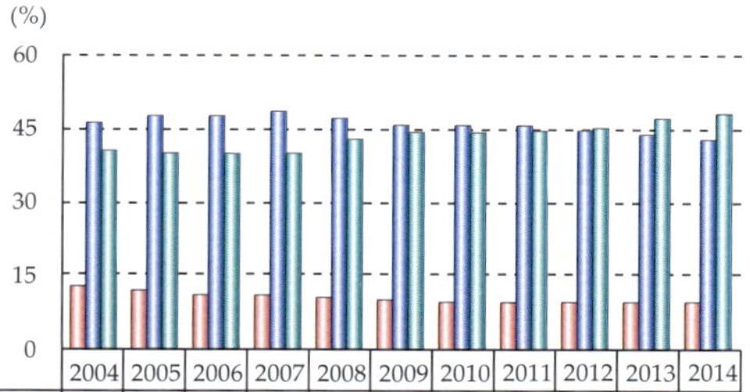

	2004	2005	2006	2007	2008	2009	2010	2011	2012	2013	2014
第一产业 Primary industry	13.1	12.2	10.7	11.1	10.3	9.9	9.6	9.5	9.5	9.4	9.2
第二产业 Secondary industry	46.2	47.7	47.4	48.5	46.8	45.67	46.2	46.1	45.0	43.7	42.6
第三产业 Tertiary industry	40.7	40.1	40.0	40.4	42.9	44.4	44.2	44.3	45.5	46.9	48.2

注：图中数据根据国家统计局最新数据修订。
Note: Data are revised by National Bureau of Statistics of China.

工业增加值增长速度
Growth rate of value added of industry

单位：% Unit: %

年/月 Year/Month		工业增加值 Value added	采矿业 Mining	制造业 Manufacturing	电力、热力、燃气及水生产和供应业 Electricity, Gas & Water Production and Supply	国有及国有控股企业 State-owned and state-holding enterprises	集体企业 Collectively-owned enterprises	股份制企业 Joint-stock enterprises	外商及港澳台投资企业 Enterprises with foreign, HongKong, Macau, and Taiwan investment
		比上年同期增长(%) Year-on-year growth rate(%)							
2007		18.5				13.8	11.5	20.6	17.5
2008		12.9				9.1	8.1	15.0	9.9
2009		11.0				6.9	10.2	10.3	6.2
2010		15.7				13.7	9.4	16.8	14.5
2011		13.9				9.9	9.3	15.8	10.4
2012		10.0				6.4	7.1	11.8	6.3
2013	7	9.7	5.5	10.5	8.6	8.1	3.6	11.1	7.9
	8	10.4	5.8	10.9	12.5	9.5	2.9	11.7	8.7
	9	10.2	4.9	11.1	9.3	7.8	3.8	11.1	9.4
	10	10.3	4.3	11.4	7.6	8.4	5.4	11.1	9.6
	11	10.0	5.6	11.0	6.9	9.1	2.4	11.1	9.5
	12	9.7	5.4	10.7	6.0	8.3	3.4	10.8	8.9
2014	1	—	—	—	—	—	—	—	—
	2	—	—	—	—	—	—	—	—
	3	8.8	2.9	9.9	5.4	4.6	1.7	10.1	7.8
	4	8.7	4.5	9.8	3.4	5.7	1.7	10.3	7.0
	5	8.8	4.3	9.9	4.6	6.1	5.0	10.3	6.5
	6	9.2	7.9	9.8	4.7	7.3	3.3	10.8	7.4
	7	9.0	6.2	10.0	1.9	5.8	4.4	10.2	6.3
	8	6.9	4.2	8.0	-0.6	4.0	1.2	8.7	3.8
	9	8.0	3.9	9.1	2.8	4.8	-1.0	9.3	6.4
	10	7.7	4.7	8.5	2.9	5.5	-1.6	9.1	5.7
	11	7.2	3.0	8.1	3.2	2.8	-2.5	8.7	4.4
	12	7.9	3.4	8.9	3.7	3.8	0.9	9.3	5.4
2013	1～7	9.4	7.1	10.1	5.5	5.6	4.8	10.9	7.5
	1～8	9.5	6.9	10.2	6.5	6.1	4.6	11.0	7.7
	1～9	9.6	6.7	10.3	6.8	6.3	4.5	11.0	7.9
	1～10	9.7	6.5	10.4	6.9	6.5	4.6	11.0	8.1
	1～11	9.7	6.4	10.5	6.9	6.8	4.4	11.0	8.2
	1～12	9.7	6.4	10.5	6.8	6.9	4.3	11.0	8.3
2014	1～2	8.6	3.5	9.8	4.0	4.4	3.9	9.9	7.8
	1～3	8.7	3.3	9.9	4.5	4.5	3.1	10.0	7.8
	1～4	8.7	3.6	9.9	4.2	4.8	2.7	10.1	7.6
	1～5	8.7	3.8	9.9	4.3	5.1	3.2	10.1	7.4
	1～6	8.8	4.6	9.9	4.4	5.5	3.2	10.2	7.4
	1～7	8.8	5.0	9.9	3.7	5.5	3.4	10.2	7.1
	1～8	8.5	4.9	9.7	3.1	5.3	3.1	10.0	6.7
	1～9	8.5	4.8	9.6	3.1	5.2	2.6	9.9	6.7
	1～10	8.4	4.8	9.5	3.1	5.2	2.2	9.8	6.6
	1～11	8.3	4.6	9.4	3.1	5.0	1.8	9.7	6.4
	1～12	8.3	4.5	9.4	3.2	4.9	1.7	9.7	6.3

注：①自2011年起，工业统计范围调整为年主营收入2 000万元及以上的工业企业。
②本表中“比上年同期增长”按可比价格计算。

Notes: 1. Since 2011, the statistical coverage of industry has been adjusted to industrial enterprises with the annual sales income from main business of RMB20 million yuan and above.
2. The year-on-year changes in this table are calculated at comparable prices.

工业增加值增长速度及工业产品销售率
Growth rate of industrial value added and ratio of sales to output of industrial products

单位：% Unit: %

年/月 Year/Month		当月工业增加值同比增长 YOY growth of monthly industrial value added	工业增加值月度累计同比增长 YOY growth of monthly accumulated industrial value added	当月销售率 Monthly ratio of sales to output
2013	7	9.7	9.4	98.4
	8	10.4	9.5	98.3
	9	10.2	9.6	98.0
	10	10.3	9.7	97.9
	11	10.0	9.7	97.6
	12	9.7	9.7	99.1
2014	1	—	—	—
	2	—	8.6	—
	3	8.8	8.7	96.9
	4	8.7	8.7	97.9
	5	8.8	8.7	97.8
	6	9.2	8.8	97.5
	7	9.0	8.8	97.9
	8	6.9	8.5	98.2
	9	8.0	8.5	98.0
	10	7.7	8.4	97.9
	11	7.2	8.3	97.6
	12	7.9	8.3	98.7

工业增加值增长速度及工业产品销售率
Growth rate of industrial value added and ratio of sales to output of industrial products

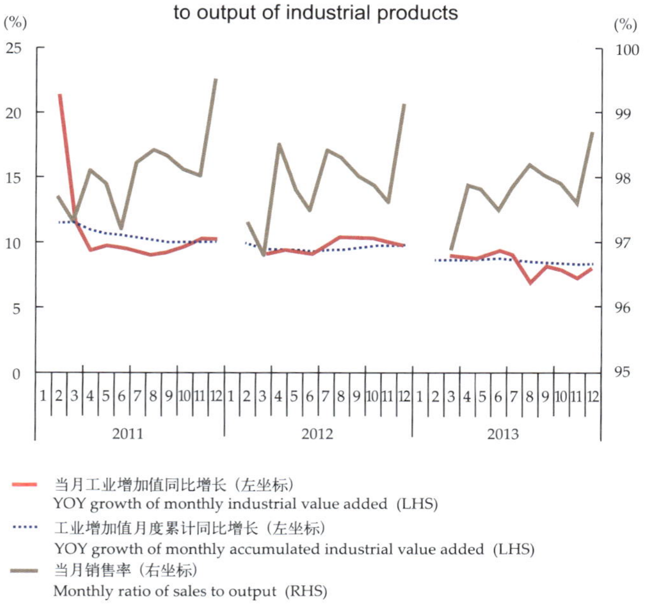

二、价格走势
2. Price Development

1. 各种价格指数一览
(1) Overview of price indices

各种价格指数变动表
Changes in price indices

单位：% Unit: %

年/月 Year/Month	居民消费价格指数 Comsumer price indices			农业生产资料价格指数 Price indices of mean of agricutural production		工业生产者购进价格指数 Purchasing price index for industrial producers		工业生产者出厂价格指数 Producer price index for manufactured goods		固定资产投资价格指数 Price indices of investment in fixed assets		进出口同比价格指数 Import-export price index (YOY)		
	月环比 MOM	当月同比 YOY	累计同比 Accu-mulated YOY	当月同比 YOY	累计同比 Accu-mulated YOY	当月同比 YOY	累计同比 Accu-mulated YOY	当月同比 YOY	累计同比 Accu-mulated YOY	当季同比 YOY	累计同比 Accu-mulated YOY	出口 Exports	进口 Imports	贸易条件 Terms of trade
2012 1	1.5	4.5	4.5	9.8	9.8	2.0	2.0	0.7	0.7			6.9	7.0	99.9
2	-0.1	3.2	3.9	9.3	9.5	1.0	1.5	0.0	0.4			5.1	5.4	99.7
3	0.2	3.6	3.8	8.0	9.0	0.1	1.0	-0.3	0.1	2.3	2.3	2.1	0.0	102.1
4	-0.1	3.4	3.7	7.7	8.7	-0.8	0.6	-0.7	-0.1			4.8	-0.2	105.0
5	-0.3	3.0	3.5	7.1	8.4	-1.6	0.1	-1.4	-0.3			2.9	-1.1	104.0
6	-0.6	2.2	3.3	5.2	7.8	-2.5	-0.3	-2.1	-0.6	1.6	2.0	2.9	-0.7	103.6
7	0.1	1.8	3.1	3.7	7.2	-3.4	-0.8	-2.9	-1.0			1.1	-3.8	105.1
8	0.6	2.0	2.9	3.1	6.7	-4.1	-1.2	-3.5	-1.3			1.3	-4.2	105.7
9	0.3	1.9	2.8	2.9	6.2	-4.1	-1.5	-3.6	-1.5	0.2	1.4	-1.0	-1.7	100.7
10	-0.1	1.7	2.7	3.2	5.9	-3.3	-1.7	-2.8	-1.6			-0.7	-1.9	101.2
11	0.1	2.0	2.7	3.7	5.7	-2.8	-1.8	-2.2	-1.7			-0.5	-2.6	102.2
12	0.8	2.5	2.6	3.9	5.6	-2.4	-1.8	-1.9	-1.7	0.3	1.1	1.8	-2.4	104.3
2013 1	1.0	2.0	2.0	4.1	4.1	-1.9	-1.9	-1.6	-1.6			0.7	-5.0	106.0
2	1.1	3.2	2.6	3.6	3.8	-1.9	-1.9	-1.6	-1.6			-0.2	-1.7	101.5
3	-0.9	2.1	2.4	2.9	3.5	-2.0	-2.0	-1.9	-1.7	0.2	0.2	-0.9	1.3	97.8
4	0.2	2.4	2.4	1.6	3.0	-2.7	-2.1	-2.6	-2.0			-0.1	-2.5	102.5
5	-0.6	2.1	2.4	0.9	2.6	-3.0	-2.3	-2.9	-2.1			-0.9	-4.5	103.8
6	0.0	2.7	2.4	1.1	2.3	-2.7	-2.4	-2.7	-2.2	-0.1	0.0	-0.7	-1.8	101.1
7	0.1	2.7	2.4	1.1	2.2	-2.2	-2.3	-2.3	-2.2			-2.3	-0.9	98.6
8	0.5	2.6	2.5	1.0	2.0	-1.6	-2.3	-1.6	-2.2			-2.1	-1.4	99.3
9	0.8	3.1	2.5	0.4	1.8	-1.6	-2.2	-1.3	-2.1	0.1	0.0	0.7	-1.1	101.8
10	0.1	3.2	2.6	0.2	1.7	-1.6	-2.1	-1.5	-2.0			0.1	-1.8	101.9
11	-0.1	3.0	2.6	0.3	1.5	-1.5	-2.1	-1.4	-2.0			-2.2	-1.3	99.1
12	0.3	2.5	2.6	0.4	1.4	-1.4	-2.0	-1.4	-1.9	0.9	0.3	0.1	-1.4	101.5
2014 1	1.0	2.5	2.5	-0.1	-0.1	-1.7	-1.7	-1.6	-1.6			-1.3	-2.6	101.3
2	0.5	2.0	2.2	-0.6	-0.3	-2.1	-1.9	-2.0	-1.8			-0.8	-6.8	106.4
3	-0.5	2.4	2.3	-1.2	-0.6	-2.5	-2.1	-2.3	-2.0	1.1	1.1	-3.4	-6.0	102.8
4	-0.3	1.8	2.2	-1.2	-0.8	-2.3	-2.2	-2.0	-2.0			-3.3	-0.6	97.3
5	0.1	2.5	2.3	-1.0	-0.8	-1.8	-2.1	-1.4	-1.9			-1.2	1.3	97.5
6	-0.1	2.3	2.3	-1.1	-0.9	-1.5	-2.0	-1.1	-1.8	0.6	0.9	-1.5	-4.1	102.7
7	0.1	2.3	2.3	-1.0	-0.9	-1.1	-1.9	-0.9	-1.6			-0.8	-2.0	101.2
8	0.2	2.0	2.2	-0.8	-0.9	-1.4	-1.8	-1.2	-1.6			0.5	-2.0	102.6
9	0.5	1.6	2.1	-0.6	-0.8	-1.9	-1.8	-1.8	-1.6	0.4	0.7	2.1	-1.0	103.1
10	0.0	1.6	2.1	-0.7	-0.8	-2.5	-1.9	-2.2	-1.7			1.9	-2.6	104.6
11	-0.2	1.4	2.0	-0.9	-0.8	-3.2	-2.0	-2.7	-1.8			-0.5	-4.5	104.2
12	0.3	1.5	2.0	-1.1	-0.9	-4.0	-2.2	-3.3	-1.9	-0.1	0.5	0.2	-9.4	110.6

注：国家统计局从2011年1月开始实施新的工业生产者价格统计调查制度方法。将“工业品价格统计”改称为“工业生产者价格统计”，相应地将“原材料、燃料、动力购进价格指数”改称为“工业生产者购进价格指数”，将“工业品出厂价格指数”改称为“工业生产者出厂价格指数”。

Note: Since January 2011, NBS begins to conduct new statistical system and survey methods on PPI. "Prices statistics on industrial goods" is renamed to "prices statistics on industrial producers". Accordingly, "purchasing prices for raw material,fuels and power" is renamed to "purchasing price for industrial producers", "producer price index of industrial products" is renamed to "producer price index for manufactured goods".

居民消费价格月环比指数变动
Change in CPI (month-on-month)

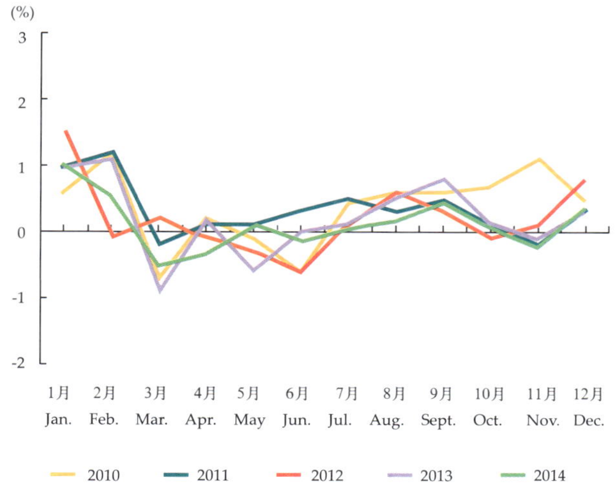

居民消费价格同比指数变动
Change in CPI (year-on-year)

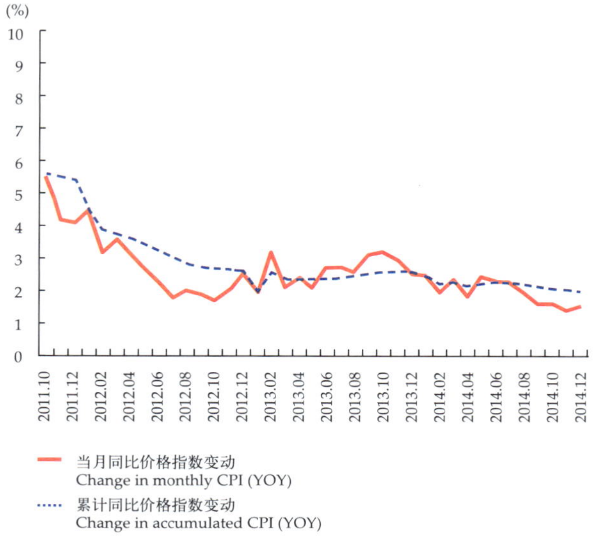

居民消费价格指数与生产价格指数的比较
Comparison between changes in CPI and PPI

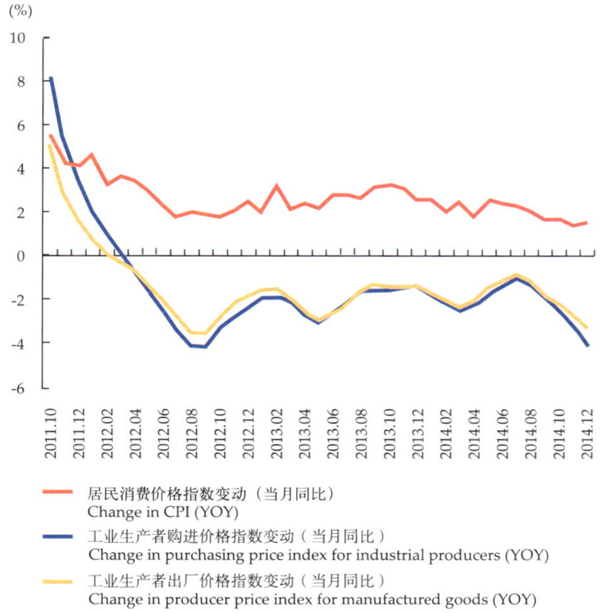

进出口价格指数和贸易条件
Import-export price index and terms of trade

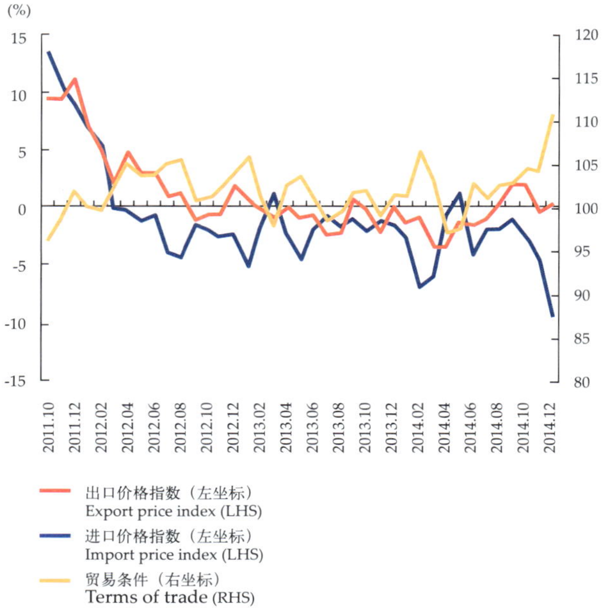

2. 分类指数

(2) Breakdown of indices

居民消费价格当月同比分类指数变动
Breakdown of changes in CPI (YOY)

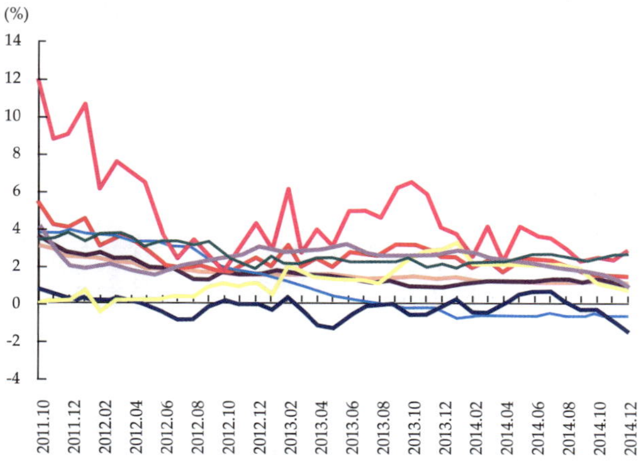

- 总指数 All items CPI
- 食品 Food
- 烟酒及用品 Cigarettes and liquor
- 衣着 Apparel
- 家庭设备用品及服务 Household facilities, articles and services
- 医疗保健及个人用品 Medical care and personal articles
- 交通和通信 Transportation and telecommunications
- 娱乐、教育、文化用品及服务 Entertainment, education, cultural articles and services
- 居住 Housing

工业生产者出厂价格当月同比指数变动
按生产资料和生活资料分类
Breakdown of changes in producer price index (PPI) for manufactured goods by means of production and means of consumer goods (YOY)

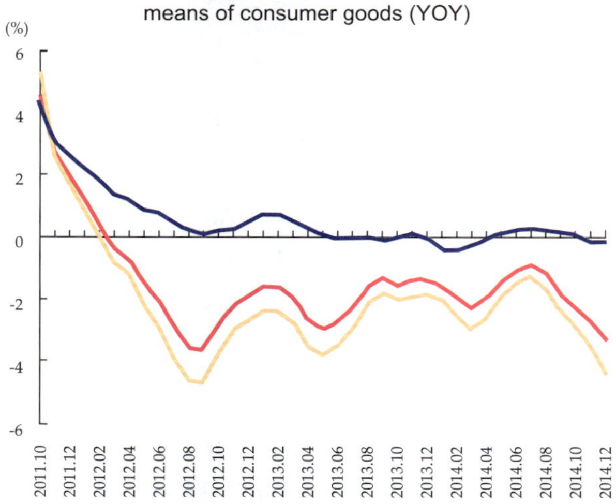

- 工业生产者出厂价格指数变动 Change in producer price index for manufactured goods
- 生产资料出厂价格指数变动 Change in PPI for means of production
- 生活资料出厂价格指数变动 Change in PPI for means of consumer goods

生活资料出厂价格当月同比分类指数变动
Breakdown of changes in PPI for means of consumer goods (YOY)

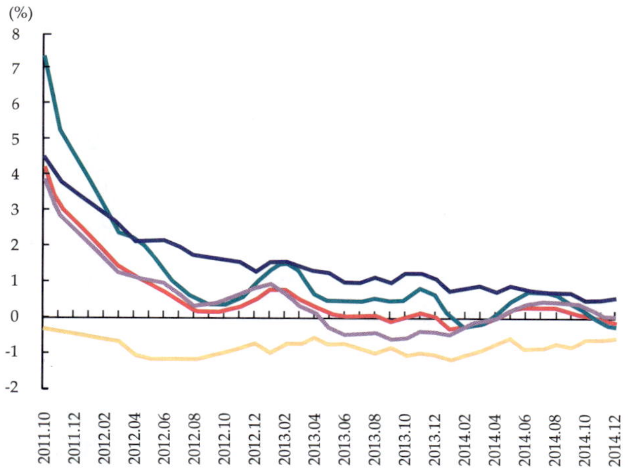

- 生活资料出厂价格指数变动 Change in PPI for means of consumer goods
- 食品类 Food
- 衣着类 Apparel
- 一般日用品 Articles for daily use
- 耐用消费品 Durable consumer goods

生产资料出厂价格当月同比分类指数变动
Breakdown of changes in PPI for means of production (YOY)

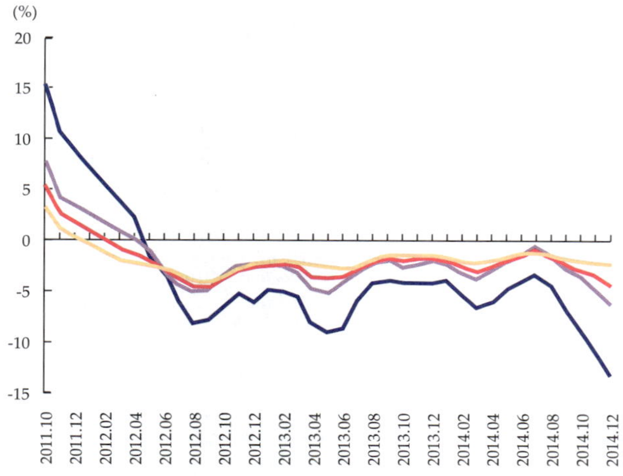

- 生产资料出厂价格指数变动 Change in PPI for means of production
- 采掘业 Mining industry
- 原材料工业 Raw materials industry
- 加工工业 Processing industry

三、就业、失业与收入
3. Employment, Unemployment and Income

人口与就业基本情况
Population and employment

年 Year	年底总人口（亿人） Population at the end of the year (100 million people)	城镇 Urban	比重(%) Share (%)	乡村 Rural	比重(%) Share (%)	15～64岁人口数(亿人) Population between 15~64 years of age (100 million people)	就业人员(亿人) Employment (100 million people)
2004	13.0	5.4	42	7.6	58	9.2	7.4
2005	13.1	5.6	43	7.5	57	9.4	7.5
2006	13.1	5.8	44	7.3	56	9.5	7.5
2007	13.2	6.1	46	7.1	54	9.6	7.5
2008	13.3	6.2	47	7.0	53	9.7	7.6
2009	13.3	6.5	48	6.9	52	9.7	7.6
2010	13.4	6.7	50	6.7	50	10.0	7.6
2011	13.5	6.9	51	6.6	49	10.0	7.6
2012	13.5	7.1	53	6.4	47	10.0	7.7
2013	13.6	7.3	54	6.3	46	10.1	7.7
2014	13.7	7.5	55	6.2	45	10.0	7.7

就业人员按城乡和产业分类
Employment in urban and rural areas and in industries

年 Year	就业人员(亿人) Employment (100 million people)	按城乡分 Urban & rural				按产业分 Industries					
		城镇 Urban	比重(%) Share (%)	乡村 Rural	比重(%) Share (%)	第一产业 Primary industry	比重(%) Share (%)	第二产业 Secondary industry	比重(%) Share (%)	第三产业 Tertiary industry	比重(%) Share (%)
2004	7.43	2.73	36.8	4.70	63.2	3.48	46.9	1.67	22.5	2.27	30.6
2005	7.46	2.84	38.0	4.63	62.0	3.34	44.8	1.78	23.8	2.34	31.4
2006	7.50	2.96	39.5	4.53	60.5	3.19	42.6	1.89	25.2	2.41	32.2
2007	7.53	3.10	41.1	4.44	58.9	3.07	40.8	2.02	26.8	2.44	32.4
2008	7.56	3.21	42.5	4.35	57.5	2.99	39.6	2.06	27.2	2.51	33.2
2009	7.58	3.33	43.9	4.25	56.1	2.89	38.1	2.11	27.8	2.59	34.1
2010	7.61	3.47	45.6	4.14	54.4	2.79	36.7	2.18	28.7	2.63	34.6
2011	7.64	3.59	47.0	4.05	53.0	2.66	34.8	2.25	29.5	2.73	35.7
2012	7.67	3.71	48.4	3.96	51.6	2.58	33.6	2.32	30.3	2.77	36.1
2013	7.70	3.82	49.7	3.87	50.3	2.42	31.4	2.32	30.1	2.96	38.5
2014	7.73	3.93	50.9	3.79	49.1						

城乡居民家庭人均收入
Urban and rural household income (per capita)

年/季 Year/Quarter	农村居民家庭人均现金收入 Rural household cash income (per capita)		城镇居民家庭人均可支配收入 Urban household disposable income (per capita)	
	绝对值(元) Absolute value (RMB yuan)	同比实际增长(%) Growth in real terms (YOY) (%)	绝对值(元) Absolute value (RMB yuan)	同比实际增长(%) Growth in real terms (YOY) (%)
2011 I	2 187	14.3	5 963	7.1
I～II	3 706	13.7	11 041	7.6
I～III	5 875	13.6	16 301	7.8
I～IV	8 639	—	21 810	8.4
2012 I	2 560	12.7	6 796	9.8
I～II	4 303	12.4	12 509	9.7
I～III	6 778	12.3	18 427	9.8
I～IV	9 787	—	24 565	9.6
2013 I	2 871	9.3	7 427	6.7
I～II	4 818	9.2	13 649	6.5
I～III	7 627	9.6	20 169	6.8
I～IV	10 983	—	26 955	7.0
2014 I	3 224	10.1	8 155	7.2
I～II	5 396	9.8	14 959	7.1
I～III	8 527	9.7	22 044	6.9
I～IV			28 844	6.8

城镇失业人数和失业率
Unemployed urban population and unemployment rate

年/季度末 Year/End of quarter	城镇登记失业人数(万人) Registered unemployment in urban areas (10 000 people)	城镇登记失业率(%) Registered unemployment rate in urban areas(%)
2011 I	909	4.1
II	908	4.1
III	911	4.1
IV	922	4.1
2012 I	907	4.1
II	918	4.1
III	926	4.1
IV	917	4.1
2013 I	926	4.1
II	923	4.1
III	921	4.0
IV	926	4.1
2014 I	940	4.1
II	949	4.1
III	947	4.1
IV	952	4.1

四、国内需求
4. Domestic Demand

1.按支出法计算的国内生产总值
(1) Expenditure-based GDP

按支出法计算的国内生产总值及其构成
Expenditure-based GDP and its composition

年 Year	按支出法计算的国内生产总值(亿元) Expenditure-based GDP (RMB100 million yuan)	最终消费 Final consumption	居民消费 Household consumption	城镇居民 Urban	农村居民 Rural	政府消费 Government consumption	资本形成总额 Total capital formation	固定资本形成 Fixed capital formation	存货增加 Increased inventory	货物和服务净出口 Net exports of goods and services
	绝对值(亿元) Absolute value (RMB100 million yuan)									
2001	109 028	66 934	49 436	33 645	15 791	17 498	39 769	37 755	2 015	2 325
2002	120 476	71 817	53 057	36 785	16 272	18 760	45 565	43 632	1 933	3 094
2003	136 613	77 686	57 650	41 344	16 306	20 036	55 963	53 491	2 472	2 965
2004	160 957	87 553	65 219	47 529	17 690	22 334	69 168	65 118	4 051	4 236
2005	187 424	99 358	72 959	53 000	19 958	26 399	77 857	74 233	3 624	10 209
2006	222 713	113 104	82 576	60 790	21 786	30 528	92 954	87 954	5 000	16 655
2007	266 599	132 233	96 333	72 127	24 206	35 900	110 943	103 949	6 995	23 423
2008	315 975	153 423	111 670	83 993	27 677	41 752	138 325	128 084	10 241	24 227
2009	348 775	169 275	123 585	94 579	29 005	45 690	164 463	156 680	7 783	15 037
2010	402 817	194 115	140 759	108 784	31 975	53 356	193 604	183 615	9 989	15 098
2011	472 619	232 112	168 957	129 987	38 970	63 155	225 007	215 682	12 662	12 163
2012	529 399	261 994	190 585	148 113	42 310	79 978	252 773	241 757	11 016	14 632
2013	586 673	292 166	212 188	165 074	47 114	79 978	280 356	269 075	11 281	14 151
	构成(%) Composition (%)									
2001	100	61.4	45.3	30.9	14.5	16.0	36.5	34.6	1.8	2.1
2002	100	59.6	44.0	30.5	13.5	15.6	37.8	36.2	1.6	2.6
2003	100	56.9	42.2	30.3	11.9	14.7	41.0	39.2	1.8	2.2
2004	100	54.4	40.5	29.5	11.0	13.9	43.0	40.5	2.5	2.6
2005	100	53.0	38.9	28.3	10.6	14.1	41.5	39.6	1.9	5.4
2006	100	50.8	37.1	27.3	9.8	13.7	41.7	39.5	2.2	7.5
2007	100	49.6	36.1	27.1	9.1	13.5	41.6	39.0	2.6	8.8
2008	100	48.6	35.3	26.6	8.8	13.2	43.8	40.5	3.2	7.7
2009	100	48.5	35.4	27.1	8.3	13.1	47.2	44.9	2.2	4.3
2010	100	48.2	34.9	27.0	7.9	13.2	48.1	45.6	2.5	3.7
2011	100	49.1	35.7	27.5	8.2	13.4	47.6	45.6	2.7	2.6
2012	100	49.5	36.0	28.0	8.0	15.1	47.7	45.7	2.1	2.8
2013	100	49.8	36.2	28.1	8.0	13.6	47.8	45.9	1.9	2.4

注：表中数据根据国家统计局最新数据修订。
Note: Data are revised by National Bureau of Statistics of China.

按支出法计算的国内生产总值构成变化
Changes in the composition of GDP (based on expenditures)

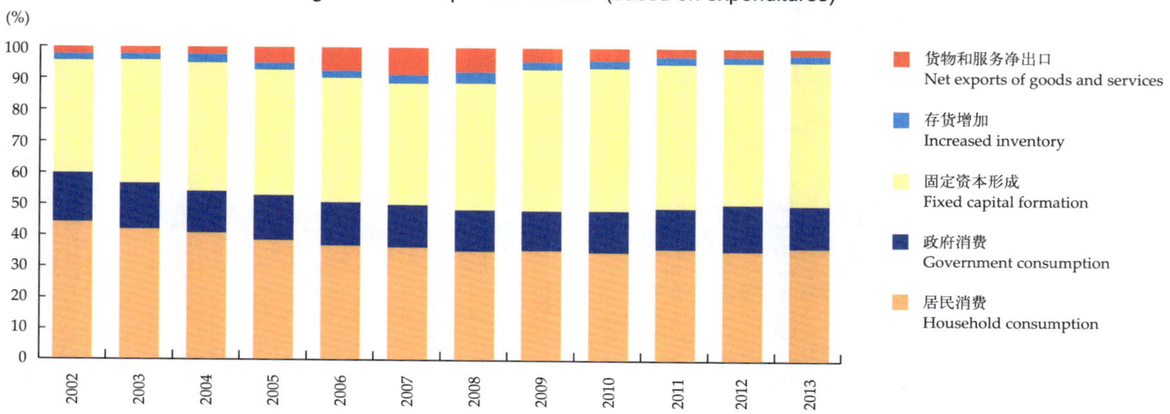

投资率和消费率
Investment ratio and consumption ratio

单位：%　Unit: %

年 Year	资本形成率(投资率) Capital formation ratio (investment ratio)	最终消费率(消费率) Final consumption ratio (consumption ratio)
1986	37.5	64.9
1987	36.3	63.6
1988	37.0	63.9
1989	36.6	64.5
1990	34.9	62.5
1991	34.8	62.4
1992	36.6	62.4
1993	42.6	59.3
1994	40.5	58.2
1995	40.3	58.1
1996	38.8	59.2
1997	36.7	59.0
1998	36.2	59.6
1999	36.2	61.1
2000	35.3	62.3
2001	36.5	61.4
2002	37.8	59.6
2003	41.0	56.9
2004	43.0	54.4
2005	41.5	53.0
2006	41.7	50.8
2007	41.6	49.6
2008	43.8	48.6
2009	47.2	48.5
2010	48.1	48.2
2011	48.3	49.1
2012	47.7	49.5
2013	47.8	49.8

注：表中数据根据国家统计局最新数据修订。
Note: Data are revised by National Bureau of Statistics of China.

生产法现价GDP与支出法现价GDP及其增长率比较
Comparison between production-based GDP and expenditure-based GDP at current price

年 Year	(1)生产法GDP Production-based GDP		(2)支出法GDP Expenditure-based GDP		(1)−(2)	
	绝对量(亿元) Absolute value (RMB100 million yuan)	现价增速(%) Growth rate at current price(%)	绝对量(亿元) Absolute value (RMB100 million yuan)	现价增速(%) Growth rate at current price(%)	绝对量(亿元) Absolute value (RMB100 million yuan)	现价增速(%) Growth rate at current price(%)
1990	18 668	9.9	19 348	11.8	-680	-1.90
1991	21 781	16.7	22 577	16.7	-796	-0.01
1992	26 923	23.6	27 565	22.1	-642	1.52
1993	35 334	31.2	36 938	34.0	-1 604	-2.76
1994	48 198	36.4	50 217	36.0	-2 020	0.46
1995	60 794	26.1	63 217	25.9	-2 423	0.24
1996	71 177	17.1	74 164	17.3	-2 987	-0.24
1997	78 973	11.0	81 659	10.1	-2 685	0.84
1998	84 402	6.9	86 532	6.0	-2 129	0.90
1999	89 677	6.2	91 125	5.3	-1 448	0.94
2000	99 215	10.6	98 749	8.4	466	2.27
2001	109 655	10.5	109 028	10.4	627	0.11
2002	120 333	9.7	120 476	10.5	-143	-0.76
2003	135 823	12.9	136 613	13.4	-791	-0.52
2004	159 878	17.7	160 957	17.8	-1 078	-0.11
2005	184 937	15.7	187 424	16.4	-2 486	-0.77
2006	216 314	17.0	222 713	18.8	-6 398	-1.86
2007	265 810	22.9	266 599	19.7	-789	3.18
2008	314 045	18.1	315 975	18.5	-1 929	-0.37
2009	340 903	8.6	348 775	10.4	-7 872	-1.83
2010	401 513	17.8	402 816	15.5	-1 304	2.28
2011	473 104	17.8	472 619	17.3	485	0.50
2012	518 942	9.7	529 399	12.0	-10 457	-2.33
2013	568 845	9.6	586 673	10.8	-17 828	-1.20

注：表中数据根据国家统计局最新数据修订。
Note: Data are revised by National Bureau of Statistics of China.

投资率和消费率
Investment ratio and consumption ratio

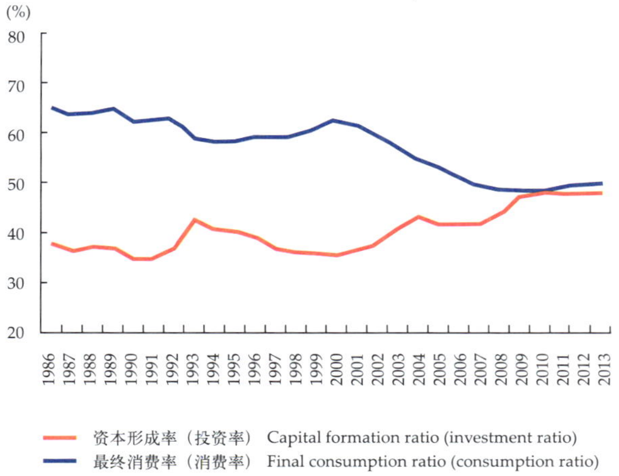

生产法现价GDP与支出法现价GDP增速比较
Comparison of growth rate at current prices between production-based GDP and expenditure-based GDP

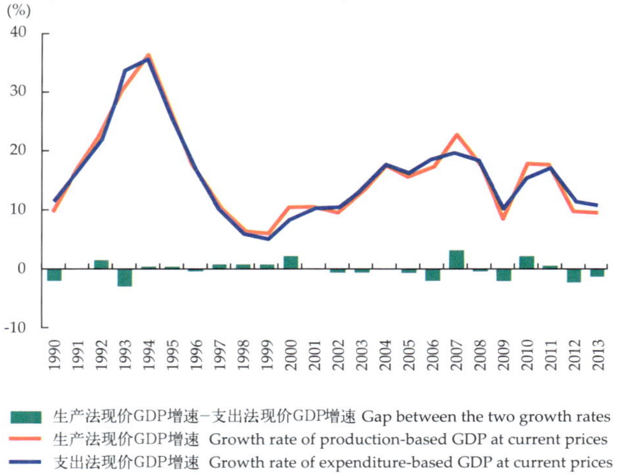

2.社会消费品零售额

(2) Retail sales of consumer goods

社会消费品零售总额
Retail sales of consumer goods

单位：亿元
Unit: RMB 100 million yuan

年/月 Year/Month	当月社会消费品零售总额 Monthly retail sales of consumer goods	当月同比增长率(%) Monthly growth rate (YOY)(%)	社会消费品零售总额累计 Accumulative retail sales of consumer goods	累计同比增长率(%) Accumulative growth rate (YOY)(%)
2013.01	—	—	—	—
2013.02	—	—	37 810	12.3
2013.03	17 641	12.6	55 451	12.4
2013.04	17 600	12.8	73 051	12.5
2013.05	18 886	12.9	91 938	12.6
2013.06	18 827	13.3	110 764	12.7
2013.07	18 513	13.2	129 278	12.8
2013.08	18 886	13.4	148 164	12.8
2013.09	20 653	13.3	168 817	12.9
2013.10	21 491	13.3	190 308	13.0
2013.11	21 012	13.7	211 320	13.0
2013.12	23 060	13.6	234 380	13.1
2014.01	—	—	—	—
2014.02	—	—	42 281	11.8
2014.03	19 801	12.2	62 081	12.0
2014.04	19 701	11.9	81 782	11.9
2014.05	21 250	12.5	103 032	12.5
2014.06	21 166	12.4	124 199	12.4
2014.07	20 776	12.2	144 975	12.2
2014.08	21 134	11.9	166 108	11.9
2014.09	23 042	11.6	189 151	11.6
2014.10	23 967	11.5	213 118	11.5
2014.11	23 475	11.7	236 593	11.7
2014.12	25 801	11.9	262 394	11.9

注：为消除春节日期不固定因素带来的影响，增强数据的可比性，按照国家统计制度，历年1～2月数据一起调查、一起发布。
Note: In order to eliminate the impact of the different date of "Spring Festival" of each year,and enchance the comparability of data, in accordance with the national statistical system,the data in January and Februry was investigated and released together.

社会消费品零售总额与最终消费增长率的比较
Comparison of growth rate at current prices between retail sales of consumer goods and final consumption expenditure

单位：万亿元
Unit: RMB trillion yuan

年 Year	社会消费品零售总额 Retail sales of consumer goods	最终消费 Final consumption	社会消费品零售总额现价增长率(%) Growth rate at current prices of retail sales of consumer goods(%)	最终消费现价增长率(%) Growth rate at current prices of final consumption expenditure(%)
1991	0.94	1.41	13.4	16.6
1992	1.10	1.72	16.8	22.1
1993	1.43	2.19	29.8	27.3
1994	1.86	2.92	30.5	33.5
1995	2.36	3.67	26.8	25.7
1996	2.84	4.39	20.1	19.5
1997	3.13	4.81	10.2	9.6
1998	3.34	5.16	6.8	7.2
1999	3.56	5.56	6.8	7.8
2000	3.91	6.15	9.7	10.6
2001	4.31	6.69	10.1	8.8
2002	4.81	7.18	11.8	7.3
2003	5.25	7.77	9.1	8.2
2004	5.95	8.76	13.3	12.7
2005	6.84	9.94	14.9	13.5
2006	7.91	11.31	15.8	13.8
2007	9.36	13.22	18.2	16.9
2008	11.48	15.34	22.7	16.0
2009	13.27	16.93	15.5	10.3
2010	15.70	19.41	18.3	14.7
2011	18.39	22.86	17.1	17.7
2012	21.03	25.96	14.3	11.8
2013	23.44	29.22	15.3	11.5

注：表中数据根据国家统计局最新数据修订。
Note: Data are revised by National Bureau of Statistics of China.

累计社会消费品零售总额及其增长率
Accumulative retail sales and growth rates of consumer goods

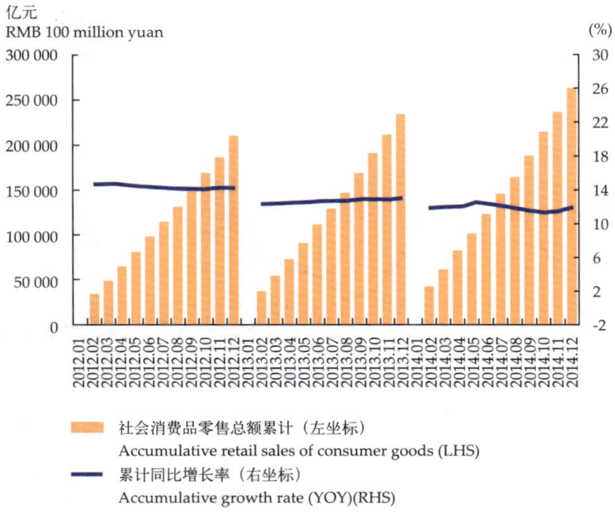

社会消费品零售总额及最终消费增长趋势
Growth trend of retail sales of consumer goods and final consumption expenditure

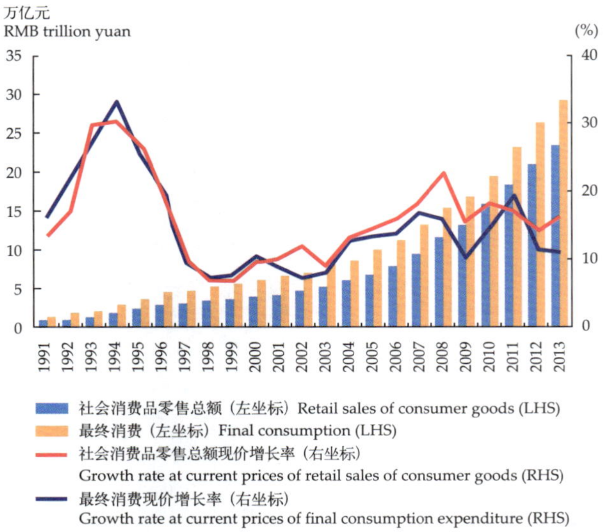

3. 固定资产投资完成额

(3) Completed fixed-asset investment

固定资产投资（不含农户）完成额
Completed investment in fixed assets (excluding rural households)

单位：亿元
Unit: RMB 100 million yuan

年/月 Year/Month	投资完成额 Investment completed	增长率(%) Growth rate (%)
2013 1~2	25 675.9	21.2
1~3	58 092.3	20.9
1~4	91 319.2	20.6
1~5	131 210.6	20.4
1~6	181 317.6	20.1
1~7	221 722.2	20.1
1~8	262 578.1	20.3
1~9	309 207.6	20.2
1~10	351 669.2	20.1
1~11	391 282.5	19.9
1~12	436 527.7	19.6
2014 1~2	30 283.0	17.9
1~3	68 321.7	17.6
1~4	107 077.8	17.3
1~5	153 716.5	17.2
1~6	212 770.4	17.3
1~7	259 492.9	17.0
1~8	305 786.5	16.5
1~9	357 787.2	16.1
1~10	406 160.6	15.9
1~11	451 067.6	15.8
1~12	502 004.9	15.7

注：自2011年起，投资项目统计起点标准由原来的50万元调整为500万元，"固定资产投资（不含农户）"等于原口径的城镇固定资产投资加上农村企事业组织项目投资。

Notes: Since 2011, investment indicators are calculated using new threshold criteria of RMB5 million yuan instead of RMB500 thousand yuan in the past."Investment in fixed assets (excluding rural households)" equals to "investment in fixed assets in urban area" under the old criteria plus "investment of rural enterprises and institutions".

固定资产投资完成额和固定资本形成总额的比较
Comparison of completed fixed-asset investment and gross capital formation

单位：万亿元
Unit: RMB trillion yuan

年 Year	全社会固定资产投资完成额 Total completed fixed-asset investment	固定资本形成总额 Gross capital formation	全社会固定资产投资现价增长率(%) Growth rate of total fixed-asset investment at current prices(%)	固定资本形成总额现价增长率(%) Growth rate of gross capital formation at current prices(%)
1992	0.81	0.85	44.4	40.3
1993	1.31	1.33	61.8	56.3
1994	1.70	1.73	30.4	30.1
1995	2.00	2.09	17.5	20.6
1996	2.29	2.40	14.8	15.1
1997	2.49	2.60	8.8	8.0
1998	2.84	2.86	13.9	10.0
1999	2.99	3.30	5.1	6.9
2000	3.29	3.48	10.3	5.7
2001	3.72	3.98	13.0	14.1
2002	4.35	4.56	16.9	14.6
2003	5.56	5.60	27.7	22.8
2004	7.05	6.92	26.8	23.6
2005	8.88	7.79	26.0	12.6
2006	11.00	9.30	23.9	19.4
2007	13.73	11.09	24.8	19.4
2008	17.28	13.83	25.9	24.7
2009	22.46	16.45	30.0	18.9
2010	27.81	19.36	23.8	17.7
2011	31.10	22.50	11.8	16.2
2012	37.47	25.28	20.5	12.3
2013	44.71	28.04	19.3	10.9

注：表中数据根据国家统计局最新数据修订。
Note: Data are revised by National Bureau of Statistics of China.

固定资产投资（不含农户）完成额
Completed investment in fixed assets (excluding rural households)

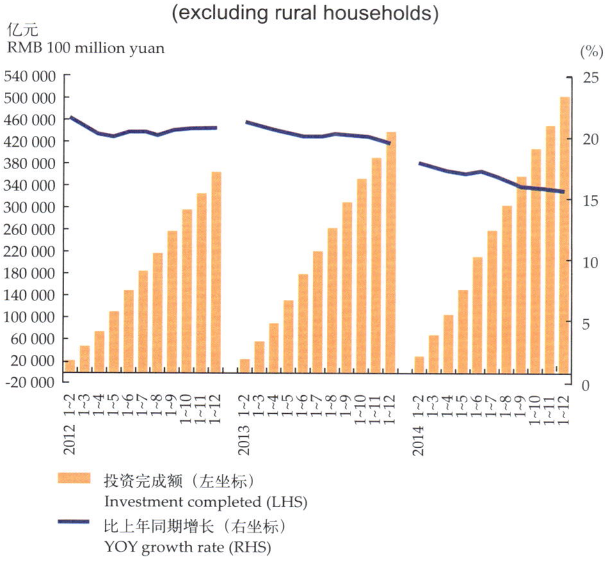

固定资产投资完成额和固定资本形成总额
Completed fixed-asset investment and gross capital formation

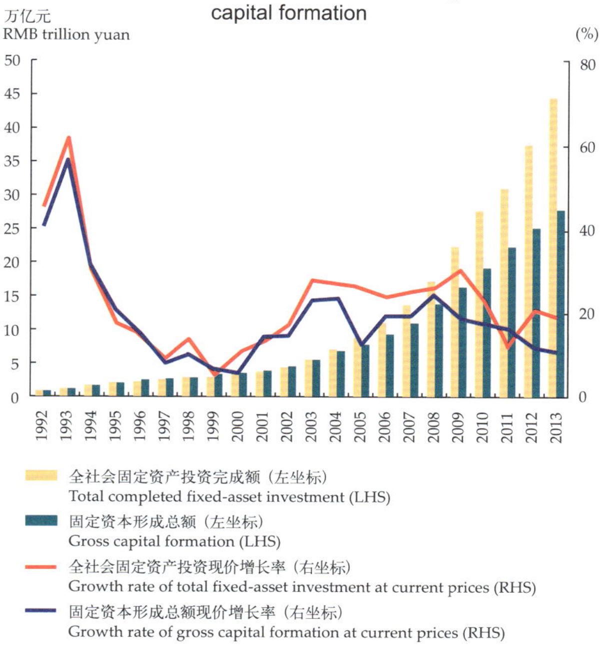

按建设性质分固定资产投资（不含农户）累计完成额及增长率

Completed investment in fixed assets (excluding rural households) and growth rate by type of construction

年/月 Year/Month	绝对值(亿元) Absolute value (RMB 100 million yuan)			增长率(%) Growth rate (%)		
	新建 New construction	扩建 Expansion	改建 Transformation	新建 New construction	扩建 Expansion	改建 Transformation
2013 1~2	12 190.2	2 914.0	2 993.5	22.7	9.6	27.2
1~3	28 180.7	7 017.4	7 574.4	22.6	12.7	26.2
1~4	45 180.4	11 542.3	11 986.5	21.2	15.4	25.9
1~5	65 777.9	16 612.3	17 051.5	21.9	13.9	23.1
1~6	91 035.7	22 674.7	23 816.6	22.1	12.4	24.3
1~7	111 718.5	27 824.4	29 439.2	22.2	12.4	24.4
1~8	132 199.0	33 232.0	34 998.7	22.9	13.6	23.9
1~9	155 768.3	39 080.6	41 297.7	22.3	14.3	23.5
1~10	177 229.9	44 670.0	47 390.7	22.3	14.6	23.2
1~11	195 821.3	49 241.5	53 459.9	22.0	13.4	23.5
1~12	217 544.7	54 228.8	61 544.2	21.4	13.0	17.4
2014 1~2	14 361.0	3 393.9	3 633.5	17.8	16.5	21.4
1~3	33 810.4	8 083.7	8 836.4	20.0	15.2	16.7
1~4	54 381.7	12 762.4	13 935.2	20.4	10.6	16.3
1~5	79 119.6	18 317.9	20 120.4	20.3	10.3	18.0
1~6	110 118.3	25 106.5	27 812.1	21.0	10.7	16.8
1~7	134 257.8	31 194.3	34 142.2	20.2	12.1	16.0
1~8	158 385.9	36 719.1	40 296.7	19.8	10.5	15.1
1~9	186 107.4	42 756.9	46 976.2	19.9	9.7	14.2
1~10	210 870.7	48 593.6	54 048.3	19.5	9.2	14.5
1~11	232 460.7	53 816.3	60 821.1	19.3	9.8	14.3
1~12	256 425.1	60 224.1	69 164.5	18.7	12.0	11.5

注：按建设性质分组的投资不含房地产投资。
Note: Investment grouped by type of construction does not include real estate investment.

按建筑性质分固定资产投资（不含农户）完成额构成变化

Completed investment in fixed assets (excluding rural households) by type of construction

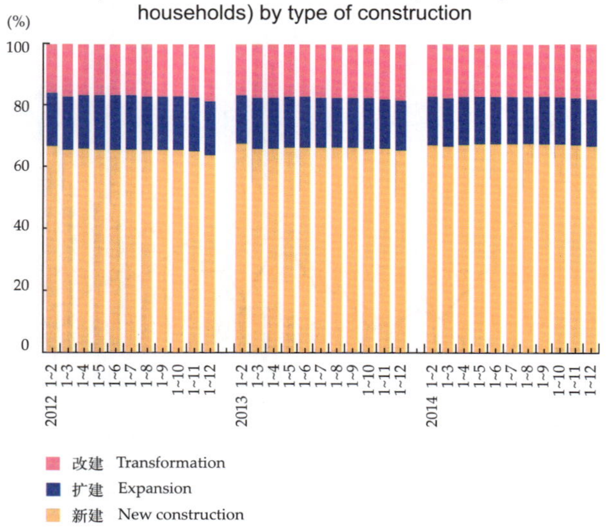

按建筑性质分固定资产投资（不含农户）完成额增长趋势

Growth of monthly accumulated completed investment in fixed assets (excluding rural households) by type of construction

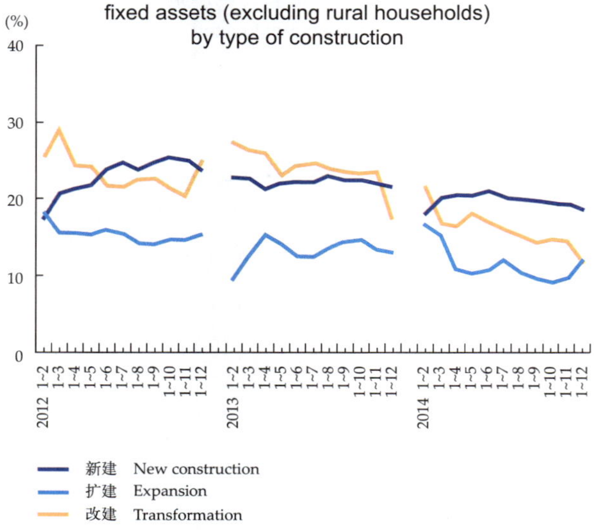

按隶属关系分固定资产投资（不含农户）累计完成额及增长率

Composition of monthly accumulated completed investment in fixed assets (excluding rural households) and growth rate by administrative relationship

年/月 Year/Month	绝对值(亿元) Absolute value (RMB 100 million yuan)		增长率(%) Growth rate (%)	
	中央项目 Central government projects	地方项目 Local government projects	中央项目 Central government projects	地方项目 Local government projects
2013 1~2	1 331	24 345	4.4	22.3
1~3	2 687	55 406	11.6	21.4
1~4	4 444	86 875	8.5	21.3
1~5	6 110	125 101	7.1	21.1
1~6	8 338	172 980	9.7	20.7
1~7	10 550	211 173	12.4	20.5
1~8	12 628	249 950	10.8	20.8
1~9	15 020	294 188	10.4	20.7
1~10	17 646	334 023	8.1	20.8
1~11	20 632	370 650	13.4	20.2
1~12	24 785	411 742	12.4	20.1
2014 1~2	1 489	28 794	11.9	18.3
1~3	2 989	65 332	11.3	17.9
1~4	4 623	102 454	5.7	17.8
1~5	6 641	147 076	8.7	17.6
1~6	9 554	203 217	14.6	17.5
1~7	11 689	247 804	10.8	17.3
1~8	14 054	291 732	11.3	16.7
1~9	16 773	341 014	12.2	16.2
1~10	19 406	386 755	10.4	16.2
1~11	22 054	429 013	7.3	16.2
1~12	25 371	476 634	10.8	15.9

按隶属关系分固定资产投资（不含农户）完成额

Completed investment in fixed assets (excluding rural households) by administrative relationship

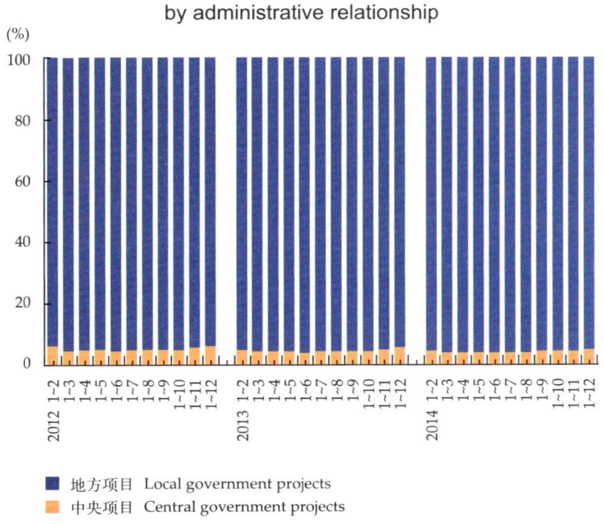

按隶属关系分固定资产投资（不含农户）完成额增长趋势

Growth of monthly accumulated completed investment in fixed assets (excluding rural households) by administrative relationship

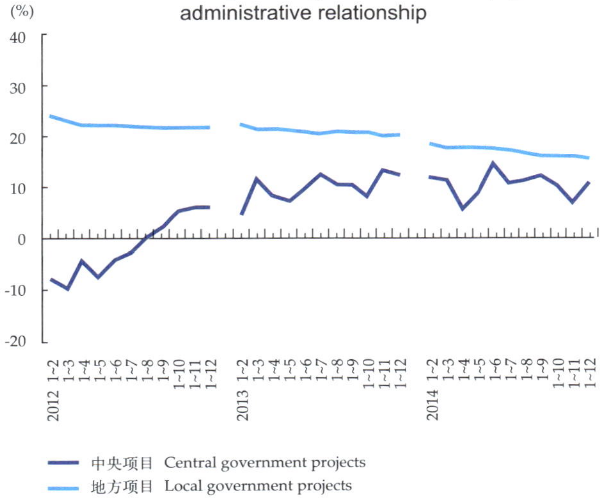

固定资产投资月度累计新开工项目数
Number of monthly accumulated urban newly started projects of fixed-asset investment

单位：万个 Unit: 10 000

		2010	2011	2012	2013	2014
1月	Jan.	—	—	—	—	—
2月	Feb.	1.85	1.72	2.16	2.43	2.69
3月	Mar.	5.88	5.33	6.18	6.77	7.09
4月	Apr.	8.52	8.73	9.87	10.74	10.97
5月	May	11.81	12.46	13.93	15.24	15.45
6月	Jun.	17.52	16.71	17.47	19.98	21.03
7月	Jul.	20.48	19.80	20.46	23.03	24.34
8月	Aug.	23.23	22.71	24.32	26.29	28.22
9月	Sept.	25.68	25.69	27.63	30.15	32.11
10月	Oct.	28.03	28.77	30.49	33.51	35.76
11月	Nov.	30.19	31.37	33.12	36.50	38.89
12月	Dec.	33.00	33.29	35.63	38.93	41.55

注：自2011年起，固定资产投资等于原口径的城镇固定资产投资加上农村企事业组织项目投资（不含农户）。
Note: Since 2011, "investment in fixed assets" equals to "investment in fixed assets in urban area" under the old criteria plus "investment of rural enterprises and institutions(excluding rural households)".

固定资产投资月度累计施工项目数
Number of monthly accumulated urban under-construction projects of fixed-asset investment

单位：万个 Unit: 10 000

		2010	2011	2012	2013	2014
1月	Jan.	—	—	—	—	—
2月	Feb.	9.28	9.81	10.88	12.12	13.43
3月	Mar.	15.37	16.06	17.29	19.11	20.58
4月	Apr.	18.99	20.70	22.20	24.55	25.84
5月	May	23.48	25.21	27.08	29.89	31.15
6月	Jun.	29.93	30.17	31.26	35.27	37.48
7月	Jul.	33.78	33.64	34.55	38.58	41.09
8月	Aug.	36.27	36.80	38.38	42.05	45.66
9月	Sept.	38.95	39.98	41.95	46.15	49.93
10月	Oct.	41.52	43.33	45.03	49.65	53.80
11月	Nov.	43.98	46.10	47.79	52.76	57.11
12月	Dec.	47.19	48.32	50.54	55.47	61.60

固定资产投资月度累计新开工项目数
Number of monthly accumulated newly started projects of fixed-asset investment

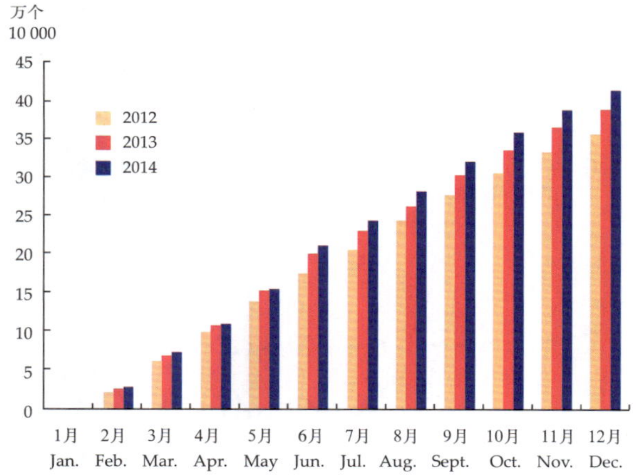

固定资产投资月度累计施工项目数
Number of monthly accumulated under-construction projects of fixed-asset investment

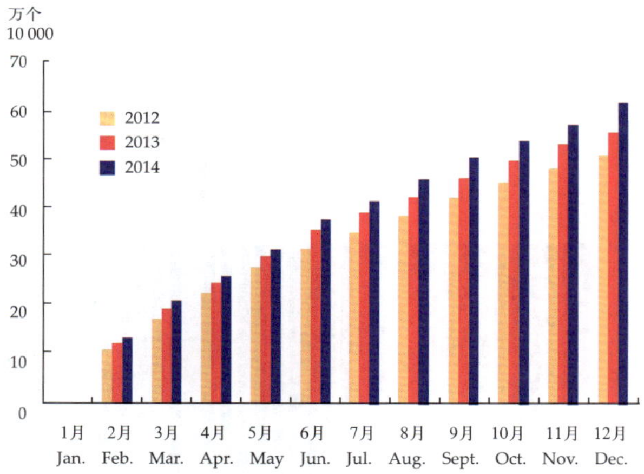

2014年分省固定资产投资（不含农户）完成额及增长率
Accumulated completed investment in fixed assets (excluding rural households) and growth rate by province in 2014

单位：亿元　Unit: RMB100 million yuan

	固定资产投资（不含农户）累计完成额 Accumulated completed investment in fixed assets (excluding rural households)	增长率(%) Growth rate (%)
Inner Mongolia 内蒙古	17 431.0	23.9
Guizhou 贵 州	8 778.4	23.6
Xinjiang 新 疆	9 058.3	23.0
Tibet 西 藏	1 069.2	22.1
Qinghai 青 海	2 788.9	22.0
Gansu 甘 肃	7 759.6	21.1
Ningxia 宁 夏	3 093.9	20.0
Hubei 湖 北	22 491.7	19.7
Hunan 湖 南	20 575.3	19.4
Fujian 福 建	17 911.7	19.0
Guangdong 广 东	25 843.1	18.6
Henan 河 南	30 012.3	18.5
Chongqing 重 庆	12 136.5	18.0
Jiangxi 江 西	14 677.0	17.9
Guangxi 广 西	13 287.6	16.7
Zhejiang 浙 江	23 554.8	16.7
Anhui 安 徽	21 069.2	16.5
Shanxi 山 西	16 840.4	16.0
Shandong 山 东	41 599.1	16.0
Hainan 海 南	3 039.5	15.8
Hebei 河 北	26 147.2	15.5
Jiangsu 江 苏	41 552.8	15.5
Tianjin 天 津	10 490.4	15.2
Yunnan 云 南	11 073.9	15.1
Sichuan 四 川	22 662.3	14.7
Jilin 吉 林	11 254.8	13.9
Shaanxi 陕 西	11 977.0	11.5
Shanghai 上 海	6 013.0	6.5
Beijing 北 京	6 873.4	1.1
Liaoning 辽 宁	24 426.8	-1.5
Heilongjiang 黑龙江	9 587.1	-18.7

2014年分省固定资产投资完成额（不含农户）及增长率
Accumulated completed investment in fixed assets (excluding rural households) and growth rate by province in 2014

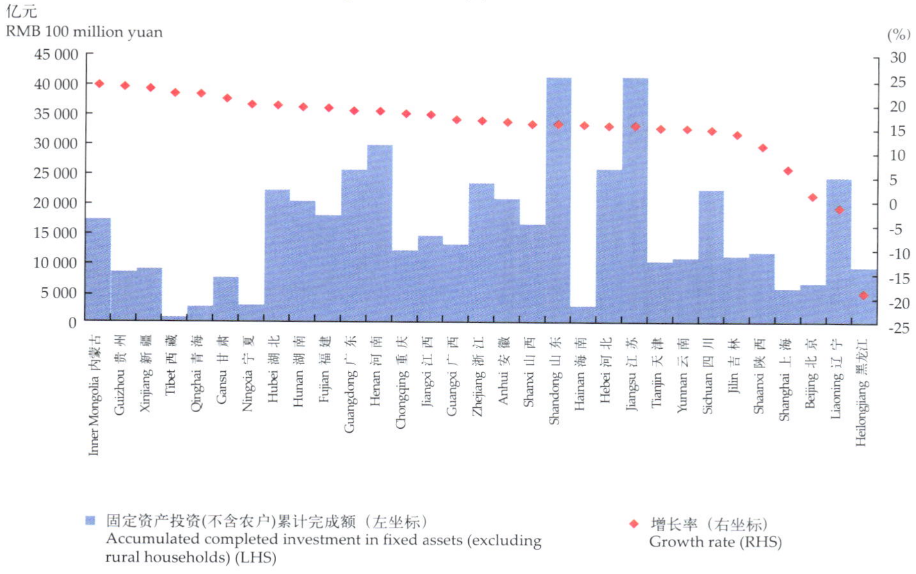

4.房地产
(4) Real estate development

房地产开发投资按工程用途分的完成额及增长率
Real estate development investment completed and growth rate by purpose of engineering

单位：亿元　Unit: RMB100 million yuan

年/月 Year/Month	房地产开发投资完成额 Real estate development investment completed		按工程用途分 By purpose of engineering							
			住宅投资 Residential building investment		办公楼投资 Office building investment		商业用房投资 Commercial and business building investment		其他投资 Other investment	
	绝对值 Absolute value	增长率(%) Growth rate (%)	绝对值 Absolute value	增长率(%) Growth rate (%)	绝对值 Absolute value	增长率(%) Growth rate (%)	绝对值 Absolute value	增长率(%) Growth rate (%)	绝对值 Absolute value	增长率(%) Growth rate (%)
2013.01	—	—	—	—	—	—	—	—	—	—
2013.02	6 670	22.8	4 583	23.4	388	53.3	884	22.4	814	9.7
2013.03	13 133	20.2	9 013	21.1	747	44.1	1 721	21.2	1 652	6.9
2013.04	19 180	21.1	13 121	21.3	1 102	48.6	2 547	22.7	2 411	9.6
2013.05	26 798	20.6	18 363	21.6	1 526	41.0	3 582	24.1	3 326	5.7
2013.06	36 828	20.3	25 227	20.8	2 011	42.8	5 010	26.1	4 579	5.3
2013.07	44 302	20.5	30 318	20.2	2 412	40.2	6 094	29.5	5 478	7.0
2013.08	52 120	19.3	35 738	19.2	2 851	40.0	7 168	26.5	6 362	6.1
2013.09	61 120	19.7	41 979	19.5	3 262	37.6	8 425	27.9	7 453	7.1
2013.10	68 693	19.2	47 222	18.9	3 649	36.9	9 468	26.9	8 354	7.1
2013.11	77 412	19.5	53 112	19.1	4 113	36.0	10 739	27.6	9 448	8.3
2013.12	86 013	19.8	58 951	19.4	4 652	38.2	11 945	28.3	10 465	7.3
2014.01	—	—	—	—	—	—	—	—	—	—
2014.02	7 956	19.3	5 426	18.4	494	27.1	1 117	26.4	919	12.8
2014.03	15 339	16.8	10 530	16.8	902	20.8	2 160	25.5	1 746	5.7
2014.04	22 322	16.4	15 299	16.6	1 309	18.9	3 194	25.4	2 519	4.5
2014.05	30 739	14.7	21 043	14.6	1 773	16.2	4 427	23.6	3 496	5.1
2014.06	42 019	14.1	28 689	13.7	2 394	19.0	6 172	23.2	4 763	4.0
2014.07	50 381	13.7	34 365	13.3	2 876	19.3	7 453	22.3	5 686	3.8
2014.08	58 975	13.2	40 159	12.4	3 384	18.7	8 813	22.9	6 619	4.0
2014.09	68 751	12.5	46 725	11.3	4 008	22.8	10 342	22.8	7 677	3.0
2014.10	77 220	12.4	52 464	11.1	4 517	23.8	11 687	23.4	8 553	2.4
2014.11	86 601	11.9	58 676	10.5	5 124	24.6	13 100	22.0	9 702	2.7
2014.12	95 036	10.5	64 352	9.2	5 641	21.3	14 346	20.1	10 696	2.2

房地产开发投资按工程用途分的构成变化
Change in composition of real estate development investment by purpose of engineering

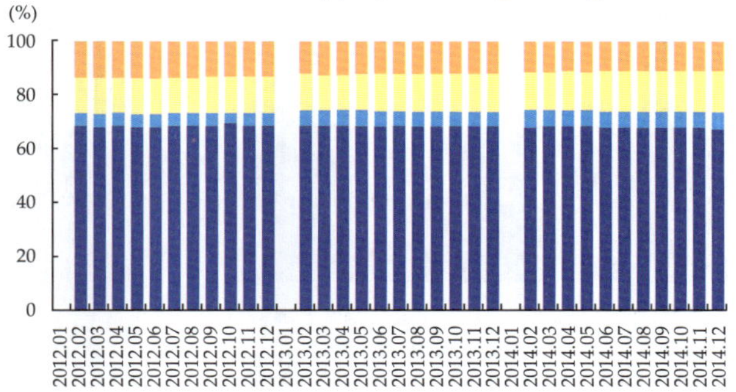

■ 其他投资　Other investment
■ 商业用房投资　Commercial and business building investment
■ 办公楼投资　Office building investment
■ 住宅投资　Residential building investment

房地产开发投资按工程用途分的增长趋势
Growth of composition of real estate development investment by purpose of engineering

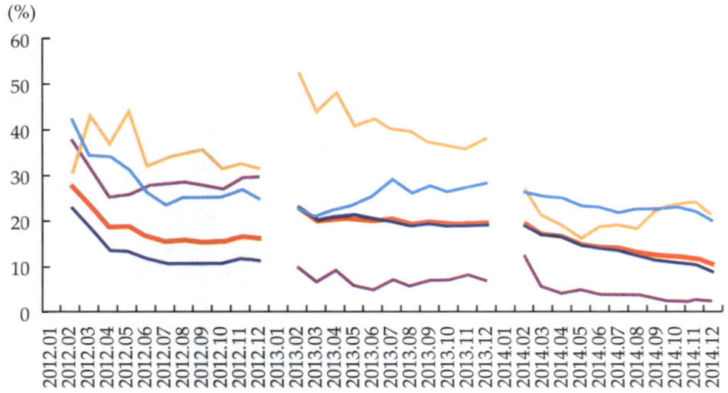

— 房地产开发投资完成额　Real estate development investment completed
— 住宅投资　Residential building investment
— 办公楼投资　Office building investment
— 商业用房投资　Commercial and business building investment
— 其他投资　Other investment

房地产开发投资按地区分的完成额及增长率
Real estate development investment completed and growth rate by region

单位：亿元　Unit: RMB 100 million yuan

年／月 Year/Month	东部地区投资 Investment in eastern area		中部地区投资 Investment in central area		西部地区投资 Investment in western area	
	绝对值 Absolute value	增长率(%) Growth rate (%)	绝对值 Absolute value	增长率(%) Growth rate (%)	绝对值 Absolute value	增长率(%) Growth rate (%)
2013.01	—	—	—	—	—	—
2013.02	4 024	20.9	1 241	24.6	1 405	26.8
2013.03	7 766	17.8	2 521	21.8	2 845	25.6
2013.04	11 241	20.2	3 804	20.4	4 136	24.5
2013.05	15 518	19.0	5 445	21.8	5 835	24.0
2013.06	21 140	18.7	7 645	20.8	8 043	24.3
2013.07	25 264	18.6	9 298	21.0	9 739	25.0
2013.08	29 498	17.4	11 116	19.4	11 505	24.3
2013.09	34 413	18.0	13 127	20.0	13 580	24.3
2013.10	38 443	17.1	14 890	20.1	15 360	23.8
2013.11	43 068	17.3	17 084	21.7	17 259	23.1
2013.12	47 972	18.3	19 045	20.8	18 997	22.6
2014.01	—	—	—	—	—	—
2014.02	4 792	19.1	1 508	21.5	1 656	17.9
2014.03	9 139	17.7	2 916	15.6	3 285	15.5
2014.04	13 230	17.7	4 268	12.2	4 823	16.6
2014.05	17 995	16.0	6 013	10.4	6 731	15.4
2014.06	24 223	14.6	8 558	11.9	9 237	14.8
2014.07	28 833	14.1	10 380	11.6	11 168	14.7
2014.08	33 525	13.6	12 289	10.6	13 160	14.4
2014.09	38 737	12.6	14 536	10.7	15 479	14.0
2014.10	43 195	12.4	16 523	11.0	17 503	14.0
2014.11	48 238	12.0	18 650	9.2	19 713	14.2
2014.12	52 941	10.4	20 662	8.5	21 433	12.8

房地产开发投资按地区分的构成变化
Change in composition of real estate development investment by region

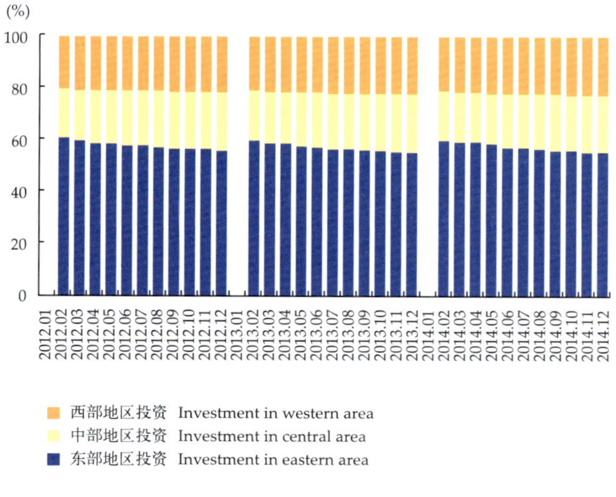

房地产开发投资按地区分的增长趋势
Growth of composition of real estate development investment by region

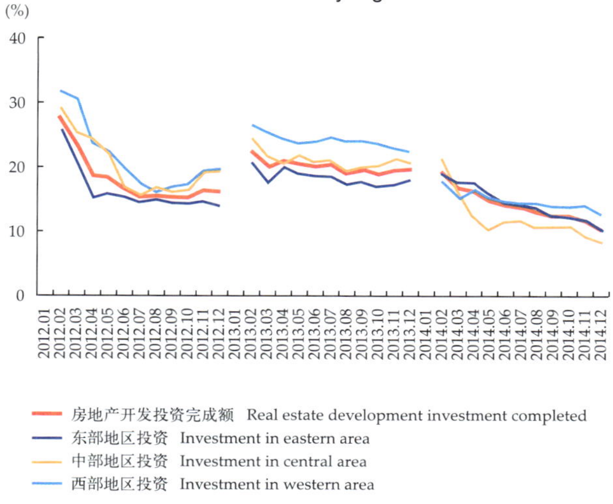

商品房建筑与销售
Construction and sales of commercial buildings

单位：亿平方米、亿元
Unit: 100 million square meters, RMB 100 million yuan

年/月 Year/Month	施工面积 Area under construction	同比增长(%) YOY growth(%)	竣工面积 Area completed	同比增长(%) YOY growth(%)	销售面积 Area sold	同比增长(%) YOY growth(%)	销售面积与竣工面积之比 Ratio of sold to completed areas	月度累计销售额 Monthly accumulated sales volume	增长率(%) Growth rate (%)
2013.07	56.9	16.2	4.2	7.9	6.1	25.8	147	39 549	37.8
2013.08	58.6	14.4	4.7	4.6	7.1	23.4	152	45 724	34.4
2013.09	60.4	15.0	5.3	4.2	8.4	23.3	160	54 028	33.9
2013.10	61.6	14.6	5.9	1.8	9.6	21.8	162	61 238	32.3
2013.11	64.6	16.1	6.9	2.5	11.1	20.8	160	69 946	30.7
2013.12	66.6	16.1	10.1	2.0	13.1	17.3	129	81 428	26.3
2014.01	—	—	—	—	—	—	—	—	—
2014.02	53.0	16.3	1.2	-8.2	1.0	-0.1	84	7 090	-3.7
2014.03	54.7	14.2	1.9	-4.9	2.0	-3.8	109	13 263	-5.2
2014.04	56.5	12.8	2.4	-0.3	2.8	-6.9	117	18 307	-7.8
2014.05	58.6	12.0	3.1	6.8	3.6	-7.8	117	23 674	-8.5
2014.06	61.1	11.3	3.8	8.1	4.8	-6.0	127	31 133	-6.7
2014.07	63.3	11.3	4.4	4.5	5.6	-7.6	130	36 315	-8.2
2014.08	65.3	11.5	5.0	6.7	6.5	-8.3	131	41 661	-8.9
2014.09	67.3	11.5	5.7	7.2	7.7	-8.6	137	49 227	-8.9
2014.10	69.2	12.3	6.4	7.6	8.8	-7.8	139	56 385	-7.9
2014.11	71.1	10.1	7.5	8.1	10.2	-8.2	136	64 481	-7.8
2014.12	72.6	9.2	10.7	5.9	12.1	-7.6	112	76 292	-6.3

商品房施工面积、竣工面积与销售面积
Area of commercial housing under construction, completed, and sold

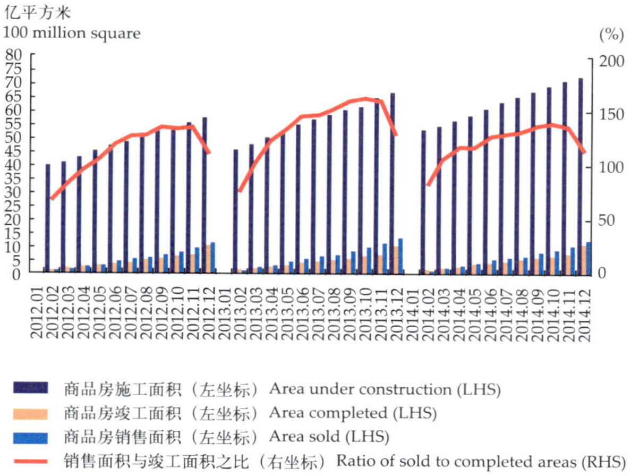

商品房施工面积、竣工面积与销售面积增长趋势
Growth of area of commercial housing under construction, completed, and sold

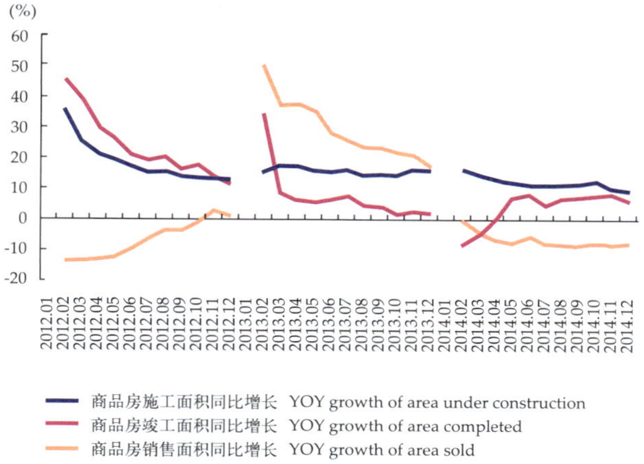

商品房销售额及其增长率
Sales volume of commercial housing and its growth rate

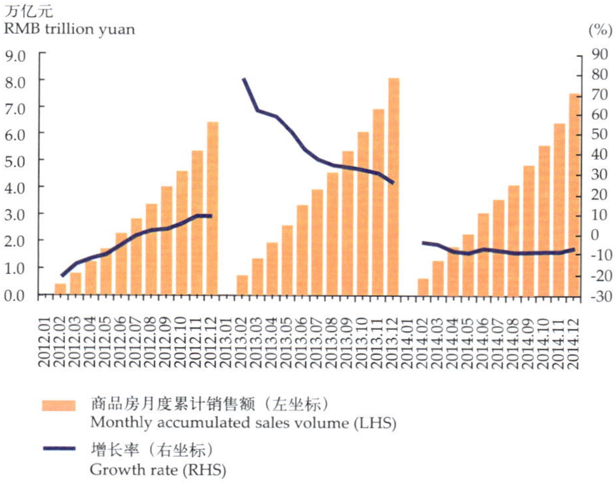

住宅在商品房施工面积、竣工面积与销售面积中所占的比重
Share of residences in commercial housing under construction, completed, and sold

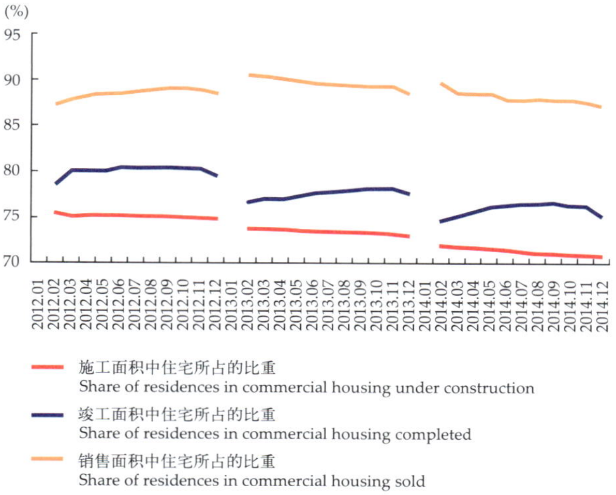

主要经济指标环比增速
MOM growth rates of main economic indicators

年/季 Year/Quarter	国内生产总值 Gross domestic product (%)	年/月 Year/Month		规模以上工业增加值 Value added of industry (%)	固定资产投资（不含农户） Completed investment in fixed assets（excluding rural households）(%)	社会消费品零售总额 Retail sales of consumer goods (%)
2012		2012	1	0.50	1.24	0.19
			2	0.61	1.84	1.01
I	1.4		3	1.24	1.01	1.21
			4	0.36	1.21	0.97
			5	0.89	1.89	1.09
II	2.2		6	0.80	1.87	1.12
			7	0.69	1.32	1.09
			8	0.72	1.27	1.10
III	2		9	0.89	1.99	1.32
			10	0.79	1.56	1.16
			11	0.82	1.52	1.21
IV	1.9		12	0.84	1.59	1.25
2013		2013	1	0.61	1.69	0.14
			2	0.82	1.66	0.96
I	1.7		3	0.72	1.48	1.50
			4	0.79	1.46	0.99
			5	0.67	1.41	0.97
II	1.8		6	0.62	1.28	1.09
			7	0.89	1.55	1.07
			8	0.88	1.66	0.92
III	2.3		9	0.54	1.15	1.02
			10	0.81	0.83	0.98
			11	0.67	1.40	0.99
IV	1.8		12	0.65	1.21	0.98
2014		2014	1	0.55	1.49	0.85
			2	0.56	1.42	0.95
I	1.6		3	0.84	1.50	0.98
			4	0.64	1.14	0.84
			5	0.65	1.29	1.11
II	1.9		6	0.72	1.41	0.95
			7	0.64	0.77	0.89
			8	0.21	1.00	0.89
III	1.9		9	0.92	0.76	0.87
			10	0.52	1.66	1.01
			11	0.54	1.02	0.90
IV	1.5		12	0.75	1.21	1.01

注：1. 自2011年4月起，国家统计局对外公布国内生产总值、规模以上工业增加值、固定资产投资（不含农户）、社会消费品零售总额四项统计指标的经季节调整的环比数据。
2. 表中数据根据国家统计局最新数据修订。

Notes:1. From April 2011, National Bureau of Statistics began to pubilsh four seasonally-adjusted MOM indices, namely: gross domestic product, value added of industry, completed investment in fixed assets (excluding rural households), retail sales of consumer goods.
2. Data are revised by National Bureau of Statistics of China.

五、对外部门
5. External Sector

1.外贸
(1)Foreign trade

据世界贸易组织统计，2013年，中国货物贸易出口总值为2.2万亿美元，占世界货物贸易出口总值18.816万亿美元的11.7%，比2012年提高0.5个百分点，在全球货物贸易出口排名中位居第一。2013年，中国货物贸易进口总值为1.95万亿美元，占世界货物贸易进口总值18.89万亿美元的10.3%，比2012年提高了0.5个百分点，在全球货物贸易进口中排名第二，位于美国之后。

According to WTO statistics, in 2013, China's export volume of goods totaled USD2,200 billion, accounting for 11.7 percent of the world total of USD18.816 trillion, 0.5 percentage points higher than that in 2012. And China's goods export also ranked 1st in the world. China's import volume of goods reached USD1,950 billion, accounting for 10.3 percent of the world total of USD18.890 trillion, 0.5 percentage point higher than that in 2012. China ranked 2nd in the world after the U.S. in terms of goods imports.

2013年世界货物贸易出口前十位排名
Top ten economies in the world in terms of goods exported in 2013

	出口(10亿美元) Exports (USD billion)	比重(%) Share (%)
世界 World total	18 816	100.0
1 中 国 China	2 200	11.7
2 美 国 U.S.	1 580	8.4
3 德 国 Germany	1 453	7.7
4 日 本 Japan	715	3.8
5 荷 兰 Netherlands	672	3.6
6 法 国 France	580	3.1
7 韩 国 Korea	560	3.0
8 英 国 U.K.	542	2.9
9 香 港 HK SAR of China	535	2.8
10 俄罗斯 Russia	523	2.8

2013年世界货物贸易进口前十位排名
Top ten economies in the world in terms of goods imported in 2013

	进口(10亿美元) Imports (USD billion)	比重(%) Share (%)
世界 World total	18 890	100.0
1 美 国 U.S.	2 329	12.3
2 中 国 China	1 950	10.3
3 德 国 Germany	1 189	6.3
4 日 本 Japan	833	4.4
5 法 国 France	681	3.6
6 英 国 U.K.	655	3.5
7 香 港 HK SAR of China	622	3.3
8 荷 兰 Netherlands	590	3.1
9 韩 国 Korea	516	2.7
10 意大利 Italy	477	2.5

年度进出口额及其增长率
Annual imports & exports and growth rates

单位：亿美元
Unit: USD 100 million

年 Year	进出口 Imports & Exports		出口 Exports		进口 Imports		进出口差额 Trade balance
	总额 Total value	增长率(%) Growth rate (%)	总额 Total value	增长率(%) Growth rate (%)	总额 Total value	增长率(%) Growth rate (%)	
1991	1 357	17.6	719	15.8	638	19.6	81
1992	1 655	22.0	849	18.1	806	26.3	44
1993	1 957	18.2	917	8.0	1 040	29.0	-122
1994	2 366	20.9	1 210	31.9	1 156	11.2	54
1995	2 809	18.7	1 488	23.0	1 321	14.2	167
1996	2 899	3.2	1 510	1.5	1 388	5.1	122
1997	3 252	12.2	1 828	21.0	1 424	2.5	404
1998	3 239	-0.4	1 837	0.5	1 402	-1.5	435
1999	3 606	11.3	1 949	6.1	1 657	18.2	292
2000	4 743	31.5	2 492	27.8	2 251	35.8	241
2001	5 097	7.5	2 661	6.8	2 436	8.2	225
2002	6 208	21.8	3 256	22.4	2 952	21.2	304
2003	8 510	37.1	4 382	34.6	4 128	39.8	255
2004	11 546	35.7	5 933	35.4	5 612	36.0	321
2005	14 219	23.2	7 620	28.4	6 600	17.6	1 020
2006	17 604	23.8	9 689	27.2	7 915	19.9	1 775
2007	21 766	23.6	12 205	25.9	9 561	20.8	2 643
2008	25 633	17.8	14 307	17.2	11 326	18.5	2 981
2009	22 075	-13.9	12 016	-16.0	10 059	-11.2	1 957
2010	29 740	34.7	15 778	31.3	13 962	38.8	1 815
2011	36 419	22.5	18 986	20.3	17 433	24.9	1 549
2012	38 668	6.2	20 489	7.9	18 178	4.3	2 311
2013	41 600	7.6	22 096	7.8	19 504	7.3	2 592
2014	43 026	3.4	23 426	6.0	19 600	0.5	3 826

注：表中数据根据海关总署最新数据修订。
Note: Data are revised by General Administration of Customs of the People's Republic of China.

出口总值与GDP之比
Total exports over GDP

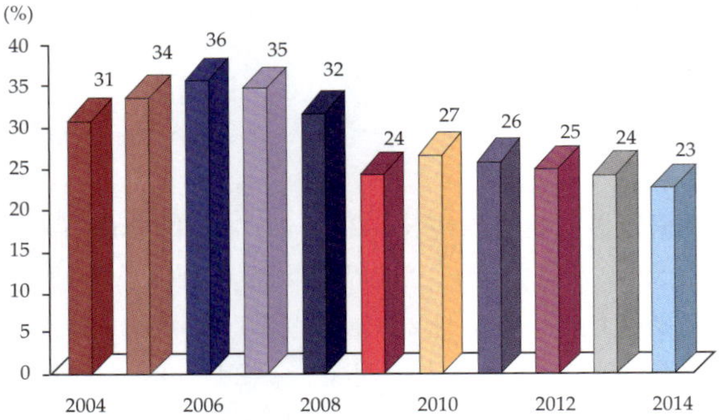

注：图中数据根据国家统计局最新数据修订。
Note: Data are revised by National Bureau of Statistics of China.

贸易差额
Trade balance

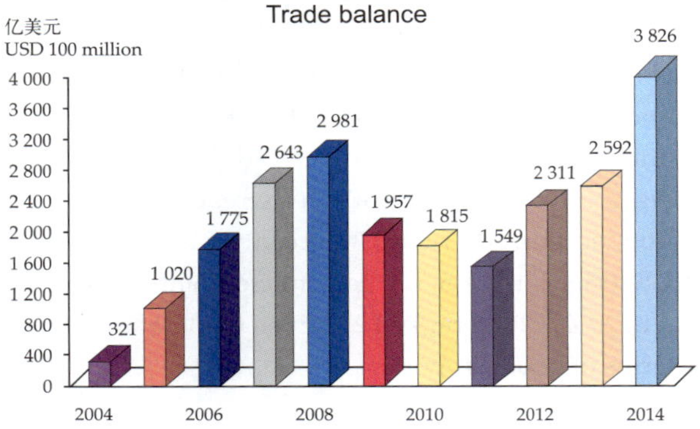

贸易总额及其增长趋势
Total trade volume and growth rates

贸易总额与GDP之比
Total trade volume over GDP

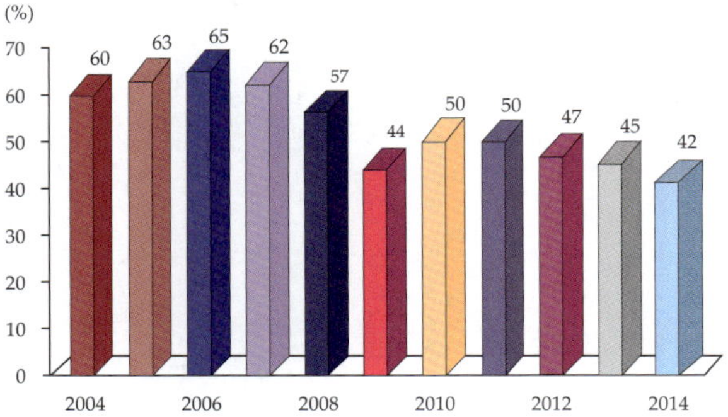

注：图中数据根据国家统计局最新数据修订。
Note: Data are revised by National Bureau of Statistics of China.

当月进出口总值及其增长率
Total monthly imports, exports, and growth rates

单位：亿美元
Unit: USD 100 million

年/月 Year/Month	出口总值 Total exports	进口总值 Total imports	出口同比增长率(%) Growth rate of exports (YOY)(%)	进口同比增长率(%) Growth rate of imports (YOY)(%)	当月差额 Monthly trade balance
2013.01	1 874	1 582	25.0	29.0	291
2013.02	1 394	1 241	21.7	-14.9	152
2013.03	1 822	1 830	10.0	14.2	-8
2013.04	1 871	1 689	14.6	16.6	182
2013.05	1 828	1 623	0.9	-0.1	204
2013.06	1 743	1 472	-3.3	-0.9	271
2013.07	1 860	1 682	5.1	10.8	178
2013.08	1 906	1 621	7.1	7.1	285
2013.09	1 856	1 704	-0.4	7.4	152
2013.10	1 854	1 543	5.6	7.5	311
2013.11	2 022	1 684	12.7	5.4	338
2013.12	2 077	1 821	4.3	8.6	256
2014.01	2 071	1 753	10.5	10.8	319
2014.02	1 141	1 371	-18.1	10.4	-230
2014.03	1 701	1 624	-6.6	-11.3	77
2014.04	1 885	1 701	0.8	0.7	185
2014.05	1 955	1 596	7.0	-1.7	359
2014.06	1 868	1 552	7.2	5.5	316
2014.07	2 129	1 656	14.5	-1.5	473
2014.08	2 085	1 586	9.4	-2.1	498
2014.09	2 137	1 827	15.1	7.2	310
2014.10	2 069	1 615	11.6	4.6	454
2014.11	2 117	1 572	4.7	-6.7	545
2014.12	2 275	1 779	9.5	-2.3	496

月度累计进出口总值及其增长率
Total accumulated monthly imports,exports, and growth rates

单位：亿美元
Unit: USD 100 million

年/月 Year/Month	累计出口总值 Accumulated total exports	累计进口总值 Accumulated total imports	累计出口同比增长率(%) Growth rate of accumulated exports (YOY) (%)	累计进口同比增长率(%) Growth rate of accumulated imports (YOY) (%)	累计贸易差额 Accumulated trade balance
2013.01	1 874	1 582	25.0	28.8	291
2013.02	3 266	2 829	23.6	5.1	437
2013.03	5 088	4 660	18.4	8.5	428
2013.04	6 957	6 354	17.3	10.7	603
2013.05	8 784	7 977	13.5	8.2	807
2013.06	10 527	9 448	10.4	6.7	1 079
2013.07	12 386	11 129	9.5	7.3	1 257
2013.08	14 292	12 751	9.2	7.3	1 541
2013.09	16 148	14 455	8.0	7.3	1 694
2013.10	18 000	15 998	7.8	7.3	2 002
2013.11	20 022	17 682	8.2	7.1	2 340
2013.12	22 096	19 504	7.8	7.3	2 592
2014.01	2 070	1 751	10.5	10.7	319
2014.02	3 211	3 119	-1.7	10.2	92
2014.03	4 911	4 740	-3.5	1.7	171
2014.04	6 796	6 439	-2.3	1.3	357
2014.05	8 753	8 034	-0.4	0.7	719
2014.06	10 621	9 585	0.9	1.4	1 036
2014.07	12 749	11 241	2.9	1.0	1 508
2014.08	14 833	12 826	3.8	0.6	2 007
2014.09	16 970	14 653	5.1	1.4	2 317
2014.10	19 035	16 254	5.7	1.6	2 782
2014.11	21 151	17 823	5.6	0.8	3 329
2014.12	23 426	19 600	6.0	0.5	3 826

注：表中数据根据海关总署最新数据修订。
Note: Data are revised by General Administration of Customs of the People's Republic of China.

当月进出口总值及其增长率
Total monthly imports, exports, and growth rates

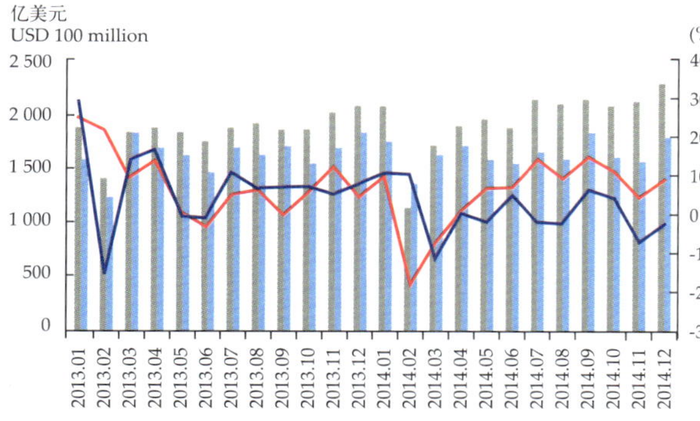

当月出口总值（左坐标） Total monthly exports (LHS)
当月进口总值（左坐标） Total monthly imports (LHS)
出口同比增长率（右坐标） YOY growth rate of exports (RHS)
进口同比增长率（右坐标） YOY growth rate of imports (RHS)

月度累计进出口总值及其增长率
Total accumulated monthly imports, exports, and growth rates

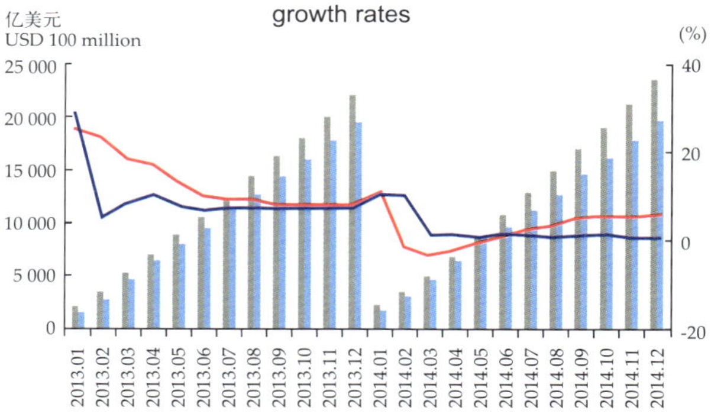

月度累计出口总值（左坐标） Accumulated total monthly exports (LHS)
月度累计进口总值（左坐标） Accumulated total monthly imports (LHS)
累计出口同比增长率（右坐标） YOY growth rate of accumulated exports (RHS)
累计进口同比增长率（右坐标） YOY growth rate of accumulated imports (RHS)

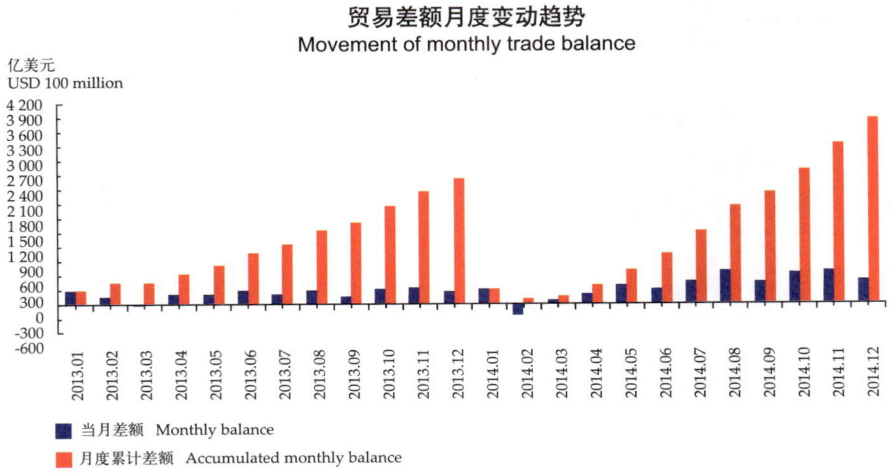

贸易差额构成
Composition of trade balance

单位：亿美元
Unit: USD 100 million

年 Year	贸易差额总计 Total trade balance	一般贸易 General trade	加工贸易 Processing trade	其他贸易 Other trade
1998	435	306	359	-230
1999	292	121	373	-202
2000	241	51	451	-261
2001	225	-16	535	-293
2002	304	71	577	-344
2003	255	-57	789	-477
2004	321	-46	1 063	-697
2005	1 020	354	1 425	-759
2006	1 775	831	1 889	-945
2007	2 643	1 098	2 491	-971
2008	2 981	899	2 968	-912
2009	1 957	-40	2 646	-646
2010	1 815	-473	3 229	-926
2011	1 549	-903	3 656	-1 200
2012	2 311	-338	3 816	-1 171
2013	2 592	-222	3 638	-819
2014	3 826	942	3 602	-718

注：“贸易差额总计”根据《海关统计》月报修订。
Note: "Total trade balance" are revised by *China Monthly Exports and Imports.*

月度累计贸易差额按企业性质分
Accumulated monthly trade balance by enterprise

单位：亿美元
Unit: USD 100 million

年/月 Year/Month	国有企业 State-owned enterprises	外资企业 Foreign-funded enterprises	其他企业 Other enterprises
2013.01	-206	160	338
2013.02	-386	297	530
2013.03	-617	433	615
2013.04	-842	558	894
2013.05	-1 038	673	1 174
2013.06	-1 220	823	1 477
2013.07	-1 446	923	1 781
2013.08	-1 631	1 064	2 111
2013.09	-1 817	1 180	2 349
2013.10	-2 032	1 346	2 690
2013.11	-2 252	1 553	3 040
2013.12	-2 500	1 694	3 403
2014.01	-247	157	409
2014.02	-486	169	407
2014.03	-713	284	596
2014.04	-966	383	935
2014.05	-1 148	540	1 322
2014.06	-1 314	646	1 697
2014.07	-1 494	802	2 196
2014.08	-1 668	948	2 726
2014.09	-1 864	1 036	3 145
2014.10	-2 022	1 213	3 583
2014.11	-2 163	1 474	4 013
2014.12	-2 346	1 648	4 533

贸易差额构成
Composition of trade balance

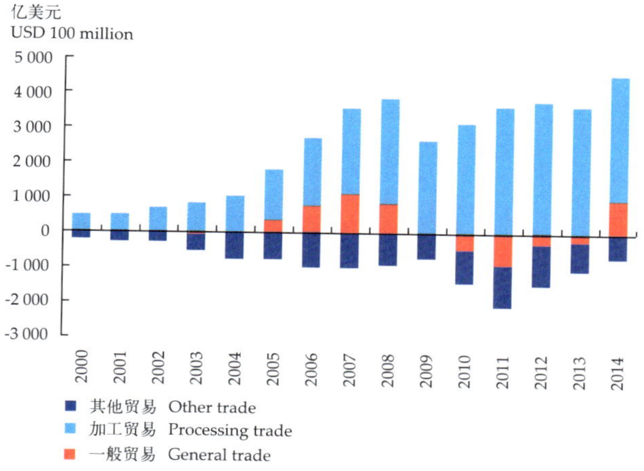

月度累计贸易差额按企业性质分
Accumulated monthly trade balance by enterprise

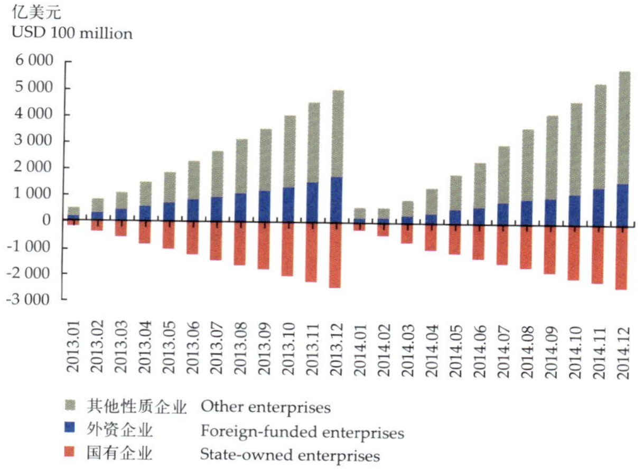

一般贸易累计进出口及其增长率
Accumulated imports and exports under general trade and growth rates

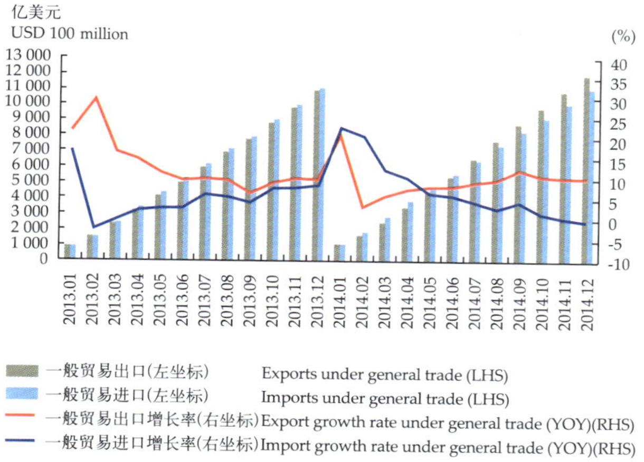

加工贸易累计进出口及其增长率
Accumulated imports and exports under processing trade and growth rates

中国大陆对美国进出口及其增长趋势
Mainland China's imports from and exports to the U.S. and their growth

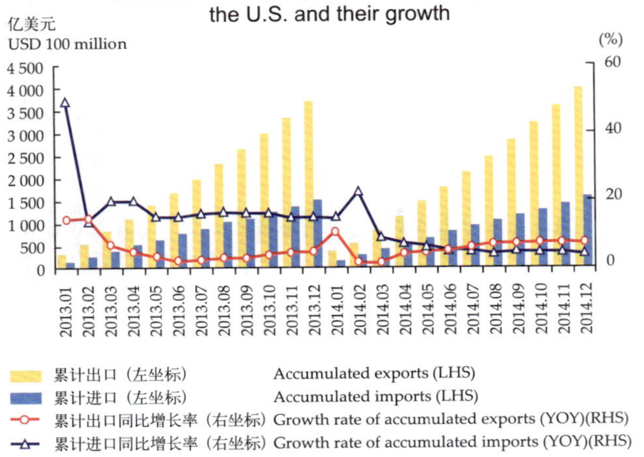

中国大陆对美国贸易总额和贸易差额
Mainland China's trade volume and trade balance with the U.S.

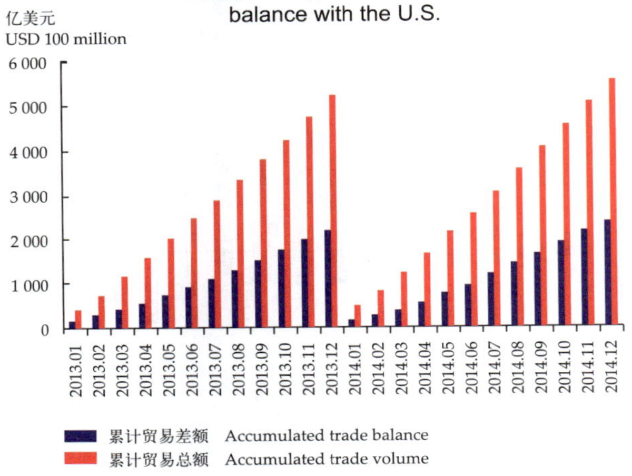

中国大陆对欧盟进出口及其增长趋势
Mainland China's imports from and exports to the EU and their growth

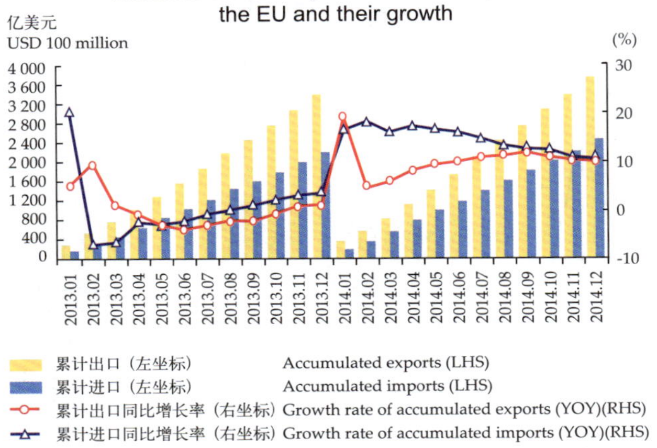

中国大陆对欧盟贸易总额和贸易差额
Mainland China's trade volume and trade balance with the EU

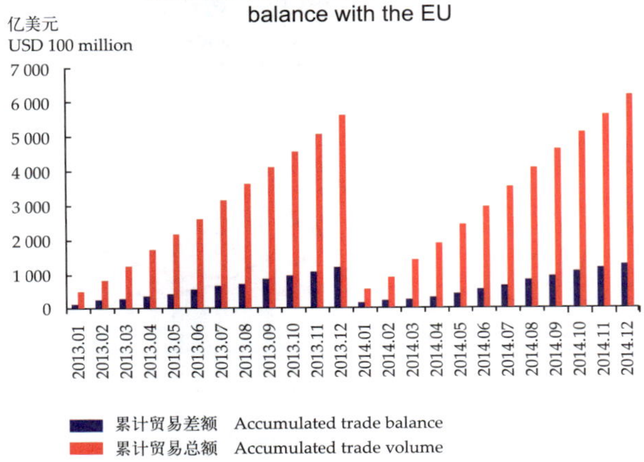

中国大陆对日本进出口及其增长趋势
Mainland China's imports from and exports to Japan and their growth

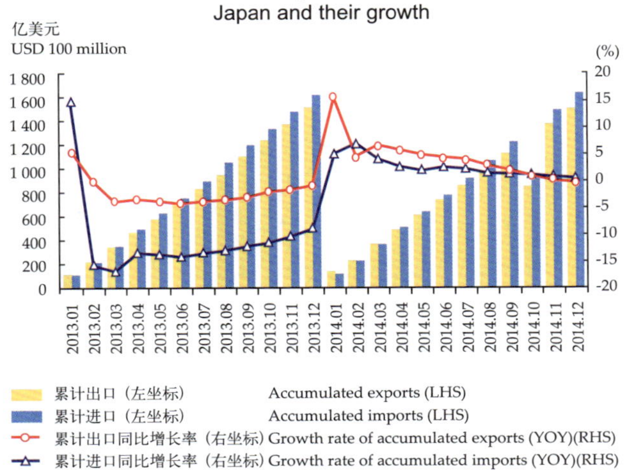

中国大陆对日本贸易总额和贸易差额
Mainland China's trade volume and trade balance with Japan

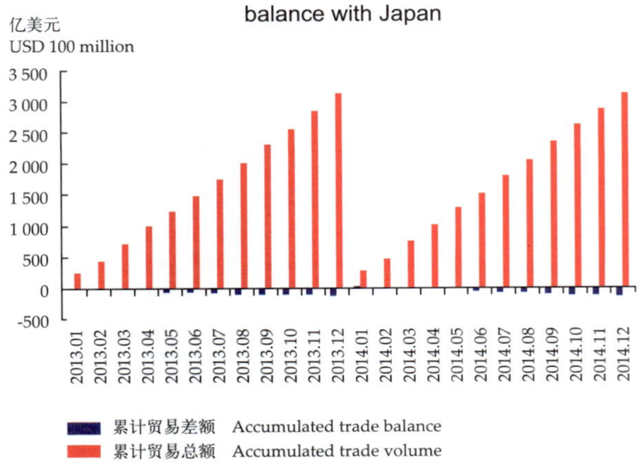

中国大陆对东盟进出口及其增长趋势
Mainland China's imports from and exports to ASEAN and their growth

中国大陆对东盟贸易总额和贸易差额
Mainland China's trade volume and trade balance with ASEAN

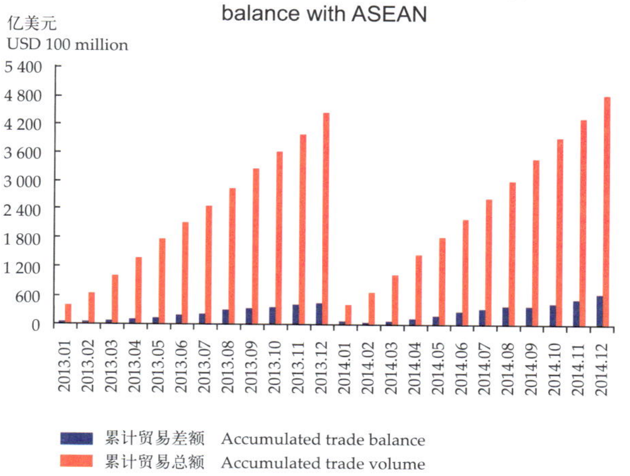

中国大陆对中国香港地区进出口及其增长趋势
Mainland China's imports from and exports to Hong Kong SAR of China and their growth

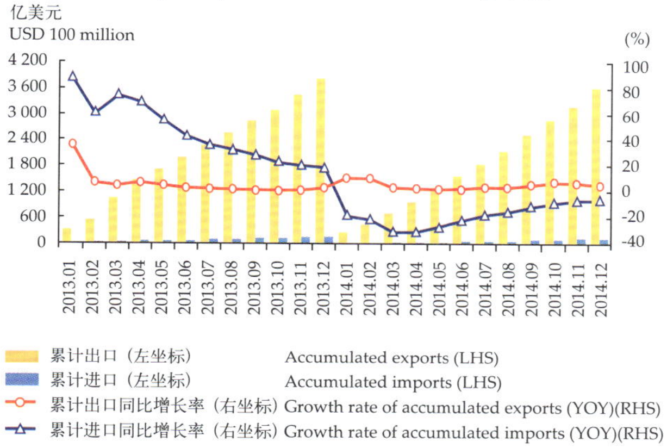

中国大陆对中国香港地区贸易总额和贸易差额
Mainland China's trade volume and trade balance with Hong Kong SAR of China

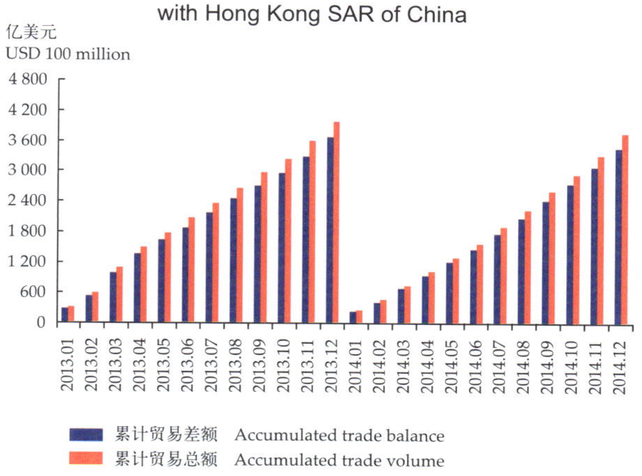

中国大陆对中国台湾地区进出口及其增长趋势
Mainland China's imports from and exports to China Taiwan and their growth

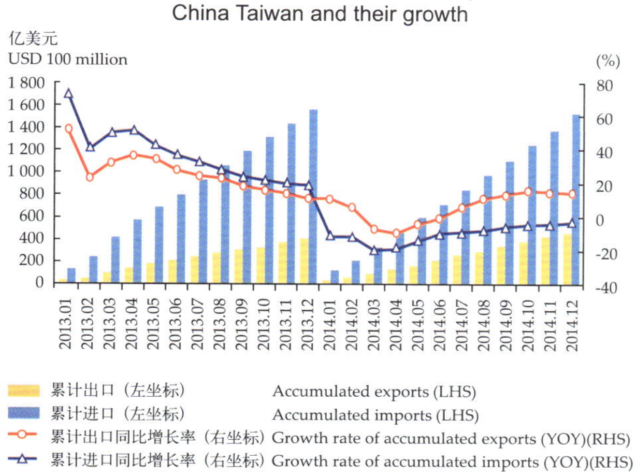

中国大陆对中国台湾地区贸易总额和贸易差额
Mainland China's trade volume and trade balance with China Taiwan

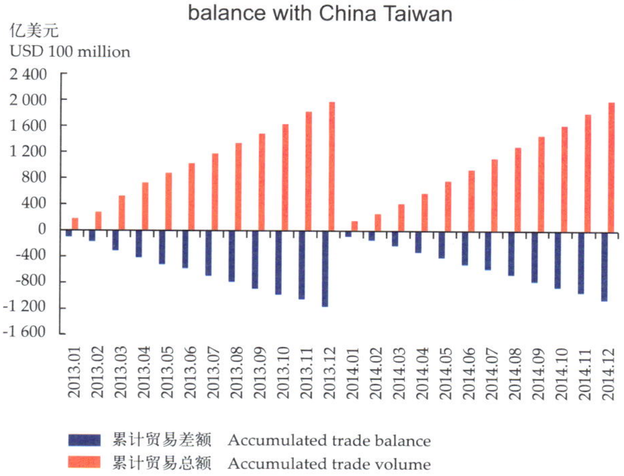

2.外资

(2) Foreign investment

据联合国贸易与发展会议2014年6月发布的《2014年世界投资报告》，中国以1 239亿美元流入量成为2013年全球发展中国家中第一大外国直接投资接受国，报告指出：2013年全球外国直接投资流入量为1.45万亿美元，较上年增长9%。

另据商务部统计，2014年，新批设立外商投资企业23 778家，实际使用外资金额1 195.6亿美元。

According to the UNCTAD's *World Investment Report 2014* published in June 2014, China became the world's No.1 recipient of foreign direct investment (FDI) among developing countries in 2013, with capital inflows of USD123.9 billion. It is pointed out in the report that global FDI inflows increased by 9% to USD1.45 trillion in 2013.

According to statistics of the Ministry of Commerce, in 2014, 23,778 foreign-invested enterprises were approved for incorporation in China, with actual utilized FDI reaching USD119.56 billion.

实际利用外商直接投资及其增长趋势

Actual utilized foreign direct investments and growth rates

单位：亿美元
Unit: USD 100 million

年 Year	绝对值 Absolute value	增长率(%) Growth rates (%)
1991	43.7	28.7
1992	110.1	152.1
1993	275.2	150.0
1994	337.7	22.7
1995	375.2	11.1
1996	417.3	11.2
1997	452.6	8.5
1998	454.6	0.5
1999	403.2	-11.3
2000	407.2	1.0
2001	468.5	14.9
2002	527.4	12.6
2003	535.1	1.4
2004	606.3	13.3
2005	603.3	-0.5
2006	630.2	4.5
2007	747.7	13.6
2008	924.0	23.6
2009	900.3	-2.6
2010	1 057.0	17.4
2011	1 160.1	9.7
2012	1 117.2	-3.7
2013	1 175.9	5.3
2014	1 195.6	1.7

实际利用外商直接投资及其增长率

Actual utilized foreign direct investments and growth rates

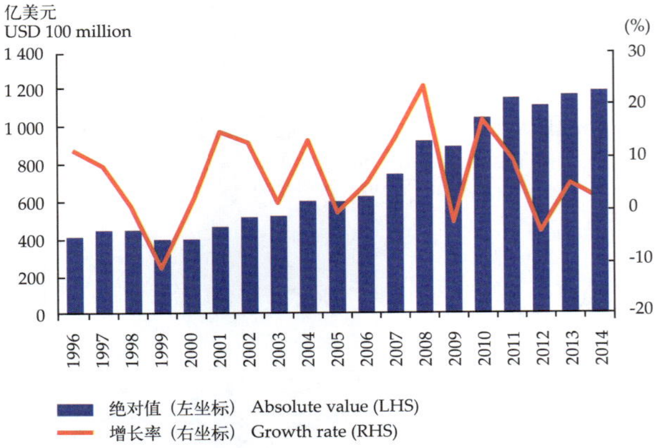

月度累计实际外商直接投资
Accumulated utilized FDI on a monthly basis

单位：亿美元
Unit: USD 100 million

年/月 Year/Month	实际外商直接投资累计金额 Accumulated utilized FDI	实际外商直接投资累计同比增长率(%) Growth rate of accumulated utilized FDI (%)
2013.01	93	-7.3
2013.02	175	-1.4
2013.03	299	1.4
2013.04	383	1.2
2013.05	476	1.0
2013.06	620	4.9
2013.07	714	7.0
2013.08	798	6.3
2013.09	886	6.2
2013.10	970	5.7
2013.11	1 055	5.4
2013.12	1 176	5.3
2014.01	108	16.1
2014.02	193	10.4
2014.03	315	5.5
2014.04	403	5.0
2014.05	489	2.8
2014.06	633	2.2
2014.07	711	-0.4
2014.08	783	-1.8
2014.09	874	-1.4
2014.10	959	-1.2
2014.11	1 062	0.7
2014.12	1 196	1.7

月度累计实际外商直接投资
Accumulated utilized FDI on a monthly basis

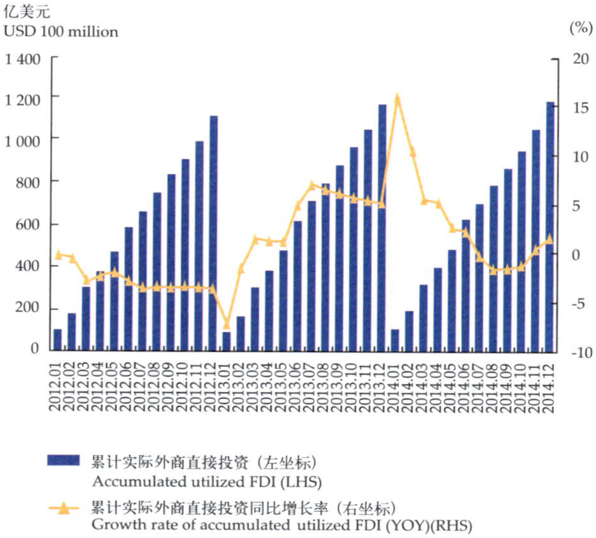

3. 国际收支
(3) Balance of payments (BOP)

中国国际收支变化趋势
Movement of China's balance of payments

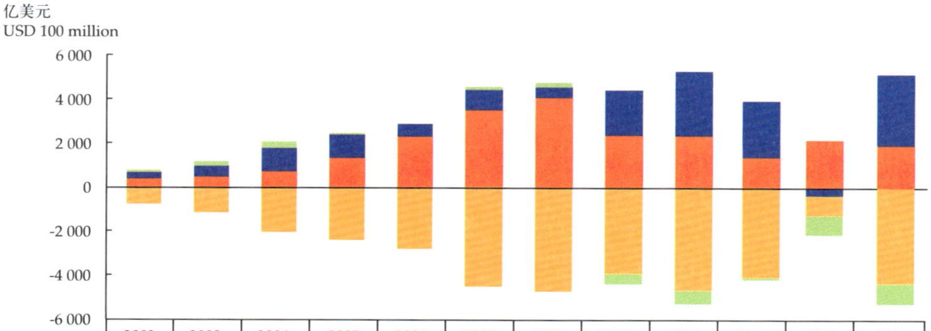

	2002	2003	2004	2005	2006	2007	2008	2009	2010	2011	2012	2013
净误差与遗漏差额 Balance of errors and omissions (net)	78	184	270	155	37	133	188	-434	-530	-138	-870	-776
储备资产差额 Balance of reserve assets	-755	-1 170	-2 064	-2 506	-2 848	-4 607	-4 795	-3 984	-4 717	-3 878	-966	-4 314
资本和金融项目差额 Balance of capital and financial accounts	323	527	1 107	1 010	493	942	401	1 985	2 869	2 655	-318	3 262
经常项目差额 Balance of current account	354	459	687	1 341	2 318	3 532	4 206	2 433	2 378	1 361	2 154	1 828

注：1. 储备资产的增加用负值表示，储备资产的减少用正值表示。
　　2. 图中数据根据国家外汇管理局最新数据修订。

Notes: 1. The increase in the reserve assets is expressed in a negative figure and the decresae in the reserve assets is expressed in a positive figure.
　　2. Data are revised by State Administration of Foregn Exchange.

2014年前三个季度国际收支平衡表简表

BOP sheet in the first three quarters of 2014

单位：亿美元
Unit: USD 100 million

项　目	Items	差额 Balance	贷方 Credit	借方 Debit
一、经常项目	**Current account**	1 527	20 529	19 003
A．货物和服务	Goods and services	1 778	18 564	16 786
a.货物	Goods	3 026	17 057	14 031
b.服务	Services	-1 248	1 507	2 755
B．收益	Yields	-53	1 641	1 694
C．经常转移	Current transfers	-198	324	523
二、资本和金融项目	**Capital and financial accounts**	687	18 180	17 492
A．资本项目	Capital account	-3	16	19
B．金融项目	Financial account	691	18 164	17 473
1.直接投资	Direct investment	1 375	2 928	1 553
1.1 我国在外直接投资	FDI outflow	-557	419	976
1.2 外国在华直接投资	FDI inflow	1 932	2 510	577
2.证券投资	Portfolio investment	604	1 056	452
2.1 资产	Assets	-13	231	244
2.2 负债	Liabilities	617	825	208
3.其他投资	Other investment	-1 289	14 179	15 468
三、储备资产	**Reserve assets**	-1 478	12	1 490
3.1 货币黄金	Monetary gold	0	0	0
3.2 特别提款权	SDRs	1	1	1
3.3 在国际货币基金组织的储备头寸	Reserve position in IMF	2	6	4
3.4 外汇	Foreign exchange	-1 482	4	1 486
3.5 其他债权	Other claims	0	0	0
四、净误差与遗漏	**Errors and omissions (net)**	-736	0	736

4.外汇储备

(4) Foreign exchange reserves

外汇储备及其增长率

Foreign exchange reserves and growth rates

单位：亿美元
Unit: USD 100 million

年/月 Year/Month	外汇储备 Foreign exchange reserves	同比增长(%) Growth rate (YOY)(%)
2013.01	34 101	4.8
2013.02	33 954	2.6
2013.03	34 426	4.2
2013.04	35 345	7.1
2013.05	35 148	9.6
2013.06	34 967	7.9
2013.07	35 478	9.5
2013.08	35 530	8.6
2013.09	36 627	11.5
2013.10	37 366	13.7
2013.11	37 895	14.9
2013.12	38 213	15.4
2014.01	38 666	13.4
2014.02	39 137	15.3
2014.03	39 481	14.7
2014.04	39 788	12.6
2014.05	39 839	13.3
2014.06	39 932	14.2
2014.07	39 663	11.8
2014.08	39 688	11.7
2014.09	38 877	6.1
2014.10	38 529	3.1
2014.11	38 474	1.5
2014.12	38 430	0.6

外汇储备及其增长率

Foreign exchange reserves and growth rates

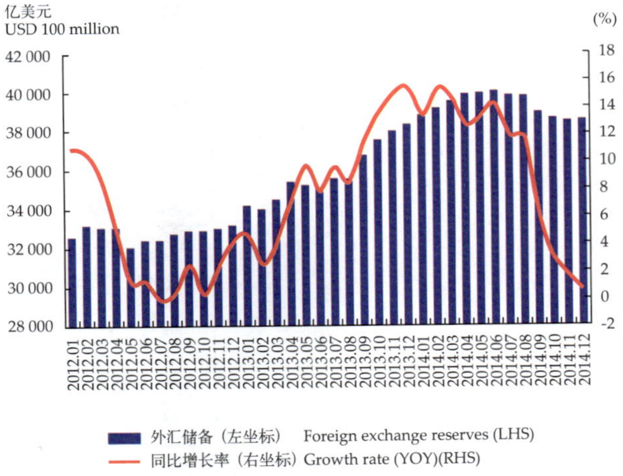

5.外债

(5) External debt

外债余额与外债债务率

Balance and ratio of external debt to foreign exchange income

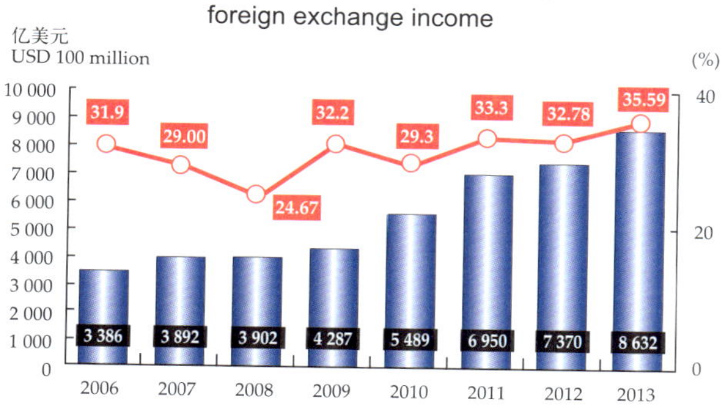

外债余额（左坐标）Balance (LHS)

债务率（外债债务余额/外汇收入）（右坐标）

Ratio (external debt balance/foreign exchange income)(RHS)

外债余额与外债负债率

Balance and ratio of external debt to GDP

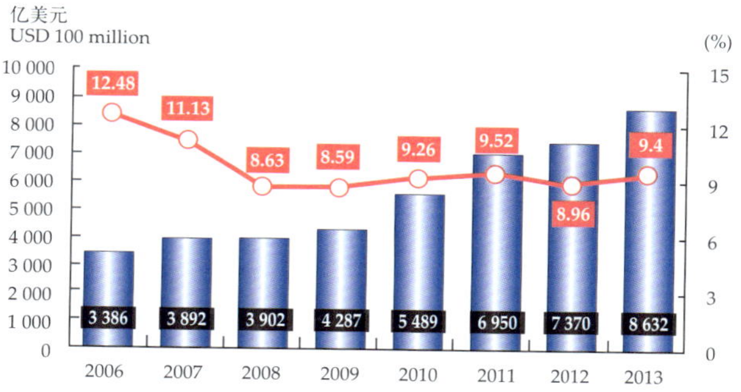

外债余额（左坐标）Balance (LHS)

负债率（外债债务余额/GDP）（右坐标）

Ratio (external debt balance/GDP)(RHS)

注：图中数据根据国家外汇管理局最新数据修订。

Note: Data are revised by State Administration of Foreign Exchange.

2014年9月末外债数据

External debt balance at the end of September of 2014

单位：亿美元

Unit: USD 100 million

	登记外债 Registered external debt	中资金融机构 Chinese financial institutions	外商投资企业 Foreign investment enterprises	境内外资金融机构 Domestic foreign financial institutions	贸易信贷 Trade credit	合计 Total
外债余额 Debt balance	5 613.35	2 688.42	1 767.97	739.73	3 335.00	8 948.35
比重(%) Share (%)	100	47.89	31.50	13.18	—	—

注：2014年前三个季度，中国新借入中长期外债391.31亿美元，还本253.38亿美元，付息25.71亿美元。

Note: In the first three quarters of 2014, China borrowed medium and long-term external debts totaling USD39.131 billion, repaid principal in the amount of USD25.338 billion and interest in the amount of USD2.571 billion.

2014年9月末外债结构

External debt structure at the end of September of 2014

短期外债余额占比为79.23 %

Balance of short-term external debt accounted for 79.23 percent

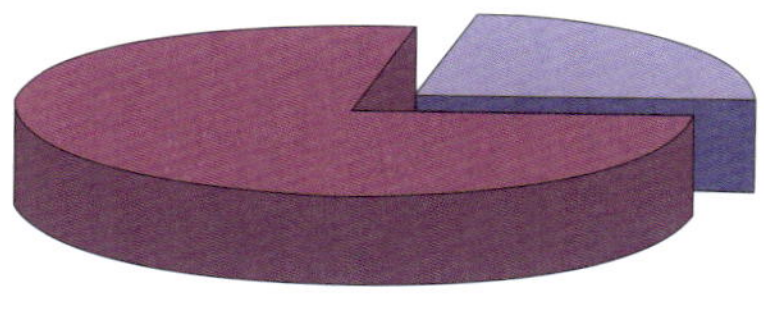

中长期外债余额占比为20.77%

Balance of medium- and long-term external debt accounted for 20.77 percent

2014年9月末，中国外债余额为8 948.35亿美元，其中，中长期外债余额为1 858.8亿美元，占外债余额的20.77%，短期外债余额为7 089.55亿美元，占外债余额的79.23%。

China's outstanding balance of external debt was USD894.835 billion at the end of September of 2014, among which USD185.88 billion or 20.77 percent was medium- and long-term debt, and USD708.955 billion or 79.23 percent was short-term debt.

六、财政收支与债务
6. Fiscal Revenue, Expenditure and Debt

年度财政收入、财政支出及其增长趋势
Annual budgetary revenue, budgetary expenditure, and their growth

单位：亿元
Unit: RMB 100 million yuan

年 Year	财政收入 Budgetary revenue	财政支出 Budgetary expenditure	财政收入同比增长率(%) Growth rate of budgetary revenue (YOY) (%)	财政支出同比增长率(%) Growth rate of budgetary expenditure (YOY)(%)
1993	4 349	4 642	24.8	24.1
1994	5 218	5 793	20.0	24.8
1995	6 242	6 824	19.6	17.8
1996	7 408	7 938	18.7	16.3
1997	8 651	9 234	16.8	16.3
1998	9 876	10 798	14.2	16.9
1999	11 444	13 188	15.9	22.1
2000	13 395	15 887	17.0	20.5
2001	16 386	18 903	22.3	19.0
2002	18 904	22 053	15.4	16.7
2003	21 715	24 650	14.9	11.8
2004	26 396	28 487	21.6	15.6
2005	31 649	33 930	19.9	19.1
2006	38 760	40 423	22.5	19.1
2007	51 322	49 781	32.4	23.2
2008	61 330	62 593	19.5	25.4
2009	68 518	76 300	11.7	21.9
2010	83 080	89 575	21.3	17.4
2011	103 740	108 930	24.8	21.2
2012	117 210	125 712	12.8	15.1
2013	129 143	139 744	10.2	11.2
2014	140 350	151 662	8.6	8.2

注：表中数据根据财政部最新数据修订。
Note: Data are revised by Ministry of Finance People's Republic of China.

月度累计财政收支增长率与收支差额
Monthly growth rate and balance of accumulated fiscal revenue and expenditure

单位：亿元
Unit: RMB 100 million yuan

年/月 Year/Month	财政收入累计同比增长率(%) Growth rate of accumulated fiscal revenue(YOY)(%)	财政支出累计同比增长率(%) Growth rate of accumulated fiscal expenditure(YOY)(%)	累计财政收支总量差额 Balance of accumulated fiscal revenue and expenditure
2013.01	5.8	19.1	5 289
2013.02	7.2	15.7	6 321
2013.03	6.9	12.1	4 997
2013.04	6.7	13.6	7 120
2013.05	6.6	13.2	9 603
2013.06	7.5	10.8	8 877
2013.07	8.0	8.9	11 371
2013.08	8.1	8.6	10 351
2013.09	8.6	8.8	6 857
2013.10	9.4	10.0	8 486
2013.11	9.9	9.3	4 953
2013.12	10.2	11.2	-12 000
2014.01	13.0	21.3	5 281
2014.02	11.1	6.0	7 856
2014.03	9.3	12.6	4 593
2014.04	9.3	9.6	7 665
2014.05	8.8	12.9	8 545
2014.06	8.8	15.8	5 484
2014.07	8.5	15.0	7 889
2014.08	8.3	13.9	6 795
2014.09	8.1	13.2	2 722
2014.10	8.2	11.3	6 093
2014.11	8.3	10.1	3 287
2014.12	8.6	8.2	-13 500

注：表中数据根据财政部最新数据修订。
Note: Data are revised by Ministry of Finance People's Republic of China.

年度财政收入、财政支出及其增长趋势
Annual budgetary revenue, budgetary expenditure, and their growth

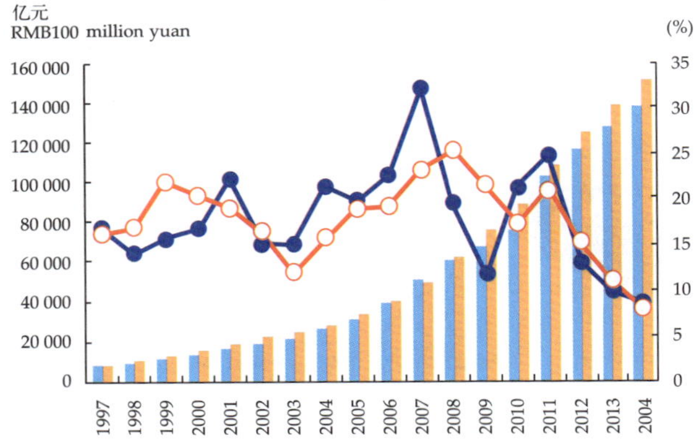

财政收入(左坐标) Budgetary revenue (LHS)
财政支出(左坐标) Budgetary expenditure (LHS)
财政收入同比增长率(右坐标) Growth rate of budgetary revenue (YOY)(RHS)
财政支出同比增长率(右坐标) Growth rate of budgetary expenditure (YOY)(RHS)

月度累计财政收支增长率与收支差额
Monthly growth rate and balance of accumulated fiscal revenue and expenditure

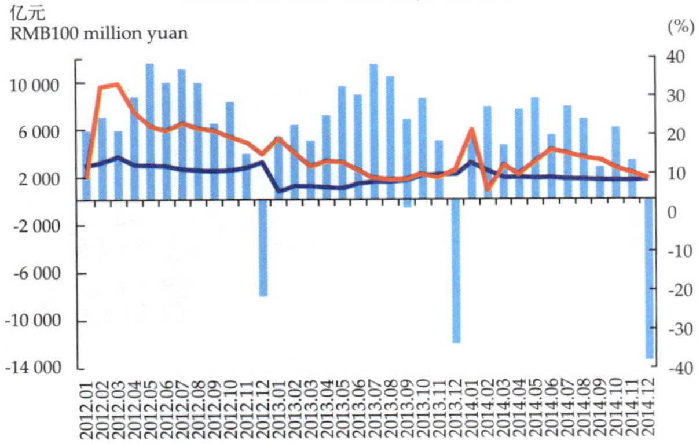

累计财政收支差额（左坐标）
Balance of accumulated fiscal revenue and expenditure (LHS)
财政收入累计同比增长率（右坐标）
Growth rate of accumulated fiscal revenue (YOY)(RHS)
财政支出累计同比增长率（右坐标）
Growth rate of accumulated fiscal expenditure (YOY)(RHS)

中央财政收支在全部财政收支中所占的比重
Ratio of revenues and expenditures of the central government to total fiscal revenues and expenditures

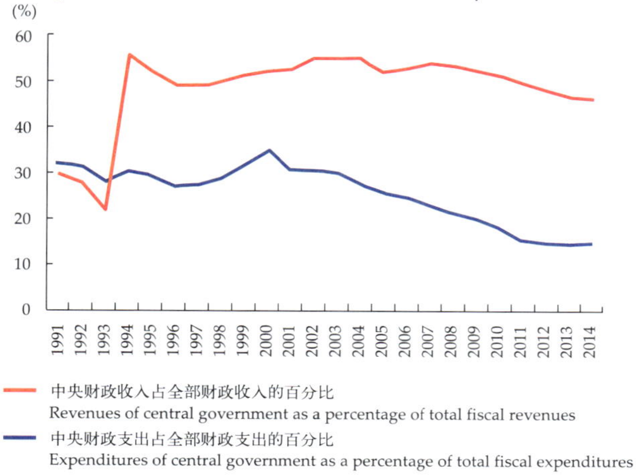

财政风险
Fiscal risks

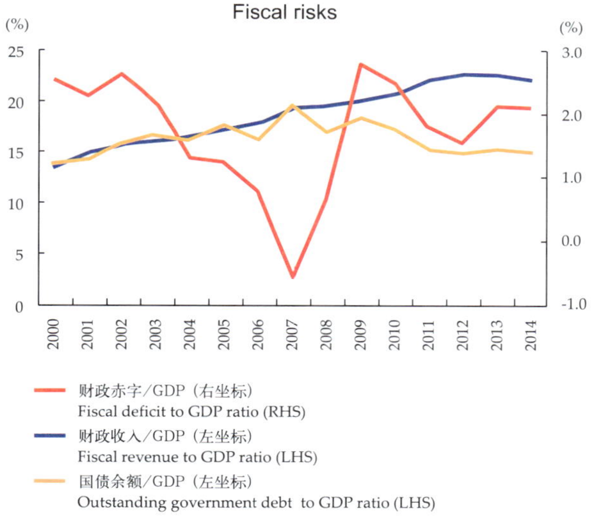

2015年主要预算指标：

2015年，中央财政预算收入为69 230亿元，比2014年执行数（下同）增长7%。从中央预算稳定调节基金中调入1 000亿元，合计收入总量为70 230亿元。中央一般公共预算支出81 430亿元，增长9.5%。中央财政收支总量相抵，赤字为11 200亿元，比上年预算数增加1 700亿元。中央财政国债余额限额为111 908.35亿元。

汇总中央预算和地方预算安排，2014年全国一般公共预算收入154 300亿元，增长7.3%。加上从中央预算稳定调节基金调入1 000亿元，可安排的收入总量为155 300亿元。全国一般公共预算支出171 500亿元，增长10.6%。赤字16 200亿元，比2014年增加2 700亿元。

Budgetary targets for 2015:

In 2015 Revenue in the central budget will reach RMB6.923 trillion yuan, 7% over the figure for 2014 (here and below). The central budget stabilization fund will contribute RMB100 billion yuan, bringing total revenue to RMB7.023 trillion yuan. Expenditures in the central budget will reach RMB8.143 trillion yuan, an increase of 9.5%. Expenditures in the central budget will exceed revenue, resulting in a deficit of RMB1.12 trillion yuan, an increase of RMB170 billion yuan than previous year's budget. The limit for the outstanding balance of government bonds issued by the central government will be RMB11.190835 trillion yuan.

Total combined revenue of central and local governments is budgeted at RMB15.43 trillion yuan, an increase of 7.3%. Adding RMB100 billion yuan from the central budget stabilization fund, total national revenue is projected to reach RMB15. 53 trillion yuan. Total national expenditures are budgeted at RMB17.15 trillion yuan, up 10.6%. Total expenditures will exceed total revenue by RMB1.62 trillion yuan, an increase of RMB270 billion yuan than previous year's budget.

七、货币银行
7. Money and Banking

1.货币供应量
(1) Money supply

年度M0、M1、M2及其变化趋势
Annual M0, M1 and M2 and their changes

单位：万亿元 Unit: RMB trillion yuan

年 Year	M0	M1	M2	M0同比增长率(%) Growth rate of M0 (YOY)(%)	M1同比增长率(%) Growth rate of M1 (YOY)(%)	M2同比增长率(%) Growth rate of M2 (YOY)(%)
1999	1.4	4.6	12.0	20.1	17.7	14.7
2000	1.5	5.3	13.5	8.9	16.0	12.3
2001	1.6	6.0	15.8	7.1	12.7	14.4
2002	1.7	7.1	18.5	10.1	16.8	16.8
2003	2.0	8.4	22.1	14.3	18.7	19.6
2004	2.2	9.6	25.4	8.7	13.6	14.7
2005	2.4	10.7	29.9	11.9	11.8	17.6
2006	2.7	12.6	34.6	12.7	17.5	16.9
2007	3.0	15.3	40.3	12.1	21.0	16.7
2008	3.4	16.6	47.5	12.7	9.1	17.8
2009	3.8	22.0	60.6	11.8	32.4	27.7
2010	4.5	26.7	72.6	16.7	21.2	19.7
2011	5.1	29.0	85.2	13.8	7.9	13.6
2012	5.5	30.9	97.4	7.7	6.5	13.8
2013	5.9	33.7	110.7	7.1	9.3	13.6
2014	6.0	34.8	122.8	2.9	3.2	12.2

月度M0、M1、M2及其变化趋势
Monthly M0, M1 and M2 and their changes

单位：万亿元 Unit: RMB trillion yuan

年/月 Year/Month	M0	M1	M2	M0同比增长率(%) Growth rate of M0 (YOY)(%)	M1同比增长率(%) Growth rate of M1 (YOY)(%)	M2同比增长率(%) Growth rate of M2 (YOY)(%)
2012.01	6.0	27.0	85.6	3.0	3.1	12.4
2012.02	5.1	27.0	86.7	8.8	4.3	13.0
2012.03	5.0	27.8	89.6	10.6	4.4	13.4
2012.04	5.0	27.5	89.0	10.4	3.1	12.8
2012.05	4.9	27.9	90.0	10.0	3.5	13.2
2012.06	4.9	28.8	92.5	10.8	4.7	13.6
2012.07	5.0	28.3	91.9	10.0	4.6	13.9
2012.08	5.0	28.6	92.5	9.7	4.5	13.5
2012.09	5.3	28.7	94.4	13.3	7.3	14.8
2012.10	5.1	29.3	93.6	10.5	6.1	14.1
2012.11	5.2	29.7	94.5	10.7	5.5	13.9
2012.12	5.5	30.9	97.4	7.7	6.5	13.8
2013.01	6.2	31.1	99.2	4.4	15.3	15.9
2013.02	6.0	29.6	99.9	17.2	9.5	15.2
2013.03	5.5	31.1	103.6	12.4	11.9	15.7
2013.04	5.6	30.8	103.3	10.8	11.9	16.1
2013.05	5.4	31.0	104.2	10.8	11.3	15.8
2013.06	5.4	31.4	105.4	9.9	9.1	14.0
2013.07	5.4	31.1	105.2	9.5	9.7	14.5
2013.08	5.5	31.4	106.1	9.3	9.9	14.7
2013.09	5.6	31.2	107.7	5.7	8.9	14.2
2013.10	5.6	32.0	107.0	8.0	8.9	14.3
2013.11	5.6	32.5	107.9	7.7	9.4	14.2
2013.12	5.9	33.7	110.7	7.1	9.3	13.6
2014.01	7.6	31.5	112.4	22.5	1.2	13.2
2014.02	6.2	31.7	113.2	3.3	6.9	13.3
2014.03	5.8	32.8	116.1	5.2	5.4	12.1
2014.04	5.9	32.4	116.9	5.4	5.5	13.2
2014.05	5.8	32.8	118.2	6.7	5.7	13.4
2014.06	5.7	34.1	121.0	5.3	8.9	14.7
2014.07	5.7	33.1	119.4	5.4	6.7	13.5
2014.08	5.8	33.2	119.7	5.6	5.7	12.8
2014.09	5.9	32.7	120.2	4.2	4.8	12.9
2014.10	5.8	33.0	119.9	3.8	3.2	12.6
2014.11	5.8	33.5	120.9	3.5	3.2	12.3
2014.12	6.0	34.8	122.8	2.9	3.2	12.2

货币供应量与货币流动性
Money supply and monetary liquidity

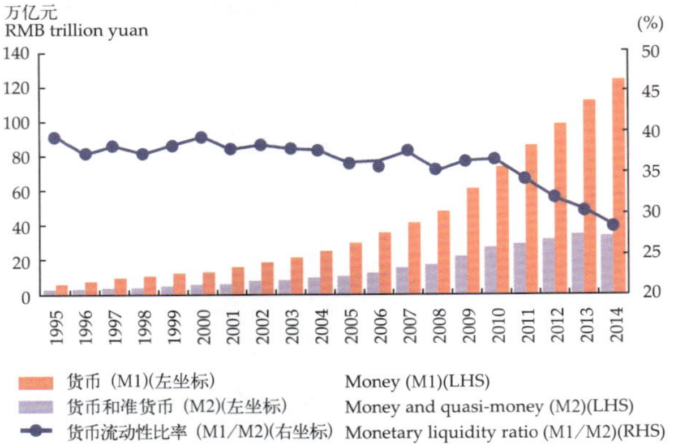

年度M0、M1、M2及其变化趋势
Annual M0, M1 and M2 and their changes

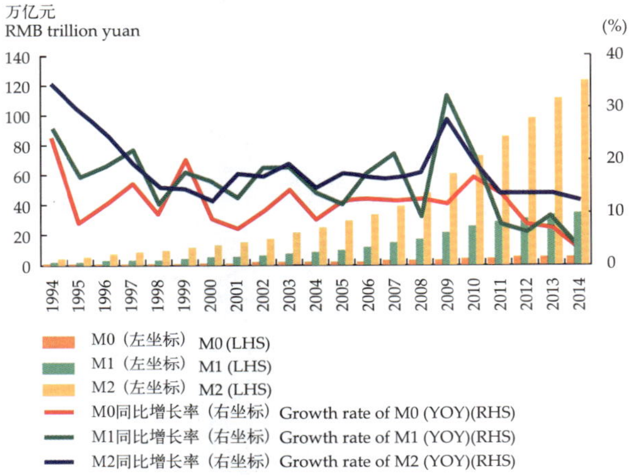

月度M0、M1、M2及其变化趋势
Monthly M0, M1 and M2 and their changes

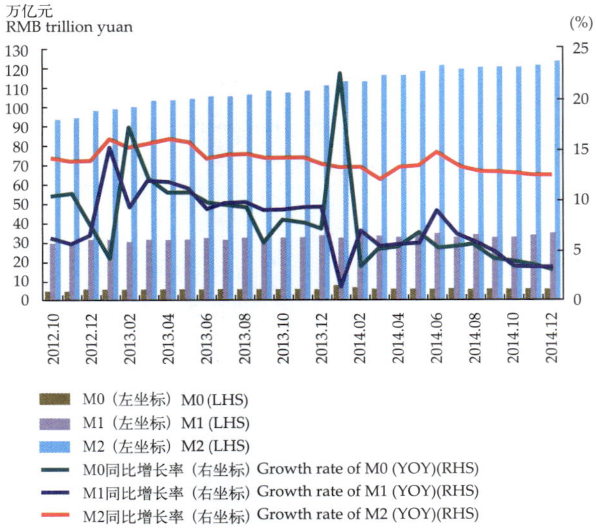

货币供应量构成
Composition of money supply

单位：亿元
Unit: RMB 100 million yuan

年/月 Year/Month	货币和准货币 Money & quasi-money M2	货币 Money M1	流通中货币 Currency in circulation M0	单位活期存款 Coporate demand deposits	准货币 Quasi-money	单位定期存款 Coporate time deposits	个人存款 Personal deposits	其他存款 Other deposits
2013.01	992 129	311 229	62 450	248 779	680 901	202 559	419 143	59 198
2013.02	998 601	296 103	60 314	235 790	702 498	204 965	436 912	60 621
2013.03	1 035 858	310 898	55 461	255 438	724 960	215 733	449 007	60 220
2013.04	1 032 552	307 648	55 607	252 041	724 903	223 900	439 471	61 532
2013.05	1 042 169	310 204	54 431	255 773	731 965	227 155	442 270	62 539
2013.06	1 054 404	313 500	54 064	259 436	740 904	228 029	453 411	59 464
2013.07	1 052 212	310 596	54 413	256 184	741 616	226 039	449 302	66 275
2013.08	1 061 256	314 086	54 925	259 161	747 171	229 496	450 214	67 461
2013.09	1 077 379	312 330	56 493	255 838	765 049	239 080	461 958	64 010
2013.10	1 070 242	319 509	55 596	263 914	750 733	230 221	452 907	67 605
2013.11	1 079 257	324 822	56 441	268 381	754 435	230 550	453 819	70 067
2013.12	1 106 525	337 291	58 574	278 717	769 234	232 697	467 031	69 506
2014.01	1 123 521	314 901	76 489	238 412	808 621	244 132	484 967	79 522
2014.02	1 131 761	316 625	62 321	254 304	815 136	242 009	486 056	87 071
2014.03	1 160 687	327 684	58 329	269 354	833 004	250 779	500 399	81 825
2014.04	1 168 813	324 483	58 616	265 867	844 330	256 490	487 912	99 928
2014.05	1 182 294	327 840	58 051	269 788	854 454	261 048	489 486	103 921
2014.06	1 209 587	341 487	56 951	284 536	868 100	265 644	508 025	94 431
2014.07	1 194 249	331 347	57 347	274 001	862 902	262 743	496 940	103 219
2014.08	1 197 499	332 023	57 998	274 026	865 476	264 734	494 763	105 979
2014.09	1 202 051	327 220	58 845	268 375	874 831	272 197	504 262	98 372
2014.10	1 199 236	329 618	57 692	271 926	869 619	264 805	498 744	106 070
2014.11	1 208 606	335 114	58 439	276 676	873 492	265 229	499 340	108 923
2014.12	1 228 375	348 056	60 260	287 797	880 318	264 056	508 878	107 385

广义货币供应量M2变动
Changes in the composition of broad money M2

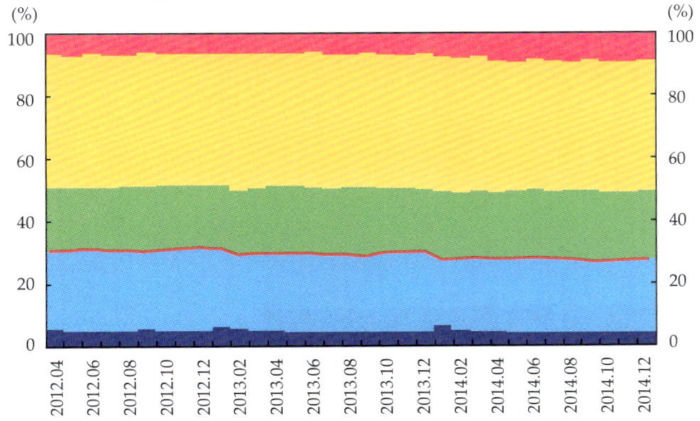

2014年年末货币供应量构成
Composition of money supply at the end of 2014

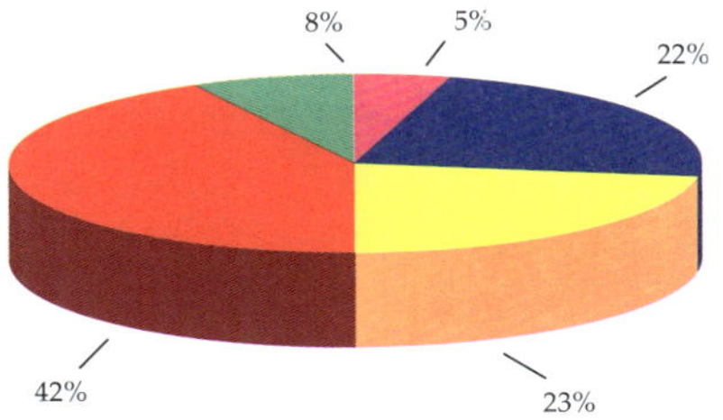

存款性公司概览
Depository corporations survey

单位：万亿元
Unit: RMB trillion yuan

年/月 Year/Month	国外净资产 Net foreign assets	国内信贷 Domestic credit	对政府债权(净) Claims on government (net)	对非金融部门债权 Claims on non-financial sectors	对其他金融部门债权 Claims on other financial sectors	其他 Others	货币和准货币 Money & quasi-money M2
2012.07	26.23	74.32	3.63	65.98	4.71	-8.64	91.91
2012.08	26.24	75.19	3.84	66.70	4.64	-8.93	92.49
2012.09	26.19	77.26	4.21	67.51	5.55	-9.08	94.37
2012.10	26.11	77.02	3.76	68.13	5.14	-9.49	93.64
2012.11	25.97	77.89	3.91	68.77	5.21	-9.38	94.48
2012.12	25.89	80.56	5.07	69.44	6.06	-9.03	97.41
2013.01	26.49	81.43	4.75	70.76	5.93	-8.71	99.21
2013.02	26.69	82.00	4.67	71.54	5.79	-8.83	99.86
2013.03	26.95	84.64	4.86	72.95	6.84	-8.01	103.59
2013.04	27.18	84.53	4.48	73.95	6.10	-8.46	103.26
2013.05	27.22	85.12	4.13	74.60	6.39	-8.13	104.22
2013.06	27.27	86.80	4.16	75.38	7.26	-8.63	105.44
2013.07	27.17	86.98	3.80	76.19	6.99	-8.93	105.22
2013.08	27.20	87.90	3.85	76.92	7.13	-8.97	106.13
2013.09	27.27	89.92	4.16	78.04	7.72	-9.46	107.74
2013.10	27.67	89.61	3.59	78.58	7.44	-10.26	107.02
2013.11	27.97	90.33	3.53	79.02	7.77	-10.37	107.93
2013.12	28.10	92.70	4.90	79.65	8.15	-10.15	110.65
2014.01	28.31	94.12	4.92	81.06	8.13	-10.08	112.35
2014.02	28.36	94.80	4.52	81.77	8.51	-9.98	113.18
2014.03	28.40	97.23	4.84	83.11	9.28	-9.57	116.07
2014.04	28.56	97.95	4.33	83.80	9.82	-9.62	116.88
2014.05	28.75	99.12	4.32	84.65	10.16	-9.64	118.23
2014.06	28.90	101.69	4.67	85.82	11.20	-9.63	120.96
2014.07	28.87	100.81	4.29	86.16	10.36	-10.25	119.42
2014.08	28.87	101.95	4.34	86.89	10.72	-11.07	119.75
2014.09	28.89	103.29	4.71	87.84	10.74	-11.97	120.21
2014.10	28.94	103.26	4.04	88.38	10.84	-12.27	119.92
2014.11	28.95	104.59	4.03	89.34	11.22	-12.68	120.86
2014.12	28.84	107.70	5.50	90.25	11.94	-13.70	122.84

国外净资产及国内信贷对广义货币的影响
The impact of net foreign assets and domestic credit on broad money M2

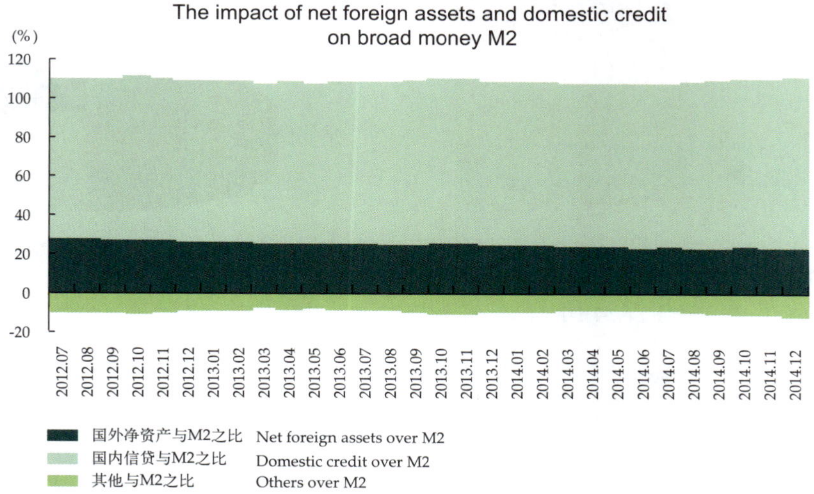

2.存贷款
(2) Deposits and loans

金融机构人民币各项存贷款余额及其增长趋势
Outstanding amounts of total deposits & loans and their growth in financial institutions

单位：万亿元
Unit: RMB trillion yuan

年/月 Year/Month	各项存款 Total deposits	各项贷款 Total loans	各项存款同比增长率(%) Growth rate of deposits (YOY)(%)	各项贷款同比增长率(%) Growth rate of loans (YOY)(%)
2012.07	87.8	60.2	12.6	16.0
2012.08	88.3	60.9	12.2	16.1
2012.09	90.0	61.5	13.3	16.3
2012.10	89.7	62.0	13.3	15.9
2012.11	90.2	62.5	13.4	15.7
2012.12	91.8	63.0	13.3	15.0
2013.01	92.9	64.1	16.0	15.4
2013.02	93.7	64.7	14.6	15.0
2013.03	97.9	65.8	15.6	14.9
2013.04	97.8	66.6	16.2	14.9
2013.05	99.3	67.2	16.2	14.5
2013.06	100.9	68.1	14.3	14.2
2013.07	100.7	68.8	14.6	14.3
2013.08	101.5	69.5	14.9	14.1
2013.09	103.1	70.3	14.6	14.3
2013.10	102.7	70.8	14.5	14.2
2013.11	103.2	71.4	14.5	14.2
2013.12	104.4	71.9	13.8	14.1
2014.01	103.4	73.2	11.3	14.3
2014.02	105.4	73.9	12.5	14.2
2014.03	109.1	74.9	11.4	13.9
2014.04	108.4	75.7	10.9	13.7
2014.05	109.8	76.6	10.6	13.9
2014.06	113.6	77.6	12.6	14.0
2014.07	111.6	78.0	10.9	13.4
2014.08	111.7	78.7	10.1	13.3
2014.09	112.7	79.6	9.3	13.2
2014.10	112.5	80.1	9.5	13.2
2014.11	113.1	81.0	9.6	13.4
2014.12	113.9	81.7	9.1	13.6

金融机构人民币各项存贷款余额及其增长趋势
Outstanding amounts of total deposits & loans and their growth in financial institutions

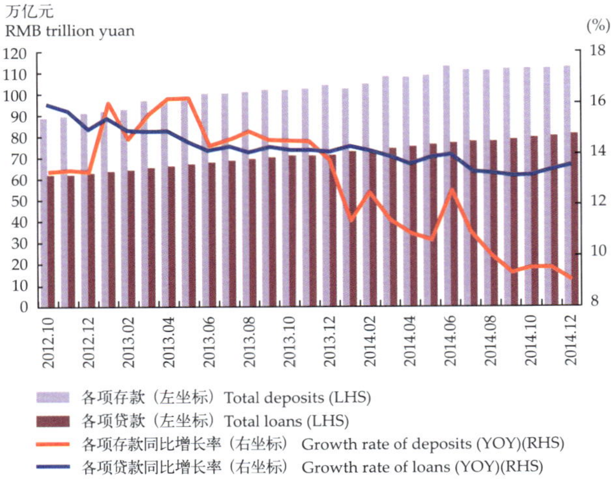

金融机构当年累计新增人民币存款
Accumulated new RMB deposits in financial institutions

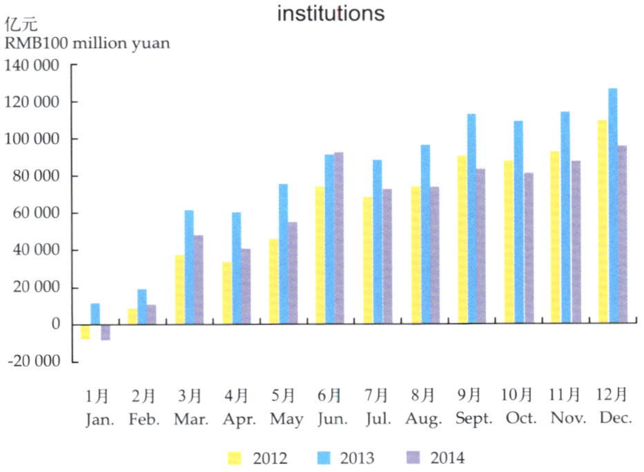

金融机构当月新增人民币存款
New RMB deposits in financial institutions by month

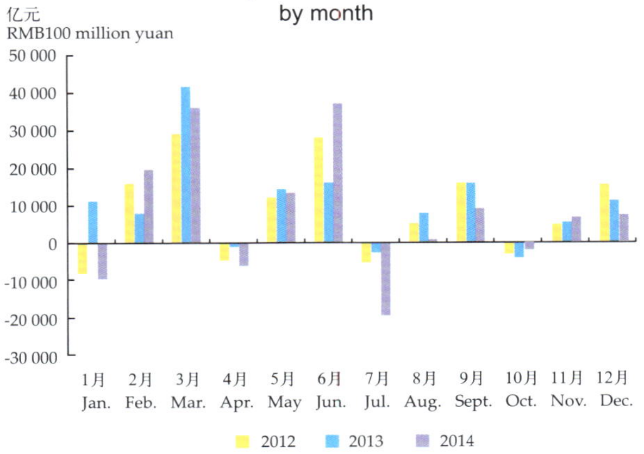

2014年年末人民币存款余额
Outstanding amounts of RMB deposits at the end of 2014

单位：亿元
Unit: RMB 100 million yuan

		余额 Outstanding amount
各项存款	Total deposits	1 138 645
单位存款	Corporate deposits	565 249
个人存款	Personal deposits	507 831
财政性存款	Fiscal deposits	35 664
临时性存款	Temporary deposits	1 098
委托存款	Designated deposits	442
其他存款	Other deposits	28 360

住户存款和非金融企业存款余额
Outstanding amounts of household deposits and non-financial corporate deposits

单位：亿元
Unit: RMB 100 million yuan

年/月 Year/Month	住户存款 Deposits of households	活期及临时性存款 Demand & temporary deposits	定期及保证性存款 Time & marginal deposits	非金融企业存款 Deposits of non-financial enterprises	活期及临时性存款 Demand & temporary deposits	定期及保证性存款 Time & marginal deposits
2013.01	413 958	162 592	251 366	327 904	135 453	192 452
2013.02	431 656	167 187	264 469	318 498	127 440	191 059
2013.03	443 408	173 557	269 851	342 606	137 114	205 492
2013.04	434 067	163 516	270 551	345 752	134 317	211 435
2013.05	436 833	164 319	272 514	349 577	135 071	214 507
2013.06	447 772	169 141	278 632	349 741	135 326	214 415
2013.07	443 837	165 060	278 777	343 816	133 247	210 569
2013.08	444 717	166 378	278 338	347 263	133 646	213 618
2013.09	456 348	171 760	284 589	350 387	131 108	219 279
2013.10	447 381	167 439	279 942	348 348	136 096	212 253
2013.11	448 321	168 230	280 091	352 225	138 403	213 822
2013.12	461 370	178 050	283 320	361 555	145 522	216 033
2014.01	479 173	185 000	294 172	334 200	118 928	215 272
2014.02	480 063	180 468	299 595	343 941	127 359	216 582
2014.03	494 023	189 049	304 974	361 794	134 252	227 542
2014.04	481 741	176 334	305 407	363 513	132 714	230 799
2014.05	483 432	175 586	307 846	368 957	134 154	234 803
2014.06	501 628	187 221	314 407	383 718	141 437	242 281
2014.07	490 837	176 633	314 204	370 175	133 879	236 296
2014.08	488 533	174 560	313 973	370 516	132 896	237 621
2014.09	497 860	179 302	318 557	369 510	129 492	240 019
2014.10	492 465	175 642	316 823	365 028	130 470	234 558
2014.11	493 114	174 947	318 167	369 380	133 980	235 400
2014.12	502 504	182 705	319 799	378 334	143 311	235 023

住户存款和非金融企业存款余额
Outstanding amounts of household deposits and non-financial enterprises deposits

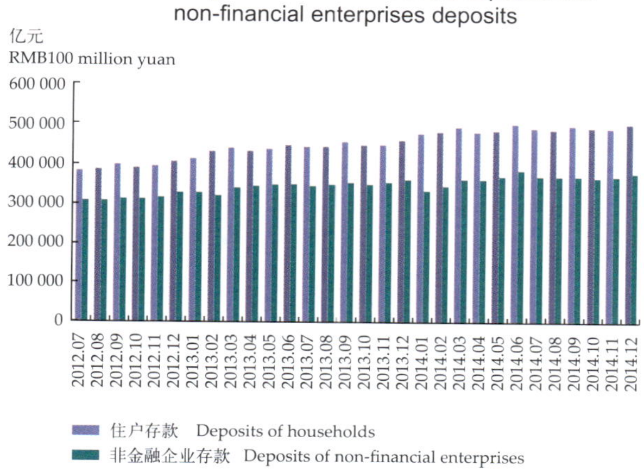

住户存款构成
Composition of households deposits

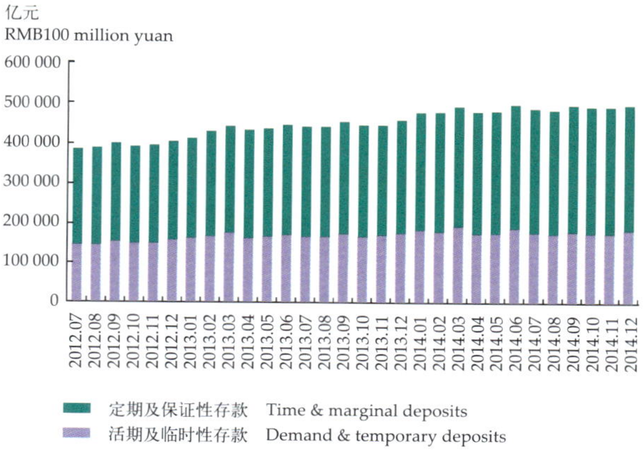

非金融企业存款构成
Composition of non-financial enterprise deposits

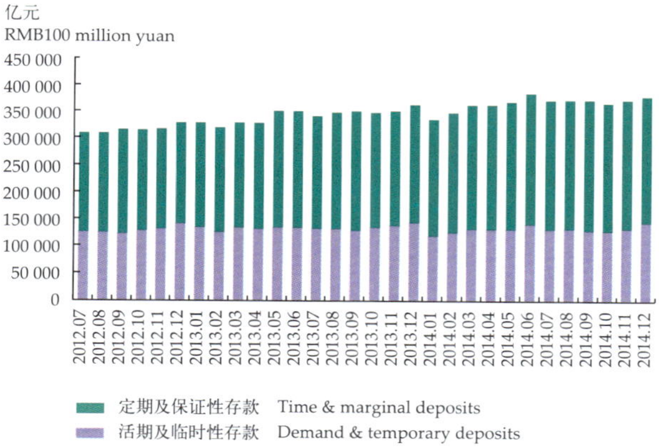

2014年年末人民币存款余额
Outstanding amounts of RMB deposits at the end of 2014

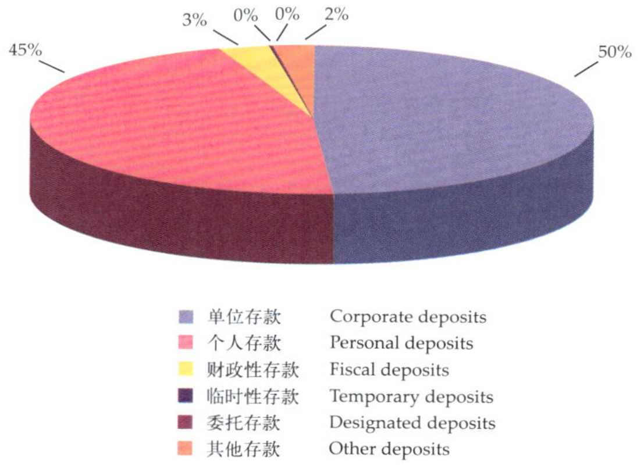

2014年年末人民币贷款按部门分类
RMB loans issued at the end of 2014 by sectors

单位：亿元
Unit: RMB 100 million yuan

	余额 Outstanding amounts	比年初增加 Increase over the beginning of the year
住户贷款 Loans to households	231 410	32 908
消费性贷款 Consumer loans	153 660	23 938
短期消费性贷款 Short-term consumer loans	32 491	5 902
中长期消费性贷款 Medium- and long-term consumer loans	121 169	18 037
经营性贷款 Business loans	77 751	8 969
短期经营性贷款 Short-term business loans	48 225	4 670
中长期经营性贷款 Medium- and long-term business loans	29 525	4 299
非金融性企业及其他部门贷款 Loans to non-financial enterprises and other sectors	583 370	64 796
短期贷款及票据融资 Short-term loans and bill financing	263 249	23 544
中长期贷款 Medium- and long-term loans	308 788	38 308
其他贷款 Other loans	11 333	2 944

金融机构当年累计新增人民币贷款
Accumulated new RMB loans in financial institutions

金融机构当月新增人民币贷款
New RMB loans in financial institutions by month

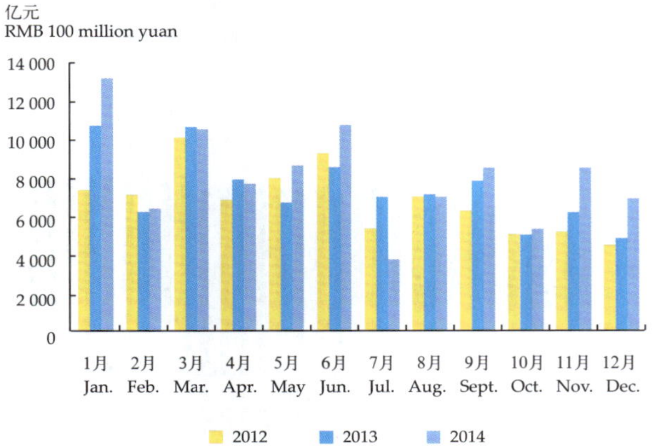

2014年金融机构新增人民币贷款构成
Composition of new RMB loans of financial institutions in 2014

单位：亿元
Unit: RMB 100 million yuan

		2014年 Year 2014		2013年 Year 2013	
		比年初增加 Increase over the beginning of the year	比重(%) Share (%)	比年初增加 Increase over the beginning of the year	比重(%) Share (%)
各项贷款	**Total loans**	**97 816**	**100.0**	**88 916**	**100.0**
短期贷款	Short-term loans	24 542	25.1	41 985	47.2
中长期贷款	Medium- and long-term loans	60 644	62.0	45 860	51.6
票据融资	Bill financing	9 574	9.8	- 896	-1.0
其他贷款	Other loans	3 056	3.1	1 967	2.2

当年累计新增住户贷款
Accumulated new loans to households

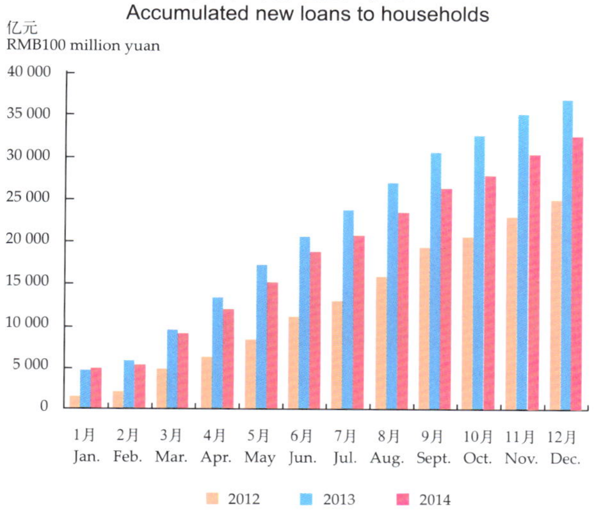

当月新增住户贷款
New loans to households by month

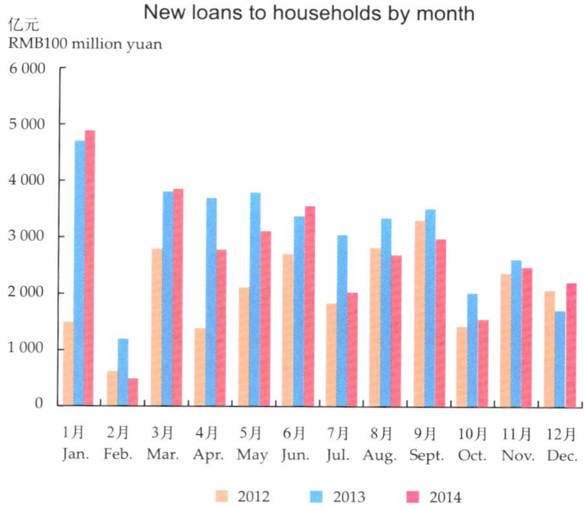

当年累计新增非金融企业及其他部门贷款
Accumulated new loans to non-financial insititutions and other sectors

当月新增非金融企业及其他部门贷款
New loans to non-financial institutions and other sectors by month

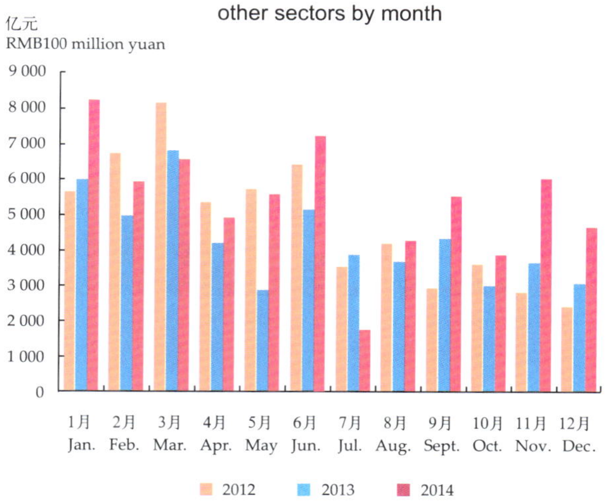

2014年年末个人消费贷款构成
Composition of consumer loans at the end of 2014

单位：亿元
Unit: RMB 100 million yuan

	余额 Outstanding amounts	同比增长率(%) Growth rate (YOY)(%)	比年初增加 Increase over the beginning of the year	比上年同期 Change compared with the same period of last year
个人消费贷款 Consumer loans	**153 660**	**18.5**	**23 938**	**-1 463**
个人住房贷款 Individual housing mortgage loans	105 591	17.8	15 991	365
个人汽车消费贷款 Individual auto loans	4 232	24.0	868	120
助学贷款 Student loans	613	10.8	60	12
其他贷款 Other loans	43 224	19.7	7 020	-1 960

2014年年末个人消费贷款构成
Composition of consumer loans at the end of 2014

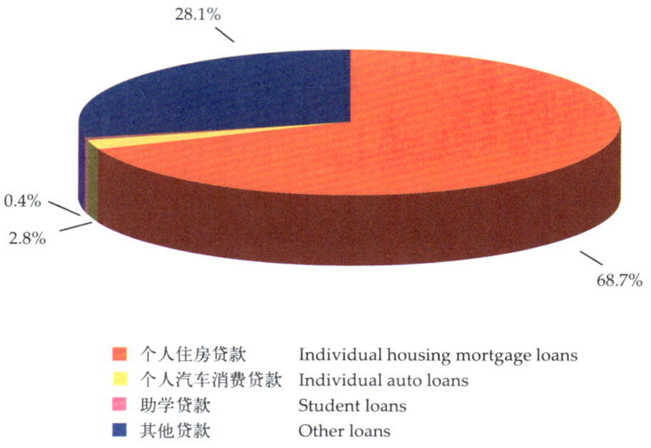

当年累计新增个人消费贷款
Accumulated new consumer loans

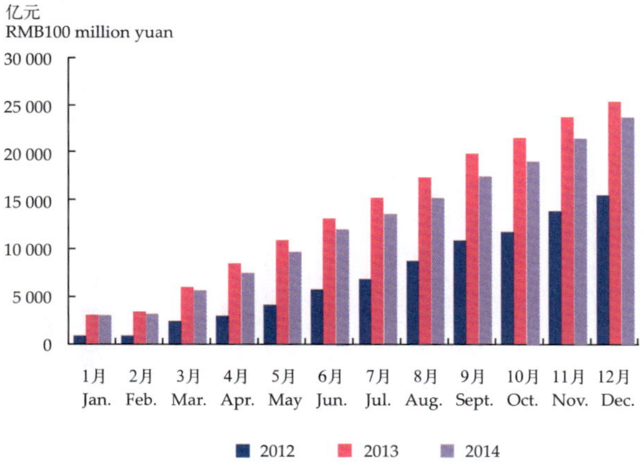

当月新增个人消费贷款
New consumer loans by month

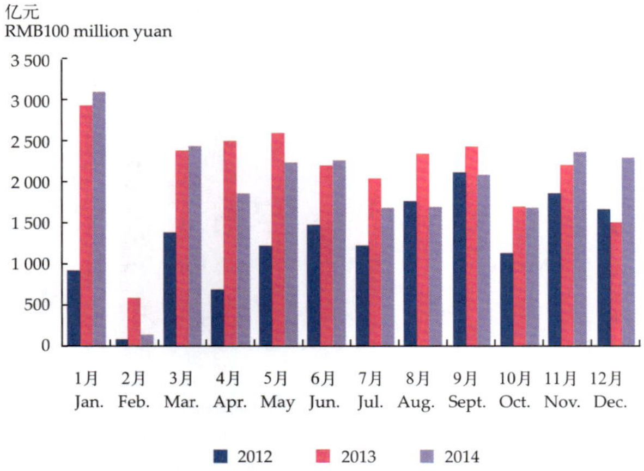

当年累计新增个人住房贷款
Accumulated new housing mortgage loans

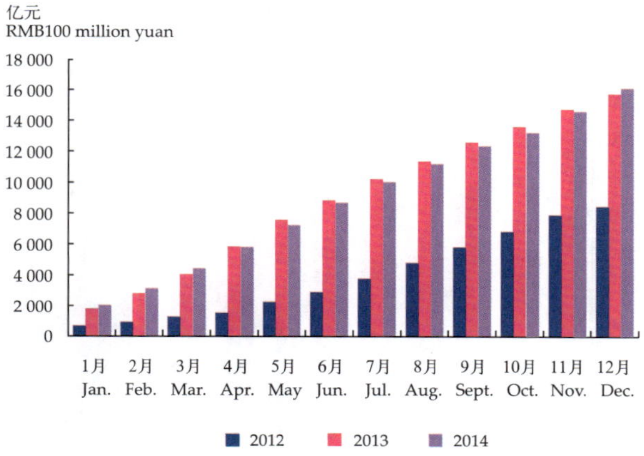

当月新增个人住房贷款
New housing mortgage loans by month

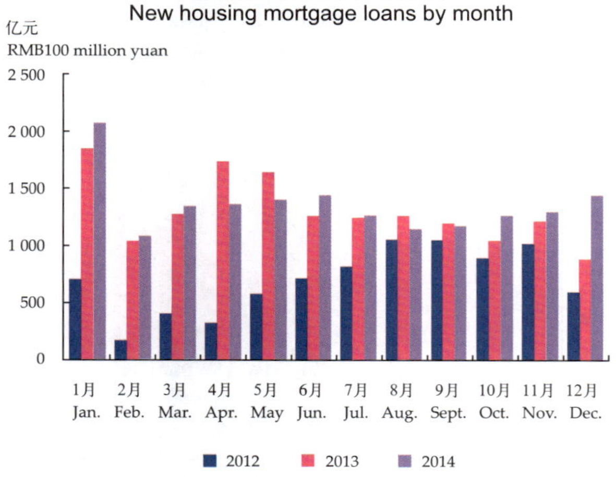

个人消费贷款余额及其增长趋势
Consumer loans and their growth

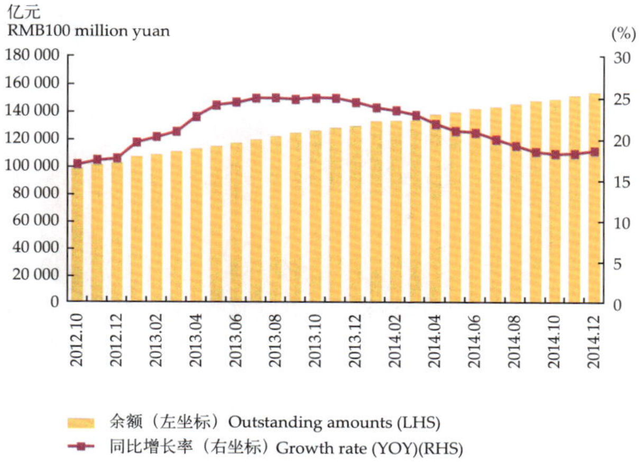

个人住房贷款余额及其增长趋势
Individual housing mortgage loans and their growth

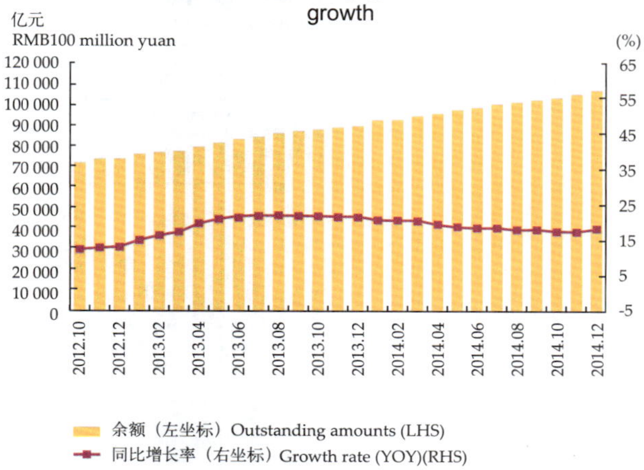

3.基础货币
(3) Monetary base

基础货币余额及其增长趋势
Monetary base and its growth

单位：万亿元
Unit: RMB trillion yuan

年/月 Year/Month	余额 Outstanding amounts	同比增长率(%) Growth rate (YOY) (%)
2013.01	25.29	6.5
2013.02	25.20	12.8
2013.03	25.37	11.9
2013.04	25.15	12.1
2013.05	24.95	12.4
2013.06	25.78	13.0
2013.07	25.44	12.8
2013.08	25.73	11.4
2013.09	26.31	11.5
2013.10	25.84	10.2
2013.11	26.01	10.7
2013.12	27.10	7.4
2014.01	28.77	13.8
2014.02	27.40	8.7
2014.03	27.47	8.3
2014.04	27.30	8.5
2014.05	27.39	9.8
2014.06	27.99	8.6
2014.07	27.67	8.7
2014.08	27.80	8.0
2014.09	28.53	8.4
2014.10	27.94	8.1
2014.11	28.00	7.7
2014.12	29.41	8.5

个人汽车消费贷款余额及其增长趋势
Individual auto loans and their growth

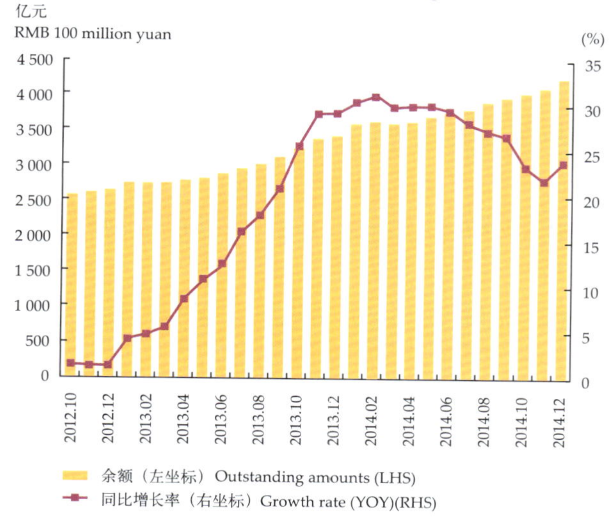

助学贷款余额及其增长趋势
Student loans and their growth

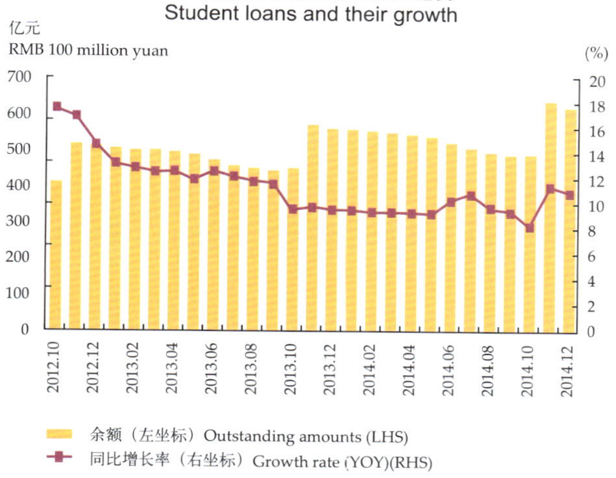

基础货币余额及其增长趋势
Monetary base and its growth

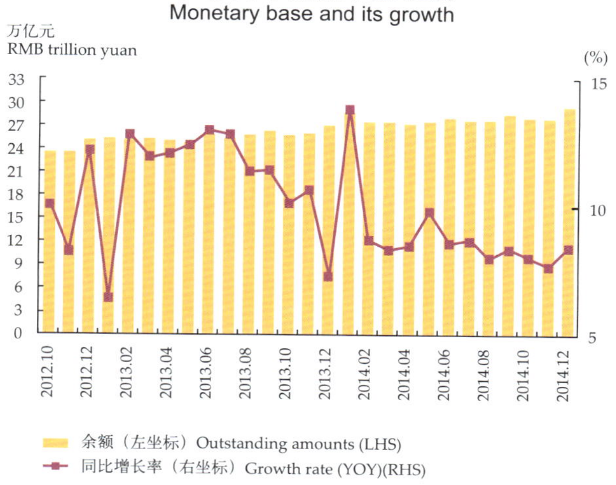

基础货币构成
Composition of monetary base

单位：亿元
Unit: RMB 100 million yuan

年/季 Year/Quarter	货币发行 Currency issue	其他存款性公司存款 Deposits of other depository corporations
2011Q1	49 273	143 293
2011Q2	48 816	154 654
2011Q3	52 203	160 001
2011Q4	55 850	168 792
2012Q1	54 379	172 306
2012Q2	54 294	173 757
2012Q3	59 178	176 855
2012Q4	60 646	191 699
2013Q1	61 331	192 319
2013Q2	59 831	197 945
2013Q3	63 041	200 097
2013Q4	64 981	206 042
2014Q1	64 816	209 925
2014Q2	63 260	216 638
2014Q3	65 545	219 754
2014Q4	67 151	226 942

基础货币构成
Composition of monetary base

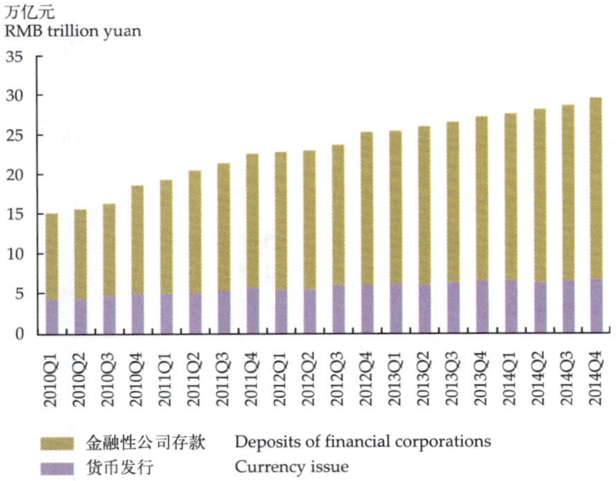

金融机构准备金和超额准备金率
Reserves and excess reserve ratio of financial institutions

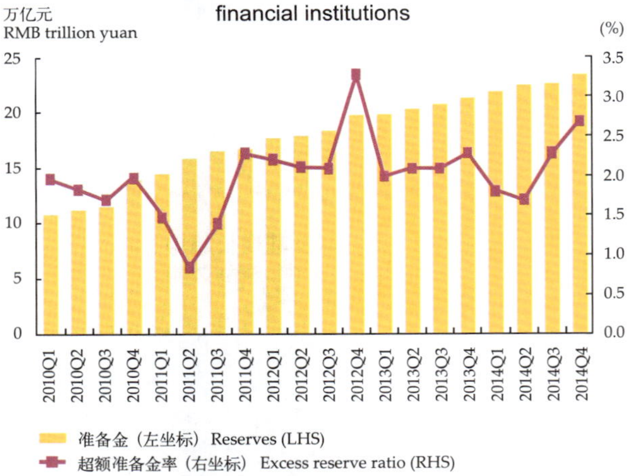

金融机构法定人民币存款准备金率
Official RMB reserve requirement ratios of financial institutions

单位：%
Unit: %

日期 Date	中资全国性大型银行① Chinese-funded large banks operating nationwide[1]	中小金融机构② Medium- and small-sized financial institutions[2]	农村合作银行 Rural cooperative banks	农村信用社和村镇银行 Rural credit cooperatives and township and village banks
2003.09.21	7.0	7.0	—	6.0
2004.04.25	7.5	7.5	7.5	6.0
2006.07.05	8.0	8.0	7.5	6.0
2006.08.15	8.5	8.5	7.5	6.0
2006.11.15	9.0	9.0	8.0	6.5
2007.01.15	9.5	9.5	8.5	7.0
2007.02.25	10.0	10.0	9.0	7.5
2007.04.16	10.5	10.5	9.5	8.0
2007.05.15	11.0	11.0	10.0	8.5
2007.06.05	11.5	11.5	10.5	9.0
2007.08.15	12.0	12.0	11.0	9.5
2007.09.25	12.5	12.5	11.5	10.0
2007.10.25	13.0	13.0	12.0	10.5
2007.11.26	13.5	13.5	12.5	11.0
2007.12.25	14.5	14.5	13.5	12.0
2008.01.25	15.0	15.0	14.0	12.5
2008.03.25	15.5	15.5	14.5	13.0
2008.04.25	16.0	16.0	15.0	13.5
2008.05.20	16.5	16.5	15.5	14.0
2008.06.15	17.0	17.0	16.0	14.5
2008.06.25	17.5	17.5	16.5	15.0
2008.09.25	17.5	16.5	15.5	14.0
2008.10.15	17.0	16.0	15.0	13.5
2008.12.05	16.0	14.0	13.0	11.5
2008.12.25	15.5	13.5	11.0	11.0
2010.01.18	16.0	14.0	11.0	11.0
2010.02.25	16.5	14.5	11.0	11.0
2010.05.10	17.0	15.0	11.5	11.0
2010.11.16	17.5	15.5	12.0	11.5
2010.11.29	18.0	16.0	12.5	12.0
2010.12.20	18.5	16.5	13.0	12.5
2011.01.20	19.0	17.0	13.5	13.0
2011.02.24	19.5	17.5	14.0	13.5
2011.03.25	20.0	18.0	14.5	14.0
2011.04.21	20.5	18.5	15.0	14.5
2011.05.18	21.0	19.0	15.5	15.0
2011.06.20	21.5	19.5	16.0	15.5
2011.12.05	21.0	19.0	15.5	15.0
2012.02.24	20.5	18.5	15.0	14.5
2012.05.18	20.0	18.0	14.5	14.0

注：①包括中国工商银行、中国农业银行、中国银行、中国建设银行、交通银行和中国邮政储蓄银行。
②包括中国农业发展银行、股份制商业银行、城市商业银行、农村商业银行、有关外资金融机构。
③2014年4月和6月，中国人民银行两次实施定向降准。

Notes: 1. Including Industrial and Commercial Bank of China, Agricultural Bank of China, Bank of China, China Construction Bank, Bank of Communication, Postal Savings Bank of China.
2. Including Agricultural Development Bank of China, joint-stock commercial banks, city commercial banks, rural commercial banks and foreign-funded financial institutions.
3. In April and June, 2014, the PBC conducted targeted reductions of the deposit reserve requirement ratio (RRR) on two occasions.

4. 社会融资规模

(4) All-system financing aggregate

社会融资规模统计表
Statistics of all-system financing aggregate

单位：亿元人民币
Unit: RMB100 million yuan

日期 Date	社会融资规模 All-system financing aggregate	其中 Of which:						
		人民币贷款 RMB bank loans	外币贷款(折合人民币) Foreign currency bank loans (converted into RMB)	委托贷款 Entrusted loans	信托贷款 Trust loans	未贴现的银行承兑汇票 Undiscounted bankers' acceptences	企业债券 Net financing of corporate bonds	非金融企业境内股票融资 Equity financing on the domestic stock market by non-financial enterprises
2012.01	9 754	7 381	- 148	1 646	247	- 214	442	81
2012.02	10 431	7 107	526	394	522	- 284	1 544	229
2012.03	18 704	10 114	950	770	1 018	2 821	1 974	565
2012.04	9 637	6 818	96	1 015	37	279	887	190
2012.05	11 432	7 932	302	215	557	380	1 441	184
2012.06	17 802	9 198	1 040	789	988	3 113	1 982	246
2012.07	10 522	5 401	70	1 279	384	218	2 486	316
2012.08	12 475	7 039	743	1 046	1 238	- 846	2 579	208
2012.09	16 462	6 226	1 764	1 449	2 012	2 155	2 278	158
2012.10	12 906	5 054	1 290	941	1 444	729	2 992	88
2012.11	11 225	5 220	1 045	1 218	1 802	- 489	1 820	107
2012.12	16 282	4 546	1 486	2 079	2 598	2 637	2 126	135
2013.01	25 446	10 721	1 795	2 061	2 108	5 798	2 249	244
2013.02	10 705	6 200	1 149	1 426	1 825	-1 823	1 454	165
2013.03	25 503	10 625	1 509	1 748	4 312	2 731	3 870	208
2013.04	17 629	7 923	847	1 926	1 942	2 218	2 039	274
2013.05	11 871	6 694	357	1 967	971	-1 141	2 230	231
2013.06	10 375	8 628	133	1 990	1 208	-2 615	323	126
2013.07	8 191	6 997	-1 157	1 927	1 151	-1 777	476	128
2013.08	15 841	7 128	- 360	2 938	1 209	3 049	1 240	136
2013.09	14 120	7 870	891	2 218	1 130	- 79	1 443	113
2013.10	8 645	5 060	53	1 834	431	- 345	1 078	78
2013.11	12 310	6 246	122	2 704	1 006	60	1 424	147
2013.12	12 532	4 824	509	2 727	1 111	1 679	287	369
2014.01	26 004	13 190	1 588	3 971	1 059	4 902	375	454
2014.02	9 370	6 448	1 302	799	747	-1 419	1 026	169
2014.03	20 934	10 497	1 363	2 413	1 071	2 252	2 464	352
2014.04	15 259	7 745	186	1 505	398	789	3 664	582
2014.05	14 013	8 708	- 162	1 987	125	- 94	2 797	162
2014.06	19 673	10 793	357	2 616	1 200	1 445	2 626	154
2014.07	2 737	3 852	- 169	1 219	- 158	-4 157	1 435	332
2014.08	9 577	7 025	- 201	1 751	- 515	-1 116	1 934	217
2014.09	11 355	8 572	- 506	1 610	- 326	-1 410	2 338	612
2014.10	6 807	5 483	- 716	1 377	- 215	-2 411	2 590	279
2014.11	11 459	8 527	- 26	1 270	- 314	- 668	1 807	379
2014.12	16 945	6 973	540	4 551	2 102	601	761	658

注：①社会融资规模是指一定时期内实体经济从金融体系获得的资金总额，是增量概念。
②当期数据为初步统计数。
③表中的人民币贷款为历史公布数。
数据来源：中国人民银行、国家发展和改革委员会、中国证券监督管理委员会、中国保险监督管理委员会、中央国债登记结算有限责任公司和银行间市场交易商协会等部门。

Notes: 1. All-system financing aggregate refers to the total value of funds provided by the financial system to the real economy in a certain period of time. It is a flow.
2. Data for the current period is preliminary.
3. Data for RMB loans in the table are the historical numbers released in the past.

Sources: The People's Bank of China, National Development and Reform Commission, China Securities Regulatory Commission, China Insurance Regulatory Commission, China Government Securities Depository Trust and Clearing Co., Ltd., National Association of Financial Market Institutional Investors, and etc..

5. 利率
(5) Interest rates

中央银行基准利率
Central bank benchmark interest rates

单位：年利率%
Unit: annual interest rate%

日期 Date	法定存款准备金 Required reserves	超额存款准备金 Excess reserves	对金融机构贷款 Lending to financial institutions				再贴现 Rediscount
			1年期 1-year	6个月以内 6-month and less	3个月以内 3-month and less	20天以内 20 days and less	
1996.05.01	8.82	8.82	10.98	10.17	10.08	9.00	*
1996.08.23	8.28	7.92	10.62	—	9.72	—	*
1997.10.23	7.56	7.02	9.36	9.09	8.82	8.55	*
1998.03.25	5.22	—	7.92	7.02	6.84	6.39	6.03
1998.07.01	3.51	—	5.67	5.58	5.49	5.22	4.32
1998.12.07	3.24	—	5.13	5.04	4.86	4.59	3.96
1999.06.10	2.07	—	3.78	3.69	3.51	3.24	2.16
2001.09.11	—	—	—	—	—	—	2.97
2002.02.21	1.89	—	3.24	3.15	2.97	2.70	2.97
2003.12.20	—	1.62	—	—	—	—	—
2004.03.25	—	—	3.87	3.78	3.60	3.33	3.24
2005.03.17	—	0.99	—	—	—	—	—
2008.01.01	—	—	4.68	4.59	4.41	4.14	4.32
2008.11.27	1.62	0.72	3.60	3.51	3.33	3.06	2.97
2008.12.23	—	—	3.33	3.24	3.06	2.79	1.80
2010.12.26	—	—	3.85	3.75	3.55	3.25	2.25

注：①1998年3月法定准备金和超额准备金两个账户合并为准备金账户。
②*按同档次中央银行贷款利率下浮5%～10%。

Notes: 1. The required reserves account and excess reserves account were merged into the reserves account in March 1998.
2. *The interest rate is 5%~10% below that of the central bank lending rate of the same tranche.

法定存款准备金利率和再贴现利率
Required reserves interest rates and rediscount interest rates

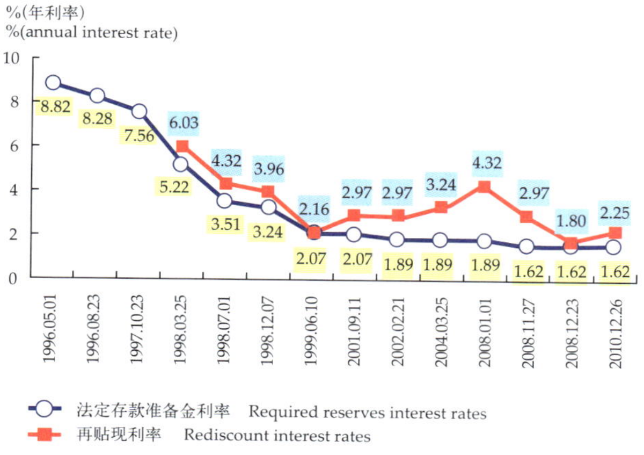

对金融机构贷款利率
Interest rates of central bank lending to financial institutions

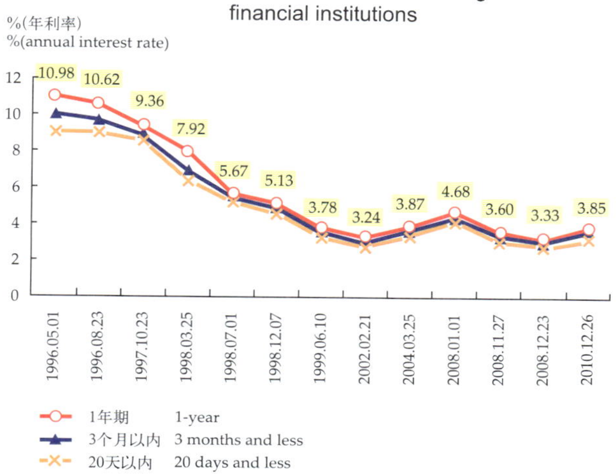

金融机构人民币存款基准利率
RMB deposit benchmark interest rates in financial institutions

单位：年利率%
Unit: annual interest rate %

日期 Date	活期 Demand deposits	定期 Time deposits					
		3个月 3-month	6个月 6-month	1年 1-year	2年 2-year	3年 3-year	5年 5-year
1990.04.15	2.88	6.30	7.74	10.08	10.98	11.88	13.68
1990.08.21	2.16	4.32	6.48	8.64	9.36	10.08	11.52
1991.04.21	1.80	3.24	5.40	7.56	7.92	8.28	9.00
1993.05.15	2.16	4.86	7.20	9.18	9.90	10.80	12.06
1993.07.11	3.15	6.66	9.00	10.98	11.70	12.24	13.86
1996.05.01	2.97	4.86	7.20	9.18	9.90	10.80	12.06
1996.08.23	1.98	3.33	5.40	7.47	7.92	8.28	9.00
1997.10.23	1.71	2.88	4.14	5.67	5.94	6.21	6.66
1998.03.25	1.71	2.88	4.14	5.22	5.58	6.21	6.66
1998.07.01	1.44	2.79	3.96	4.77	4.86	4.95	5.22
1998.12.07	1.44	2.79	3.33	3.78	3.96	4.14	4.50
1999.06.10	0.99	1.98	2.16	2.25	2.43	2.70	2.88
2002.02.21	0.72	1.71	1.89	1.98	2.25	2.52	2.79
2004.10.29	0.72	1.71	2.07	2.25	2.70	3.24	3.60
2006.08.19	0.72	1.80	2.25	2.52	3.06	3.69	4.14
2007.03.18	0.72	1.98	2.43	2.79	3.33	3.96	4.41
2007.05.19	0.72	2.07	2.61	3.06	3.69	4.41	4.95
2007.07.21	0.81	2.34	2.88	3.33	3.96	4.68	5.22
2007.08.22	0.81	2.61	3.15	3.60	4.23	4.95	5.49
2007.09.15	0.81	2.88	3.42	3.87	4.50	5.22	5.76
2007.12.21	0.72	3.33	3.78	4.14	4.68	5.40	5.85
2008.10.09	0.72	3.15	3.51	3.87	4.41	5.13	5.58
2008.10.30	0.72	2.88	3.24	3.60	4.14	4.77	5.13
2008.11.27	0.36	1.98	2.25	2.52	3.06	3.60	3.87
2008.12.23	0.36	1.71	1.98	2.25	2.79	3.33	3.60
2010.10.20	0.36	1.91	2.20	2.50	3.25	3.85	4.20
2010.12.26	0.36	2.25	2.50	2.75	3.55	4.15	4.55
2011.02.09	0.40	2.60	2.80	3.00	3.90	4.50	5.00
2011.04.06	0.50	2.85	3.05	3.25	4.15	4.75	5.25
2011.07.07	0.50	3.10	3.30	3.50	4.40	5.00	5.50
2012.06.08	0.40	2.85	3.05	3.25	4.10	4.65	5.10
2012.07.06	0.35	2.60	2.80	3.00	3.75	4.25	4.75
2014.11.22	0.35	2.35	2.55	2.75	3.35	4.00	—

注：2014年11月起，中国人民银行不再公布人民币5年期定期存款基准利率。
Note: Since November, 2014, the PBC stopped publishing the benchmark interest rate for 5-year RMB deposits.

人民币存款基准利率
RMB deposit benchmark interest rates

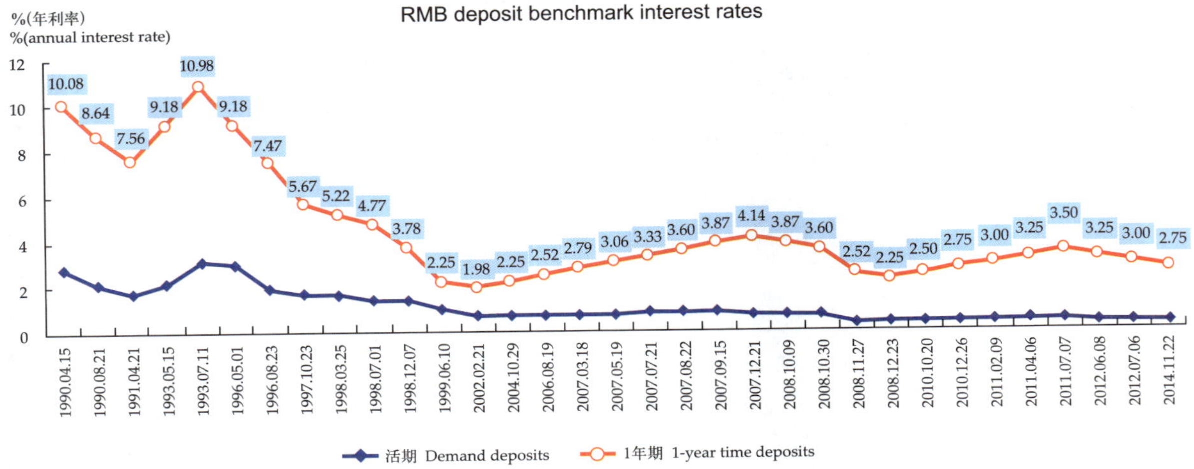

金融机构人民币贷款基准利率
RMB lending benchmark interest rates in financial institutions

单位：年利率%
Unit: annual interest rate %

日期 Date	短期贷款 Short-term loans		中长期贷款 Medium- and long-term loans		
	6个月以内(含6个月) 6-month and less (including 6-month)	6个月至1年(含1年) 6-month to 1-year (including 1-year)	1～3年(含3年) 1 to 3-year (including 3-year)	3～5年(含5年) 3 to 5-year (including 5-year)	5年以上 More than 5-year
1991.04.21	8.10	8.64	9.00	9.54	9.72
1993.05.15	8.82	9.36	10.80	12.06	12.24
1993.07.11	9.00	10.98	12.24	13.86	14.04
1995.01.01	9.00	10.98	12.96	14.58	14.76
1995.07.01	10.08	12.06	13.50	15.12	15.30
1996.05.01	9.72	10.98	13.14	14.94	15.12
1996.08.23	9.18	10.08	10.98	11.70	12.42
1997.10.23	7.65	8.64	9.36	9.90	10.53
1998.03.25	7.02	7.92	9.00	9.72	10.35
1998.07.01	6.57	6.93	7.11	7.65	8.01
1998.12.07	6.12	6.39	6.66	7.20	7.56
1999.06.10	5.58	5.85	5.94	6.03	6.21
2002.02.21	5.04	5.31	5.49	5.58	5.76
2004.10.29	5.22	5.58	5.76	5.85	6.12
2006.04.28	5.40	5.85	6.03	6.12	6.39
2006.08.19	5.58	6.12	6.30	6.48	6.84
2007.03.18	5.67	6.39	6.57	6.75	7.11
2007.05.19	5.85	6.57	6.75	6.93	7.20
2007.07.21	6.03	6.84	7.02	7.20	7.38
2007.08.22	6.21	7.02	7.20	7.38	7.56
2007.09.15	6.48	7.29	7.47	7.65	7.83
2007.12.21	6.57	7.47	7.56	7.74	7.83
2008.09.16	6.21	7.20	7.29	7.56	7.74
2008.10.09	6.12	6.93	7.02	7.29	7.47
2008.10.30	6.03	6.66	6.75	7.02	7.20
2008.11.27	5.04	5.58	5.67	5.94	6.12
2008.12.23	4.86	5.31	5.40	5.76	5.94
2010.10.20	5.10	5.56	5.60	5.96	6.14
2010.12.26	5.35	5.81	5.85	6.22	6.40
2011.02.09	5.60	6.06	6.10	6.45	6.60
2011.04.06	5.85	6.31	6.40	6.65	6.80
2011.07.07	6.10	6.56	6.65	6.90	7.05
2012.06.08	5.85	6.31	6.40	6.65	6.80
2012.07.06	5.60	6.00	6.15	6.40	6.55
2014.11.22	—	5.60	—	6.00	6.15

注：①2014年11月起，中国人民银行将贷款基准利率期限档次简并为1年以内（含1年）、1～5年（含5年）和5年以上三个档次。
②2014年11月后为1年以内（含1年）。
③2014年11月后为1～5年（含5年）。

Note: 1. Since November, 2014, the PBC simplified the term category of RMB benchmark lending rates, which thereafter inclued less than 1-year(including 1-year), 1 to 5-year (including 5-year), and more than 5-year.
2. Less than 1-year (including 1-year) after November, 2014.
3. 1 to 5-year (including 5-year) after November, 2014.

人民币贷款基准利率
RMB lending benchmark interest rates

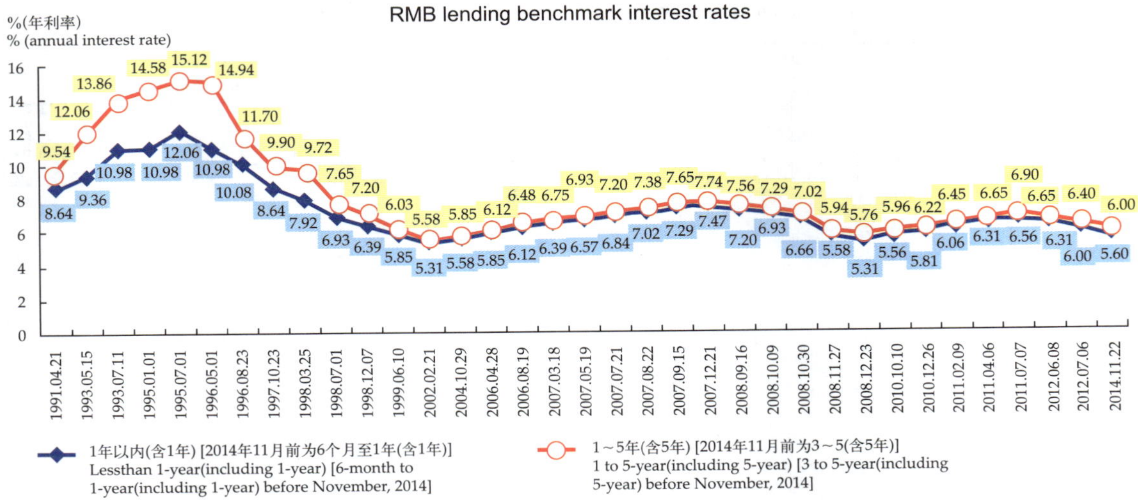

金融机构人民币贷款各利率区间占比表
Share of loans with floating rates in various ranges

单位：% Unit: %

日期 Date	下浮 Floating downward	基准 At benchmark	上浮 Floating upward					
			小计 Subtotal	(1.0, 1.1]	(1.1, 1.3]	(1.3, 1.5]	(1.5, 2.0]	2.0以上Above 2.0
2012.01	4.79	26.22	68.99	22.33	25.51	8.76	9.22	3.17
2012.02	5.53	27.59	66.88	23.12	23.76	7.98	8.61	3.40
2012.03	4.62	24.95	70.43	21.12	26.99	9.48	9.41	3.43
2012.04	5.03	23.06	71.91	20.76	28.92	10.10	8.98	3.16
2012.05	5.35	24.08	70.57	20.51	28.90	9.73	8.31	3.12
2012.06	7.92	25.08	66.99	19.94	27.87	8.90	7.66	2.63
2012.07	9.51	24.38	66.11	19.74	26.78	9.13	7.61	2.85
2012.08	11.61	22.66	65.73	19.64	26.45	8.30	8.33	3.01
2012.09	11.31	24.57	64.12	20.16	25.18	8.13	7.67	2.98
2012.10	10.88	26.80	62.32	20.15	24.30	7.28	7.53	3.06
2012.11	11.70	25.74	62.56	19.43	24.52	7.64	7.71	3.26
2012.12	14.16	26.10	59.74	18.41	22.87	7.58	7.84	3.04
2013.01	10.62	25.08	64.30	19.84	25.23	7.87	8.29	3.07
2013.02	11.69	25.05	63.26	19.57	23.96	7.88	8.83	3.02
2013.03	11.44	23.79	64.77	19.55	24.71	8.15	9.27	3.09
2013.04	10.56	23.53	65.91	18.96	25.52	8.96	9.23	3.24
2013.05	11.89	22.45	65.66	19.65	25.92	8.84	8.46	2.79
2013.06	12.55	24.52	62.93	19.47	24.95	7.95	8.04	2.52
2013.07	10.54	23.32	66.14	19.99	27.07	8.61	7.96	2.51
2013.08	10.23	21.95	67.82	19.70	27.33	9.46	8.60	2.73
2013.09	10.70	23.31	65.99	19.59	26.58	9.33	8.03	2.46
2013.10	9.81	24.23	65.96	19.85	26.26	8.86	8.41	2.58
2013.11	10.41	24.09	65.50	19.13	26.15	8.90	8.45	2.87
2013.12	12.48	24.12	63.40	17.89	24.66	9.64	8.55	2.66
2014.01	8.20	22.81	68.99	17.90	27.39	11.00	9.78	2.92
2014.02	7.56	24.96	67.48	20.61	26.09	10.13	8.05	2.60
2014.03	8.35	21.40	70.25	18.81	27.69	11.17	9.56	3.02
2014.04	6.14	20.60	73.26	20.20	28.47	11.93	9.69	2.97
2014.05	7.35	19.81	72.84	20.45	28.12	11.97	9.52	2.78
2014.06	9.32	21.57	69.11	20.24	26.71	11.19	8.42	2.55
2014.07	8.23	19.68	72.09	19.35	27.78	12.46	9.69	2.81
2014.08	7.50	18.80	73.70	18.28	29.35	13.21	9.81	3.05
2014.09	8.31	20.43	71.26	19.01	28.18	12.29	9.00	2.78
2014.10	8.91	20.43	70.66	18.55	27.29	12.08	9.63	3.12
2014.11	9.44	19.94	70.63	18.73	26.84	12.32	9.55	3.19
2014.12	13.10	19.64	67.26	18.87	24.89	11.26	9.22	3.02

2014年第四季度金融机构人民币贷款各利率区间占比表
Share of loans with rates floating at various ranges in the fourth quarter of 2014

单位：% Unit: %

	下浮 Floating downward	基准 At benchmark	上浮 Floating upward					
			小计 Subtotal	(1.0, 1.1]	(1.1, 1.3]	(1.3, 1.5]	(1.5, 2.0]	2.0以上 Above 2.0
四大国有商业银行 Four state-owned commercial banks	15.17	28.04	56.79	26.23	23.96	5.98	0.57	0.05
股份制商业银行 Joint-stock commercial banks	7.49	13.56	78.95	23.14	39.78	12.07	1.94	2.02
外资商业银行 Foreign commercial banks	40.29	14.58	45.13	17.47	20.85	5.64	0.86	0.31
城市商业银行 City commercial banks	3.58	14.16	82.26	12.84	32.04	19.40	14.17	3.81
城乡信用社 Urban and rural credit cooperatives	2.04	7.02	90.94	6.02	18.18	21.01	34.92	10.81
政策性银行 Policy banks	26.38	52.34	21.28	17.59	3.47	0.22	0.00	0.00
合计 Total	10.52	20.07	69.41	19.18	26.57	11.60	8.98	3.08

大额美元存款与美元贷款平均利率表
Average interest rates of large-value dollar deposits and loans

单位：% Unit: %

日期 Date	大额存款 Large-value deposits						贷款 Loans				
	活期 Demand	3个月以内 Within 3 months	3(含)~6个月 3~6 months (including 3 months)	6(含)~12个月 6~12 months (including 6 months)	1年 1 year	1年以上 Above 1 year	3个月以内 Within 3 months	3(含)~6个月 3~6 months (including 3 months)	6(含)~12个月 6~12 months (including 6 months)	1年 1 year	1年以上 Above 1 year
2013.01	0.11	0.90	1.35	1.75	1.90	2.45	1.74	2.04	1.87	2.00	3.25
2013.02	0.12	0.84	1.42	1.75	2.04	2.12	2.18	1.91	1.82	2.14	4.08
2013.03	0.11	0.92	1.57	1.91	2.44	1.54	1.97	2.16	2.07	2.35	3.03
2013.04	0.10	0.82	1.36	2.04	2.36	1.27	1.99	2.13	2.22	2.30	3.26
2013.05	0.12	0.80	1.39	1.89	2.31	1.20	2.00	2.11	2.34	2.38	3.02
2013.06	0.12	1.07	1.69	1.86	2.50	1.14	2.23	2.34	2.40	2.78	3.33
2013.07	0.13	1.14	1.97	2.15	2.57	1.79	2.25	2.58	2.69	2.77	3.13
2013.08	0.12	1.17	1.84	2.05	2.68	2.39	2.29	2.41	2.57	2.63	3.23
2013.09	0.19	1.58	2.37	2.06	3.43	2.22	2.28	2.80	2.63	2.49	3.18
2013.10	0.22	1.63	2.38	2.65	3.18	1.58	2.46	2.60	2.83	2.75	3.36
2013.11	0.17	1.81	2.69	2.91	3.36	1.87	2.52	2.64	2.88	2.91	3.29
2013.12	0.18	1.99	3.19	2.89	2.70	1.96	2.66	2.82	2.88	2.95	3.71
2014.01	0.21	2.41	3.43	3.48	3.54	2.68	2.82	2.90	3.14	2.88	3.56
2014.02	0.20	2.50	3.54	3.68	3.66	3.08	3.08	3.13	3.46	3.10	3.08
2014.03	0.25	2.60	3.68	3.63	3.85	2.72	3.08	3.20	3.35	3.30	3.16
2014.04	0.27	2.45	3.56	3.70	3.66	2.81	3.11	3.24	3.59	3.52	3.47
2014.05	0.26	2.21	3.24	3.43	3.58	2.83	2.97	3.09	3.45	3.52	3.63
2014.06	0.22	1.99	3.03	3.17	3.69	2.78	2.87	3.03	3.37	3.42	3.45
2014.07	0.21	1.59	2.72	2.96	3.47	2.48	2.73	2.97	3.32	3.24	3.72
2014.08	0.19	1.09	2.13	2.77	3.06	2.16	2.61	2.66	3.01	2.89	3.39
2014.09	0.14	0.83	1.76	2.30	2.40	1.18	2.53	2.51	2.67	2.74	3.55
2014.10	0.15	0.86	1.59	2.19	2.46	1.57	2.59	2.52	2.78	2.74	3.39
2014.11	0.12	0.70	1.41	2.08	2.53	1.85	2.15	2.22	2.57	2.75	3.68
2014.12	0.14	0.64	1.31	1.87	2.03	1.40	2.29	2.22	2.36	2.72	3.47

八、金融市场
8. Financial Market

1.货币市场
(1) Money market

银行间市场交易量
Transaction volume in the inter-bank market

单位：万亿元
Unit: RMB trillion yuan

年 Year	债券回购 Repurchasing	同业拆借 Inter-bank borrowing	现券买卖 Outright transactions
2000	1.6	0.7	0.1
2001	4.0	0.8	0.1
2002	10.2	1.2	0.4
2003	11.7	2.4	3.1
2004	9.4	1.5	2.5
2005	15.9	1.3	6.0
2006	26.6	2.2	10.2
2007	44.8	10.6	15.6
2008	58.1	15.0	37.1
2009	70.3	19.4	47.3
2010	87.6	27.9	64.0
2011	99.5	33.4	63.6
2012	141.7	46.7	75.2
2013	158.2	35.5	41.6
2014	224.4	37.7	40.4

银行间市场月加权平均利率
Monthly weighted average interest rates in the inter-bank market

单位：% Unit: %

年/月 Year/Month	同业拆借市场 Inter-bank borrowing market	质押式债券回购 Bond-pledged repurchasing
2013.01	2.27	2.25
2013.02	2.77	2.89
2013.03	2.47	2.46
2013.04	2.50	2.55
2013.05	2.92	3.01
2013.06	6.58	6.82
2013.07	3.54	3.60
2013.08	3.44	3.45
2013.09	3.47	3.49
2013.10	3.83	3.86
2013.11	4.12	4.12
2013.12	4.16	4.28
2014.01	3.86	3.98
2014.02	3.01	2.99
2014.03	2.49	2.48
2014.04	2.72	2.69
2014.05	2.56	2.56
2014.06	2.85	2.89
2014.07	3.41	3.41
2014.08	3.17	3.11
2014.09	2.97	2.93
2014.10	2.69	2.64
2014.11	2.82	2.79
2014.12	3.49	3.49

银行间市场交易量
Transaction volume in the inter-bank market

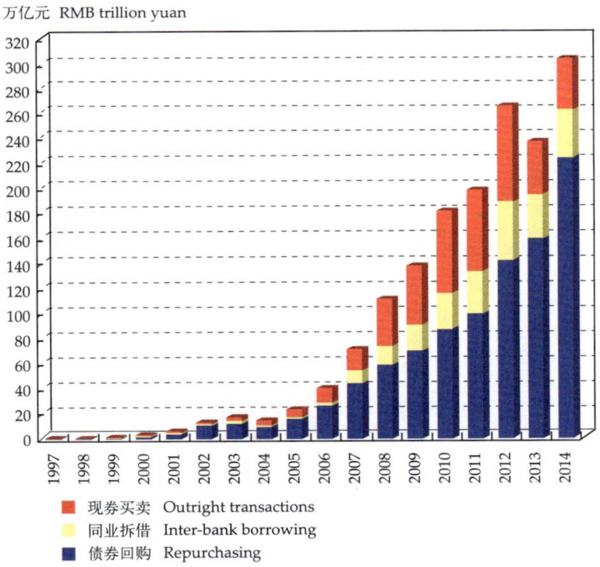

银行间市场月加权平均利率
Monthly weighted average interest rates in the inter-bank market

各品种Shibor走势图
Movements of the Shibor

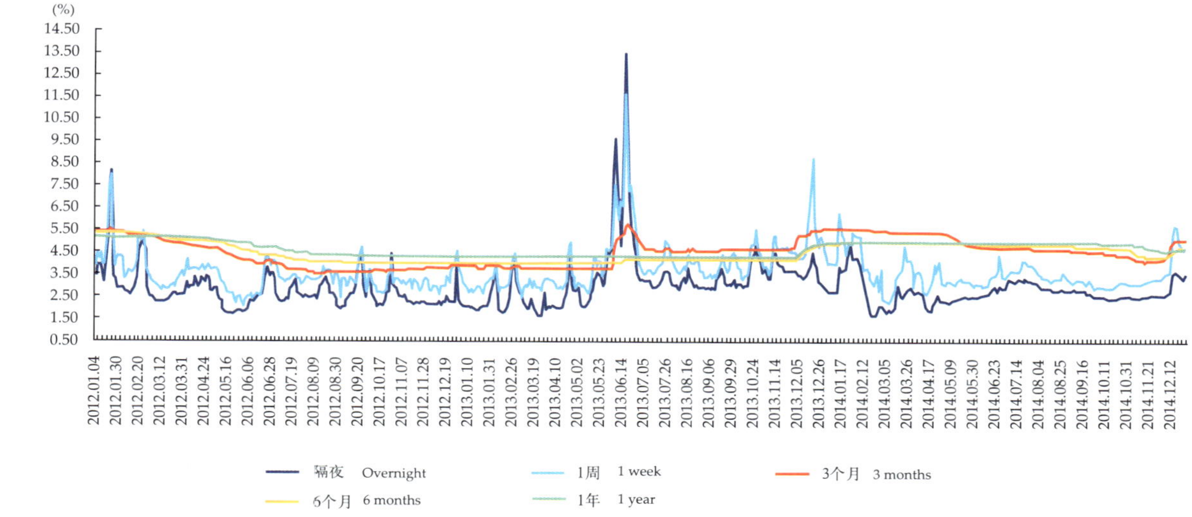

全国银行间同业拆借各期限当月交易量及月加权平均利率
Monthly transaction volume and monthly weighted average interest rates of inter-bank borrowing with different maturities

单位：亿元、%
Unit: RMB 100 million yuan, %

年/月 Year/Month	1天 1 day		7天 7 days		14天 14 days		21天 21 days		1个月 1 month		2个月 2 months		3个月 3 months		4个月 4 months		6个月 6 months		9个月 9 months		1年 1 year	
	交易量 Volume	利率 Rate	交易量 Volume	利率 Rate	交易量 Volume	利率 Rate	交易量 Volume	利率 Rate	交易量 Volume	利率 Rate	交易量 Volume	利率 Rate	交易量 Volume	利率 Rate	交易量 Volume	利率 Rate	交易量 Volume	利率 Rate	交易量 Volume	利率 Rate	交易量 Volume	利率 Rate
2013.01	33 896	2.13	3 047	3.27	719	3.14	91	3.68	234	3.89	69	4.17	222	4.11	17	3.86	41	4.16	0	—	9	4.48
2013.02	23 010	2.59	3 102	3.44	1 140	3.67	195	4.00	337	4.16	70	3.75	34	4.03	11	4.48	1	4.40	0	—	6	4.42
2013.03	30 720	2.31	4 302	3.22	564	3.47	98	3.32	767	3.41	38	3.87	112	4.24	1	3.88	2	4.30	0	—	3	4.33
2013.04	37 911	2.38	3 160	3.37	738	3.50	345	3.32	588	3.66	53	3.52	116	3.88	2	4.20	5	4.01	0	—	1	4.00
2013.05	38 622	2.80	3 953	3.71	864	3.69	67	3.34	748	3.88	69	3.57	53	4.26	2	4.03	0	—	0	—	1	4.33
2013.06	11 324	6.43	3 125	6.98	805	7.07	32	7.13	161	6.79	57	6.44	86	5.92	3	5.00	23	5.91	0	—	11	3.97
2013.07	18 775	3.34	3 759	4.10	807	4.24	101	4.58	352	5.23	52	5.07	152	5.08	3	4.43	6	5.01	0	4.80	8	5.23
2013.08	19 592	3.23	3 911	4.10	675	4.52	97	4.83	255	4.67	55	5.27	84	5.24	2	5.80	14	4.98	0	—	15	5.49
2013.09	22 371	3.22	3 892	3.87	1 911	4.64	473	4.57	447	5.18	83	5.41	125	5.46	6	4.57	0	—	2	5	18	5.51
2013.10	16 880	3.62	3 311	4.39	1 158	4.24	92	5.04	440	5.26	116	5.05	225	5.32	4	4.30	7	5.78	0	—	10	5.72
2013.11	20 190	3.88	4 623	4.53	1 057	5.08	34	6.01	390	5.75	159	5.68	335	6.45	2	4.63	8	5.25	0	—	0	—
2013.12	16 345	3.71	3 839	5.17	1 143	5.63	204	5.51	352	5.82	212	6.18	205	6.10	15	5.35	12	7.00	0	—	2	6.47
2014.01	16 783	3.36	3 864	4.84	1 333	5.44	221	6.38	462	6.07	170	6.72	103	6.14	5	6.95	6	5.47	0	—	2	6.24
2014.02	12 863	2.49	3 036	4.40	675	4.50	51	4.97	220	5.15	114	5.27	194	5.84	10	5.70	11	6.32	0	—	21	6.66
2014.03	26 694	2.30	3 079	3.47	662	3.42	58	3.57	394	4.04	102	4.26	198	5.35	9	5.42	7	5.52	8	5.64	6	6.20
2014.04	24 816	2.47	4 190	3.62	677	3.76	21	4.33	675	3.90	143	4.10	199	5.20	5	4.75	4	5.08	0	—	12	5.87
2014.05	34 823	2.44	3 316	3.31	561	3.44	106	3.47	464	3.77	52	4.41	95	4.74	1	4.55	10	5.10	8	5.17	12	5.46
2014.06	31 107	2.72	4 171	3.45	486	4.21	63	4.51	307	4.53	26	4.47	89	4.98	2	5.06	1	5.06	5	5.00	13	4.20
2014.07	26 053	3.23	5 104	3.98	1 078	4.51	59	4.30	414	4.38	142	4.05	107	4.89	0	0.00	3	4.83	0	0.00	26	5.13
2014.08	19 470	2.97	6 185	3.61	1 446	3.75	21	4.26	247	3.90	81	3.68	118	4.75	3	4.60	3	4.63	0	0.00	1	5.70
2014.09	27 646	2.81	6 762	3.41	1 660	3.39	111	4.24	246	4.15	112	3.77	138	4.90	11	4.79	9	4.87	0	0.00	3	4.84
2014.10	30 502	2.52	6 456	3.18	1 337	3.39	87	3.66	470	3.89	81	3.64	117	4.69	0	4.35	4	4.50	0	0.00	25	4.75
2014.11	24 463	2.59	7 456	3.33	801	3.68	43	4.69	451	4.01	64	4.11	159	4.79	11	4.60	21	4.56	1	4.95	29	4.24
2014.12	19 761	2.97	7 440	4.46	1 052	4.93	57	5.64	314	5.80	150	5.15	153	5.13	3	5.58	20	5.08	1	5.50	15	4.79

全国银行间同业拆借各期限月加权平均利率
Monthly weighted average interest rates of inter-bank borrowing with different maturities

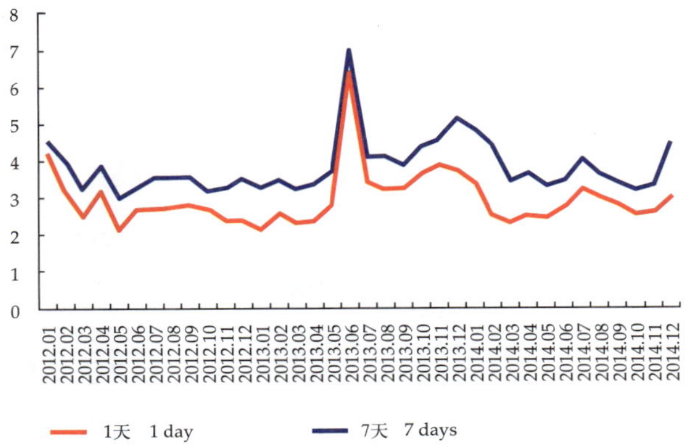

全国银行间同业拆借各期限当月交易量
Monthly transaction volume of inter-bank borrowing with different maturities

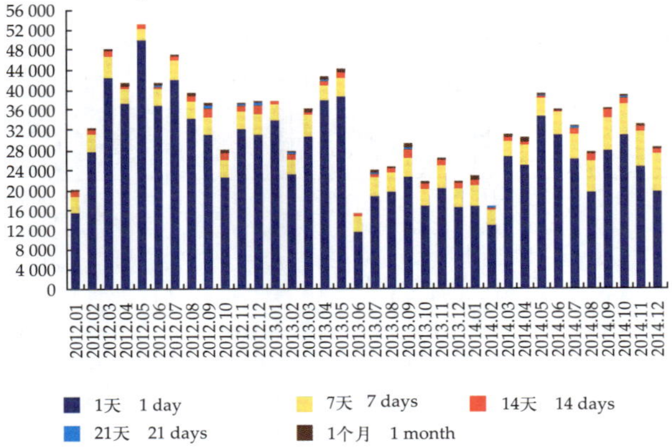

2.债券市场
(2) Bond market

债券回购交易成交金额
Turnover of repurchasing

单位：亿元
Unit: RMB 100 million yuan

年/月 Year/Month	银行间债券市场 Inter-bank bond market	交易所 Stock exchanges
2013.01	138 841	40 964
2013.02	101 705	30 824
2013.03	137 814	45 877
2013.04	147 431	40 396
2013.05	147 189	56 130
2013.06	122 313	50 127
2013.07	127 290	70 623
2013.08	127 709	67 660
2013.09	125 937	55 901
2013.10	115 707	56 056
2013.11	143 350	69 318
2013.12	146 351	77 148
2014.01	121 232	68 877
2014.02	101 112	54 808
2014.03	166 090	67 165
2014.04	171 563	69 560
2014.05	185 808	68 650
2014.06	197 533	70 541
2014.07	208 708	82 413
2014.08	199 723	78 113
2014.09	219 390	79 945
2014.10	216 200	73 794
2014.11	219 020	86 451
2014.12	237 846	106 849

债券现券交易成交金额
Turnover of outright transactions

单位：亿元
Unit: RMB 100 million yuan

年/月 Year/Month	银行间债券市场 Inter-bank bond market	交易所 Stock exchanges
2013.01	80 027	1 300
2013.02	51 930	1 041
2013.03	84 974	1 569
2013.04	67 927	1 424
2013.05	26 892	1 525
2013.06	11 839	1 266
2013.07	12 852	1 417
2013.08	13 688	1 323
2013.09	14 058	1 663
2013.10	14 540	1 139
2013.11	17 925	1 682
2013.12	19 454	2 025
2014.01	19 145	1 690
2014.02	21 018	1 514
2014.03	30 728	2 017
2014.04	34 436	1 877
2014.05	36 436	1 626
2014.06	33 562	2 062
2014.07	36 582	2 484
2014.08	34 172	2 115
2014.09	39 894	2 259
2014.10	36 557	2 211
2014.11	38 486	3 089
2014.12	42 550	5 140

债券回购交易成交金额
Turnover of repurchasing

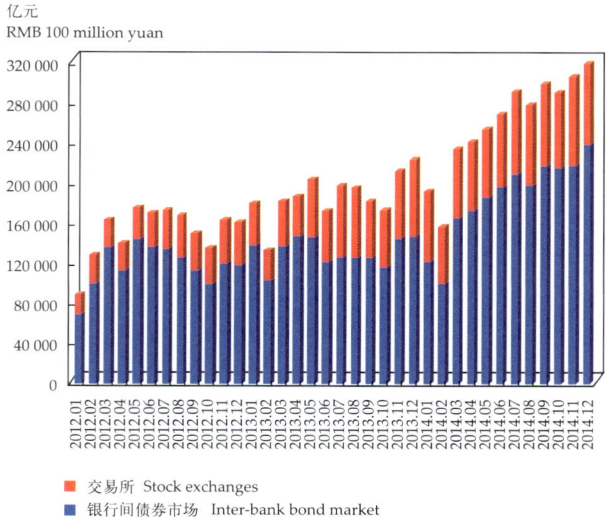

债券现券交易成交金额
Turnover of outright transactions

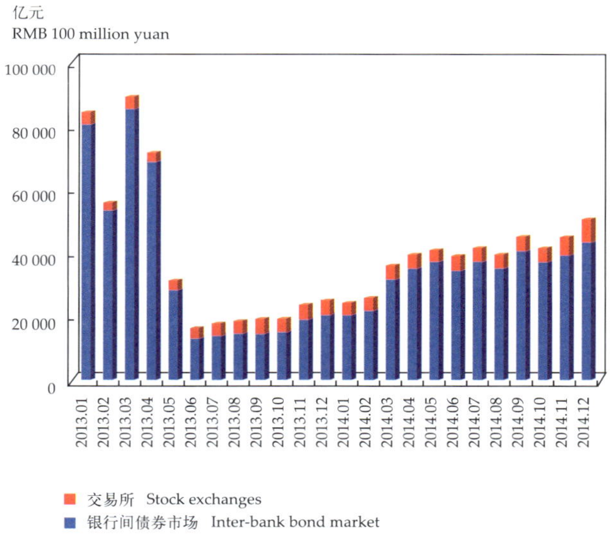

国债发行、兑付、期末余额
Issue and redemption values and end-period balance of government bonds

单位：亿元
Unit: RMB 100 million yuan

年/月 Year/Month	发行额 Issue value	兑付额 Redemption value	期末余额 End-period balance
2013.01	1 120	881	84 253
2013.02	780	1 063	84 026
2013.03	733	726	84 262
2013.04	2 231	687	85 668
2013.05	2 310	506	87 161
2013.06	1 537	927	88 092
2013.07	2 281	432	89 697
2013.08	2 585	1 193	91 278
2013.09	2 062	830	92 601
2013.10	2 346	363	94 216
2013.11	1 280	878	94 878
2013.12	965	374	95 471
2014.01	540	753	95 235
2014.02	560	601	95 200
2014.03	1 040	1 267	95 162
2014.04	2 157	1 124	95 940
2014.05	1 836	577	97 134
2014.06	2 587	1 675	98 361
2014.07	2 787	693	100 966
2014.08	2 804	1 458	102 300
2014.09	2 274	423	104 151
2014.10	1 997	602	105 253
2014.11	1 681	539	106 380
2014.12	1 484	654	107 275

国债发行与兑付
Issue and redemption values of government bonds

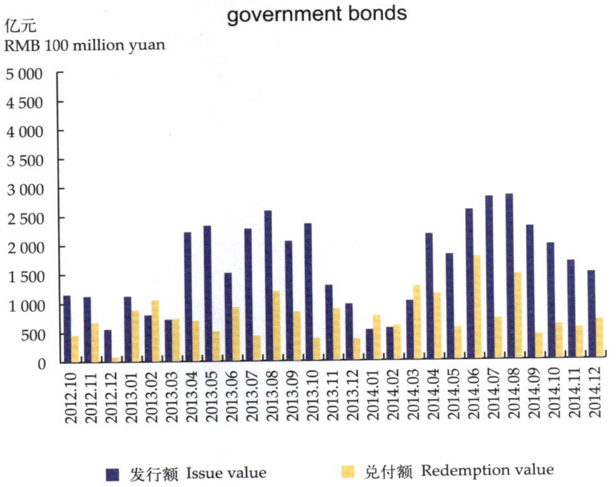

国债期末余额
Outstanding amounts of government bonds at end-period

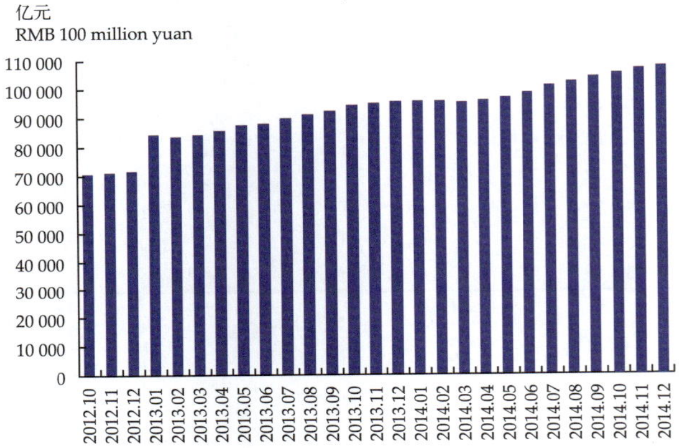

3.股票市场
(3) Stock market

股票成交、发行筹资额
Turnover of stock trading and funds raised in the stock market

年/月 Year/month		成交金额（亿元） Turnover of stock trading (RMB100 million yuan)		A股筹资（亿元） A-shares capital raised (RMB100 million yuan)					B股筹资（亿美元） B-shares capital rasied (USD100 million)	H股筹资（亿美元） H-shares capital rasied (USD100 million)	
		上海证券交易所A股 A-shares on the Shanghai stock exchange	深圳证券交易所A股 A-shares on the Shenzhen stock exchange	首次发行金额 Initial public offering	公开增发 Additional offering	定向增发（现金） Placement (Cash)	配股 Allotment	权证行权 Exercise warrant		首次发行金额 Initial public offering	再筹资金额 Refinancing
2011	1	20 198	14 365	454.1	35.1	141.7	99.7	0.0	0.0	0.0	0.0
	2	21 593	15 851	242.9	1.3	19.4	6.8	0.0	0.0	0.0	0.0
	3	36 920	26 190	342.6	25.3	208.7	6.1	0.0	0.0	0.0	0.0
	4	27 271	18 486	259.7	6.9	270.0	113.7	0.0	0.0	0.0	7.7
	5	20 431	13 530	222.9	0.0	128.4	0.0	0.0	0.0	22.5	0.0
	6	18 480	12 797	204.8	0.0	111.4	3.3	0.0	0.0	8.5	24.9
	7	22 994	19 063	113.6	14.6	145.3	175.6	0.0	0.0	0.0	12.8
	8	19 128	17 744	260.7	21.5	240.5	0.0	29.5	0.0	0.0	0.0
	9	12 099	10 155	182.2	0.0	53.5	0.0	0.0	0.0	0.0	0.0
	10	11 151	9 475	212.4	0.0	31.6	0.0	0.0	0.0	18.3	0.0
	11	16 285	16 198	163.0	27.4	68.5	9.0	0.0	0.0	0.0	0.0
	12	10 260	9 675	166.5	0.0	245.6	7.7	0.0	0.0	18.6	0.0
2012	1	9 052	7 531	63.6	0.0	17.2	0.0	0.0	0.0	0.0	0.0
	2	17 706	15 867	73.6	84.8	48.7	22.1	0.0	0.0	0.0	3.2
	3	20 278	18 239	214.3	19.9	375.4	73.0	0.0	0.0	0.0	14.4
	4	14 682	12 079	112.2	0.0	98.8	0.0	0.0	0.0	18.5	0.0
	5	19 408	15 645	135.2	0.0	60.3	6.2	0.0	0.0	0.0	0.0
	6	12 137	11 823	127.2	0.0	214.6	0.0	0.0	0.0	3.5	0.0
	7	12 167	12 723	135.0	0.0	181.5	0.0	0.0	0.0	10.9	0.0
	8	11 447	12 510	72.9	0.0	432.9	0.0	0.0	0.0	0.0	42.4
	9	11 555	11 606	68.5	0.0	122.8	6.3	0.0	0.0	0.0	0.0
	10	9 216	8 986	31.6	0.0	56.5	0.0	0.0	0.0	5.3	0.0
	11	9 193	8 276	0.4	0.0	101.1	5.7	0.0	0.0	0.0	13.4
	12	17 208	14 383	0.0	0.0	157.6	7.7	0.0	0.0	44.3	3.8
2013	1	22 552	20 394	0.0	10.3	452.1	18.5	0.0	0.0	0.0	0.0
	2	16 243	13 875	0.0	0.0	165.0	193.5	0.0	0.0	0.0	31.3
	3	20 389	18 176	0.0	0.0	159.6	48.4	0.0	0.0	0.0	5.3
	4	12 848	12 799	0.0	0.0	238.4	35.7	0.0	0.0	0.0	0.0
	5	20 915	23 965	0.0	7.8	262.4	0.0	0.0	0.0	28.9	0.0
	6	13 290	15 115	0.0	16.4	83.6	26.4	0.0	0.0	0.0	0.0
	7	18 206	23 224	0.0	7.0	112.9	7.8	0.0	0.0	0.0	5.0
	8	20 669	24 394	0.0	7.0	114.7	14.5	0.0	0.0	0.0	0.0
	9	25 377	21 378	0.0	0.0	112.9	275.3	0.0	0.0	0.0	11.8
	10	20 956	22 394	0.0	0.0	78.5	0.0	0.0	0.0	0.0	6.2
	11	19 249	20 755	0.0	0.0	146.6	0.0	0.0	0.0	18.9	0.0
	12	18 224	21 244	0.0	32.0	320.1	49.2	0.0	0.0	65.4	0.0
2014	1	13 638	22 086	188.0	0.0	407.0	8.0	0.0	0.0	0.9	9.6
	2	17 933	25 884	36.0	0.0	137.0	39.0	0.0	0.0	0.0	1.5
	3	18 671	23 472	0.0	0.0	339.0	13.0	0.0	0.0	0.0	2.3
	4	16 853	17 957	0.0	0.0	619.4	0.0	0.0	0.0	0.0	0.0
	5	12 039	15 436	0.0	3.7	239.7	30.7	0.0	0.0	12.2	5.5
	6	13 179	19 091	16.9	0.0	125.7	11.1	0.0	0.0	8.2	0.0
	7	23 967	29 283	46.2	0.0	266.8	18.7	0.0	0.0	2.5	4.0
	8	27 940	32 778	35.1	0.0	230.5	2.5	0.0	0.0	0.0	0.0
	9	35 594	40 811	69.1	0.0	542.7	0.0	0.0	0.0	0.0	1.6
	10	31 336	33 685	54.3	0.0	248.6	7.4	0.0	0.0	2.5	65.3
	11	48 934	39 858	29.4	0.0	341.9	7.8	0.0	0.0	0.3	4.1
	12	115 066	65 887	194.0	0.0	533.6	0.0	0.0	0.0	102.1	118.9

月末加权平均市盈率
Weighted average price-earnings ratio at month-end

年/月 Year/Month	上海证券交易所A股 A-shares on the Shanghai stock exchange	上海证券交易所B股 B-shares on the Shanghai stock exchange	深圳证券交易所A股 A-shares on the Shenzhen stock exchange	深圳证券交易所B股 B-shares on the Shenzhen stock exchange
2013.01	13.0	14.9	23.6	15.1
2013.02	12.9	14.9	24.4	13.8
2013.03	12.2	14.2	24.1	13.8
2013.04	11.9	13.7	24.1	13.9
2013.05	11.8	12.3	27.5	14.9
2013.06	10.2	11.2	23.5	13.1
2013.07	10.3	11.1	24.9	13.0
2013.08	10.8	11.3	26.3	13.6
2013.09	11.2	11.7	27.8	13.8
2013.10	11.1	11.5	26.9	13.8
2013.11	11.5	11.7	28.7	14.7
2013.12	11.0	11.6	28.0	14.5
2014.01	10.6	11.3	28.7	14.0
2014.02	10.7	10.4	28.9	13.7
2014.03	10.7	10.3	25.6	9.6
2014.04	10.7	10.4	24.5	8.5
2014.05	9.8	12.0	25.2	8.1
2014.06	9.8	11.9	26.2	8.7
2014.07	10.6	12.8	27.7	9.5
2014.08	10.7	13.6	28.9	9.6
2014.09	11.5	14.4	32.0	10.0
2014.10	11.8	14.1	32.5	10.0
2014.11	13.1	15.0	34.4	10.1
2014.12	16.0	15.8	34.6	10.5

股票成交金额
Turnover of stock trading

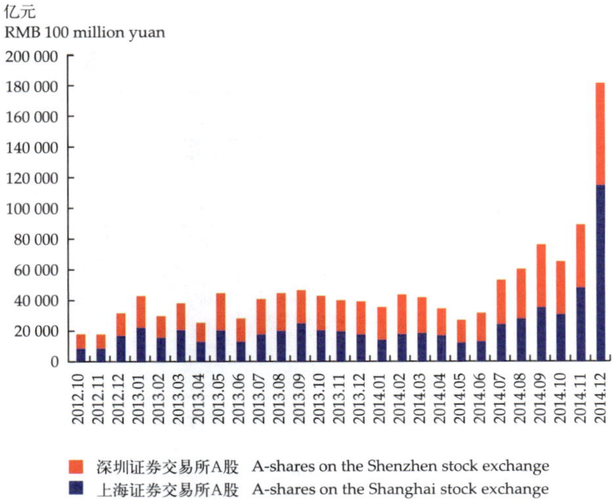

月末加权平均市盈率
Weighted average price-earnings ratio at month-end

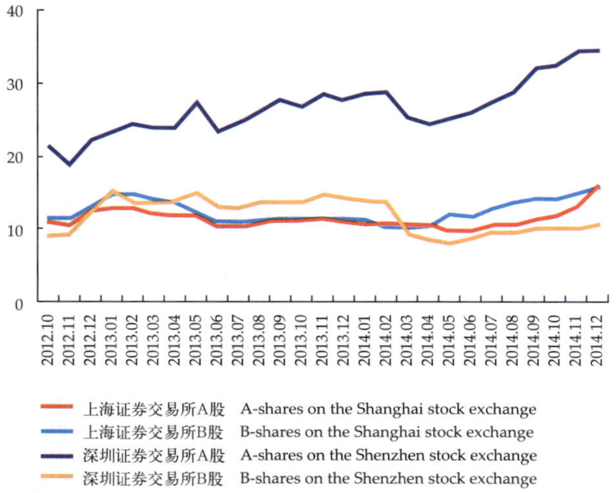

月末收盘指数
Closing index at month-end

4.票据市场
(4) Commercial paper market

票据市场交易额与期末余额
Transactions and outstanding balance of commercial paper market

单位：亿元
Unit: RMB 100 million yuan

年/月 Year/Month	商业汇票 Drafts	贴现 Discount bills	再贴现 Rediscount bills
	发生额 Transactions during the period		
2013.01	22 362	31 346	217
2013.02	11 454	22 159	179
2013.03	20 506	41 691	241
2013.04	16 417	35 659	272
2013.05	18 754	55 447	261
2013.06	17 444	37 239	319
2013.07	10 751	44 562	281
2013.08	16 395	31 899	242
2013.09	17 857	46 205	34
2013.10	17 727	35 687	494
2013.11	15 719	43 037	308
2013.12	17 301	31 655	403
2014.01	21 998	34 951	286
2014.02	12 832	28 495	207
2014.03	21 947	44 792	273
2014.04	16 796	44 197	274
2014.05	18 350	53 959	319
2014.06	17 653	50 041	347
2014.07	17 905	54 236	312
2014.08	15 351	49 393	323
2014.09	19 622	65 083	372
2014.10	18 079	46 418	293
2014.11	19 289	75 034	359
2014.12	20 927	60 691	493
期末余额	Outstanding balance at the end of the period		
2013.01	84 588	20 155	761
2013.02	87 129	20 336	746
2013.03	92 425	21 520	813
2013.04	94 127	23 207	865
2013.05	94 428	24 045	935
2013.06	91 557	23 283	1 034
2013.07	88 653	22 245	1 028
2013.08	95 874	22 118	1 047
2013.09	89 381	20 594	1 016
2013.10	88 632	19 887	1 007
2013.11	89 487	20 078	1 004
2013.12	90 371	19 594	1 136
2014.01	94 162	17 353	1 115
2014.02	92 671	18 432	1 072
2014.03	94 870	18 840	1 054
2014.04	96 551	19 696	1 036
2014.05	98 782	21 239	1 031
2014.06	102 013	22 028	1 120
2014.07	98 214	23 754	1 154
2014.08	97 437	26 100	1 229
2014.09	97 232	27 000	1 257
2014.10	98 099	28 149	1 259
2014.11	99 979	30 572	1 266
2014.12	98 782	29 169	1 372

商业汇票交易情况
Draft transactions

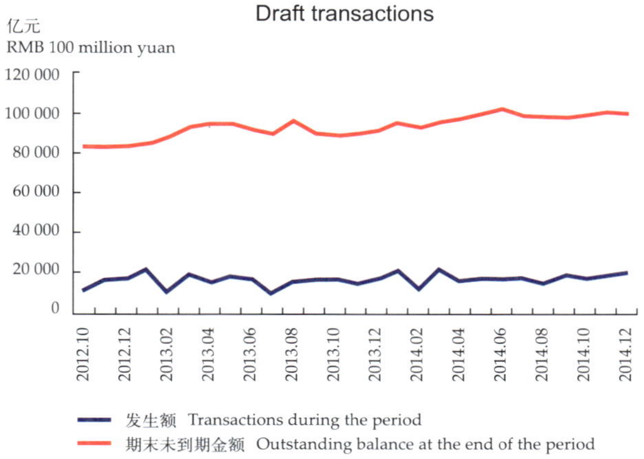

贴现情况
Discount bills

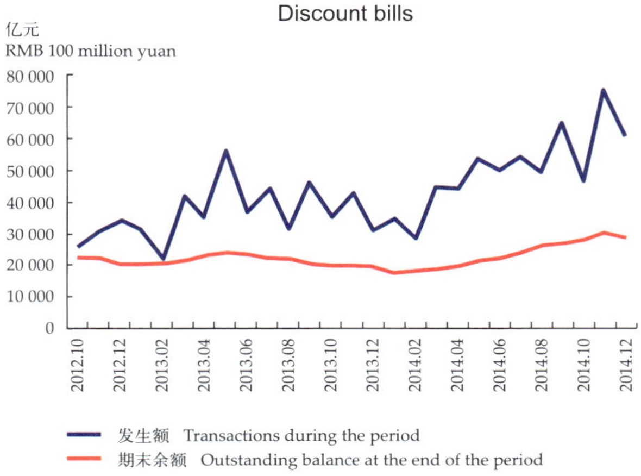

再贴现情况
Rediscount bills

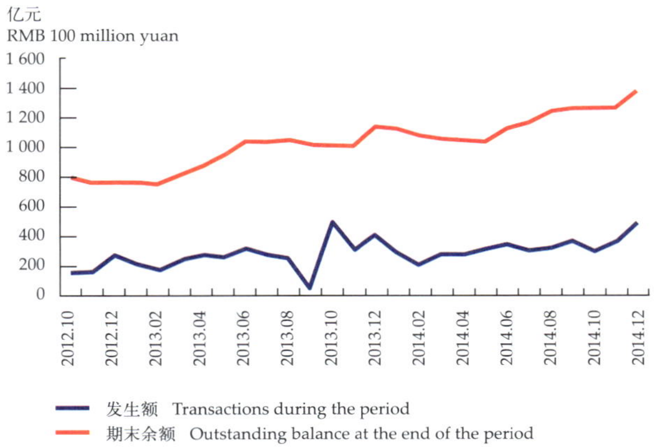

5.外汇市场
(5) Foreign exchange market

世界主要货币兑人民币月平均汇率
Monthly average exchange rate of the RMB against major foreign currencies

年/月 Year/Month	人民币/美元 RMB/USD	人民币/欧元 RMB/EUR	人民币/100日元 RMB/100JPY	人民币/港元 RMB/HKD	卢布/人民币 RUB/RMB
2013.01	6.2787	8.3466	7.0278	0.8098	4.8467
2013.02	6.2842	8.3911	6.7348	0.8103	4.8375
2013.03	6.2743	8.1326	6.6062	0.8086	4.9375
2013.04	6.2471	8.1325	6.3673	0.8047	5.0441
2013.05	6.1970	8.0402	6.1261	0.7984	5.0870
2013.06	6.1718	8.1382	6.3292	0.7953	5.2555
2013.07	6.1725	8.0758	6.1831	0.7958	5.3346
2013.08	6.1708	8.2204	6.2977	0.7957	5.3765
2013.09	6.1588	8.2087	6.1972	0.7942	5.3252
2013.10	6.1393	8.3824	6.2606	0.7918	5.2426
2013.11	6.1372	8.2808	6.1333	0.7917	5.3589
2013.12	6.1160	8.3757	5.8995	0.7888	5.4018
2014.01	6.1043	8.3179	5.8544	0.7869	5.5453
2014.02	6.1128	8.3675	5.9641	0.7880	5.7944
2014.03	6.1358	8.4826	6.0057	0.7905	5.8710
2014.04	6.1553	8.5001	6.0202	0.7938	5.7451
2014.05	6.1636	8.4637	6.0726	0.7951	5.5940
2014.06	6.1557	8.3687	6.0467	0.7941	5.5387
2014.07	6.1569	8.3425	6.0652	0.7944	5.6037
2014.08	6.1606	8.2062	5.9850	0.7949	5.8566
2014.09	6.1528	7.9466	5.7381	0.7937	6.1733
2014.10	6.1441	7.7992	5.7079	0.7921	6.7042
2014.11	6.1432	7.6599	5.2882	0.7922	7.5037
2014.12	6.1238	7.5621	5.1436	0.7897	9.1139

世界主要货币兑人民币期末汇率
Exchange rate of the RMB against major foreign currencies at the end of the period

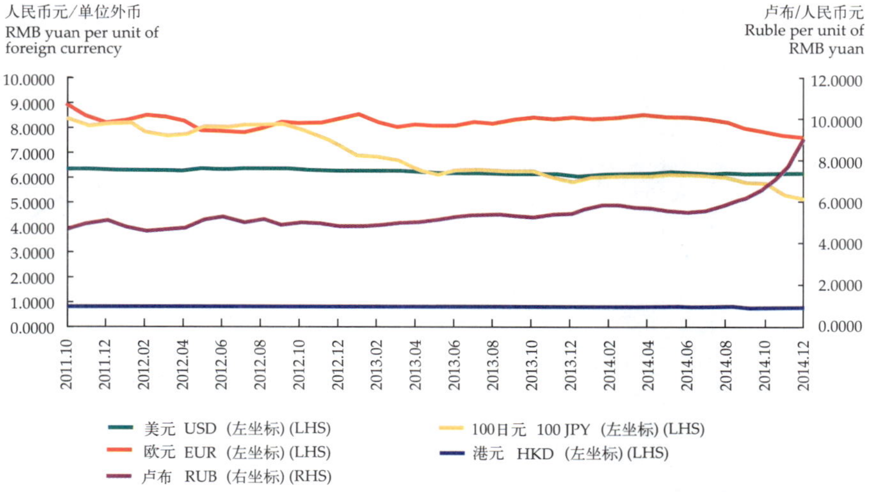

人民币/美元中间价
Central parity of the RMB against the USD
2005年7月21日至2014年12月31日
From July 21, 2005 to December 31, 2014

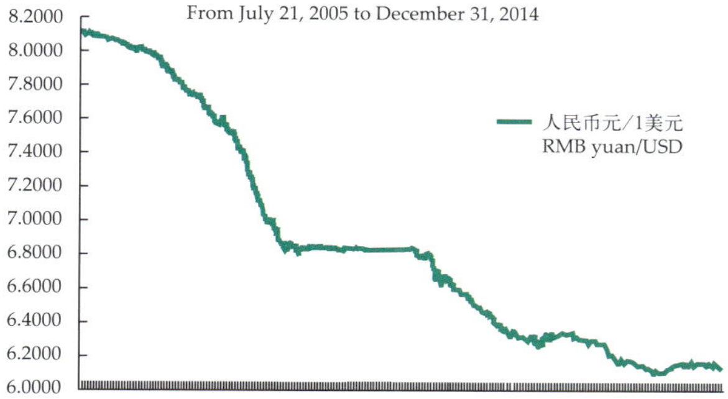

人民币/日元中间价
Central parity of the RMB against the JPY
2005年7月21日至2014年12月31日
From July 21, 2005 to December 31, 2014

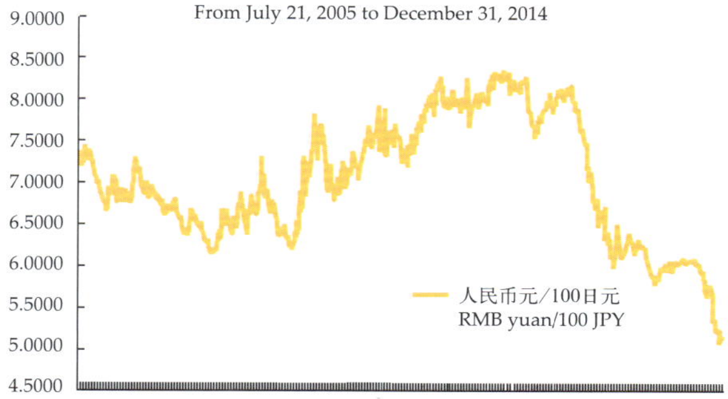

人民币/欧元中间价
Central parity of the RMB against the EUR
2005年7月21日至2014年12月31日
From July 21, 2005 to December 31, 2014

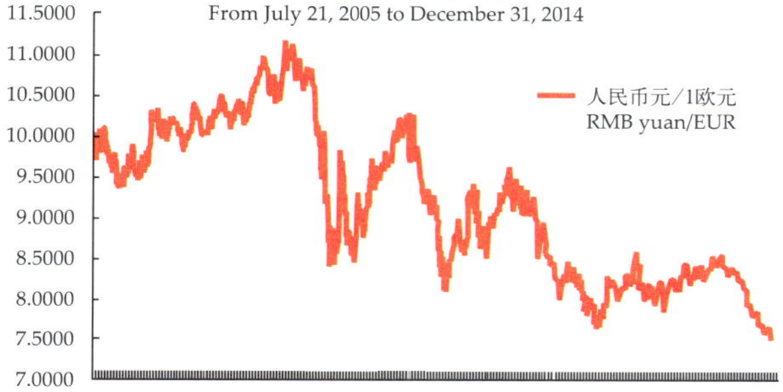

人民币/港元中间价
Central parity of the RMB against the HKD
2005年7月21日至2014年12月31日
From July 21, 2005 to December 31, 2014

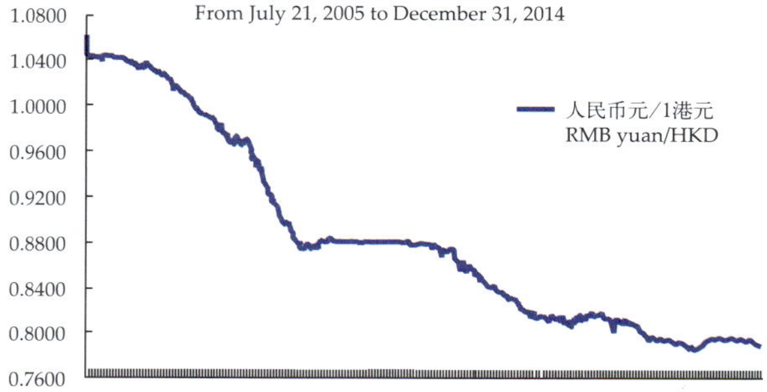

卢布/人民币中间价
Central parity of the RUB against the RMB
2010年11月22日至2014年12月31日
From November 22, 2010 to December 31, 2014

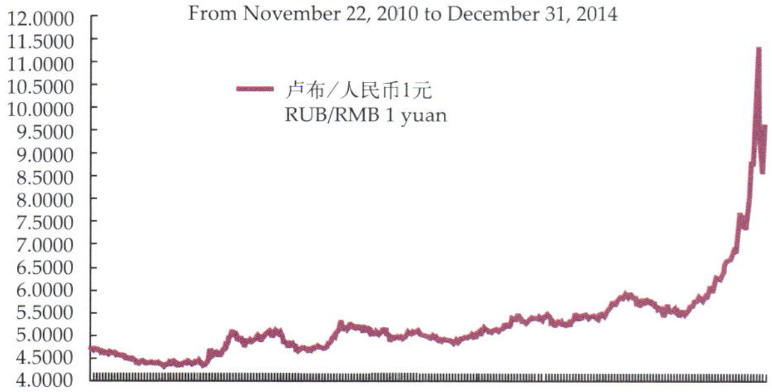

2014年1月2日以来人民币汇率中间价

Central parity of RMB against major foreign currencies
Since January 2, 2014

日期 Date	人民币/美元 RMB/USD	人民币/欧元 RMB/EUR	人民币/100日元 RMB/100JPY	人民币/港元 RMB/HKD	卢布/人民币 RUB/RMB
2014.01.02	6.0990	8.3937	5.7827	0.7866	5.4134
2014.01.03	6.1039	8.3413	5.8115	0.7872	5.4426
2014.01.06	6.1059	8.3010	5.8216	0.7874	5.4585
2014.01.07	6.1042	8.3148	5.8352	0.7872	5.4738
2014.01.08	6.1079	8.3107	5.8194	0.7877	5.4666
2014.01.09	6.1109	8.2959	5.8163	0.7881	5.4672
2014.01.10	6.1008	8.3017	5.8119	0.7868	5.4706
2014.01.13	6.0950	8.3279	5.8542	0.7860	5.4439
2014.01.14	6.0930	8.3264	5.8901	0.7858	5.4933
2014.01.15	6.1005	8.3403	5.8403	0.7867	5.4955
2014.01.16	6.1065	8.3015	5.8160	0.7875	5.5076
2014.01.17	6.1041	8.3104	5.8383	0.7872	5.5114
2014.01.20	6.1083	8.2557	5.8534	0.7876	5.5374
2014.01.21	6.1066	8.2705	5.8385	0.7873	5.5548
2014.01.22	6.1087	8.2886	5.8453	0.7875	5.5993
2014.01.23	6.1107	8.2693	5.8233	0.7877	5.5946
2014.01.24	6.1035	8.3536	5.8873	0.7866	5.6176
2014.01.27	6.1022	8.3475	5.9536	0.7859	5.6918
2014.01.28	6.1053	8.3456	5.9367	0.7862	5.7113
2014.01.29	6.1073	8.3398	5.9052	0.7867	5.7217
2014.01.30	6.1050	8.3388	5.9625	0.7863	5.7791
2014.02.07	6.1089	8.3005	5.9732	0.7873	5.7189
2014.02.10	6.1083	8.3210	5.9468	0.7873	5.6826
2014.02.11	6.1069	8.3521	5.9632	0.7873	5.6808
2014.02.12	6.1078	8.3262	5.9358	0.7875	5.7236
2014.02.13	6.1100	8.3075	5.9483	0.7878	5.7346
2014.02.14	6.1070	8.3535	5.9602	0.7874	5.7823
2014.02.17	6.1053	8.3670	5.9448	0.7872	5.7805
2014.02.18	6.1073	8.3661	5.9679	0.7876	5.8019
2014.02.19	6.1103	8.4093	5.9591	0.7879	5.8352
2014.02.20	6.1146	8.3960	5.9691	0.7884	5.8753
2014.02.21	6.1176	8.3912	5.9624	0.7888	5.8719
2014.02.24	6.1189	8.4083	5.9609	0.7889	5.8161
2014.02.25	6.1184	8.4021	5.9635	0.7886	5.8173
2014.02.26	6.1192	8.4105	5.9863	0.7885	5.8362
2014.02.27	6.1224	8.3785	5.9815	0.7889	5.8719
2014.02.28	6.1214	8.3897	6.0022	0.7888	5.8813
2014.03.03	6.1190	8.4305	6.0391	0.7884	5.8712
2014.03.04	6.1236	8.4105	6.0334	0.7891	5.9431
2014.03.05	6.1257	8.4158	5.9941	0.7893	5.8787
2014.03.06	6.1249	8.4101	5.9841	0.7892	5.8792
2014.03.07	6.1201	8.4840	5.9394	0.7886	5.9023
2014.03.10	6.1312	8.5129	5.9333	0.7900	5.9451
2014.03.11	6.1327	8.5076	5.9380	0.7902	5.9326
2014.03.12	6.1343	8.5006	5.9597	0.7903	5.9404
2014.03.13	6.1320	8.5232	5.9670	0.7898	5.9440
2014.03.14	6.1346	8.5022	6.0245	0.7900	5.9620
2014.03.17	6.1321	8.5264	6.0504	0.7895	5.9611
2014.03.18	6.1341	8.5463	6.0276	0.7899	5.8894
2014.03.19	6.1351	8.5453	6.0562	0.7900	5.8736
2014.03.20	6.1460	8.4953	6.0132	0.7914	5.8414
2014.03.21	6.1475	8.4716	6.0225	0.7918	5.8488
2014.03.24	6.1452	8.4752	6.0251	0.7921	5.8445
2014.03.25	6.1426	8.4995	6.0208	0.7918	5.8426
2014.03.26	6.1440	8.4913	6.0151	0.7921	5.7438
2014.03.27	6.1465	8.4757	6.0472	0.7922	5.7359
2014.03.28	6.1490	8.4506	6.0365	0.7926	5.7420
2014.03.31	6.1521	8.4607	5.9920	0.7931	5.7687
2014.04.01	6.1503	8.4711	5.9761	0.7929	5.6614
2014.04.02	6.1493	8.4833	5.9443	0.7927	5.6595
2014.04.03	6.1520	8.4685	5.9376	0.7931	5.7219
2014.04.04	6.1557	8.4465	5.9387	0.7935	5.7399
2014.04.08	6.1527	8.4560	5.9908	0.7933	5.7406
2014.04.09	6.1490	8.4773	6.0406	0.7930	5.7741
2014.04.10	6.1510	8.5250	6.0336	0.7933	5.7508
2014.04.11	6.1495	8.5438	6.0749	0.7931	5.7403
2014.04.14	6.1531	8.5211	6.0744	0.7936	5.7535
2014.04.15	6.1571	8.5082	6.0646	0.7941	5.7865
2014.04.16	6.1589	8.5064	6.0546	0.7943	5.8358
2014.04.17	6.1575	8.5180	6.0491	0.7941	5.8024
2014.04.18	6.1586	8.5066	6.0304	0.7942	5.7176
2014.04.21	6.1591	8.5066	6.0188	0.7943	5.7299
2014.04.22	6.1610	8.4969	6.0146	0.7946	5.7464
2014.04.23	6.1599	8.5028	6.0171	0.7946	5.7435
2014.04.24	6.1589	8.5107	6.0256	0.7944	5.7409
2014.04.25	6.1576	8.5150	6.0385	0.7942	5.7446
2014.04.28	6.1565	8.5067	6.0505	0.7940	5.7848
2014.04.29	6.1556	8.5289	6.0261	0.7940	5.7560
2014.04.30	6.1580	8.5033	6.0235	0.7942	5.7158
2014.05.05	6.1560	8.5374	6.0495	0.7940	5.7471
2014.05.06	6.1565	8.5428	6.0531	0.7942	5.7361
2014.05.07	6.1542	8.5756	6.0700	0.7939	5.7063
2014.05.08	6.1557	8.5629	6.0574	0.7940	5.6195
2014.05.09	6.1581	8.5213	6.0755	0.7944	5.6472
2014.05.12	6.1625	8.4750	6.0556	0.7950	5.6697
2014.05.13	6.1636	8.4845	6.0445	0.7951	5.6309
2014.05.14	6.1653	8.4468	6.0531	0.7954	5.6084
2014.05.15	6.1640	8.4555	6.0685	0.7952	5.5951
2014.05.16	6.1628	8.4507	6.0825	0.7950	5.5957
2014.05.19	6.1636	8.4457	6.0843	0.7951	5.6081
2014.05.20	6.1626	8.4498	6.0907	0.7950	5.5723
2014.05.21	6.1645	8.4481	6.1008	0.7952	5.5514
2014.05.22	6.1658	8.4351	6.0953	0.7953	5.5247
2014.05.23	6.1681	8.4161	6.0753	0.7955	5.5197
2014.05.26	6.1699	8.4037	6.0728	0.7958	5.4212
2014.05.27	6.1687	8.4305	6.0683	0.7956	5.4939
2014.05.28	6.1694	8.4098	6.0774	0.7958	5.5232
2014.05.29	6.1705	8.3910	6.0878	0.7959	5.5401
2014.05.30	6.1695	8.3921	6.0903	0.7958	5.5685
2014.06.03	6.1710	8.3941	6.0450	0.7959	5.6184
2014.06.04	6.1693	8.4010	6.0310	0.7958	5.7072
2014.06.05	6.1708	8.3932	6.0288	0.7959	5.6032
2014.06.06	6.1623	8.4186	6.0434	0.7949	5.5686
2014.06.09	6.1485	8.3899	6.0276	0.7931	5.5281
2014.06.10	6.1451	8.3503	6.0231	0.7927	5.5239
2014.06.11	6.1506	8.3227	6.0214	0.7935	5.5387
2014.06.12	6.1516	8.3296	6.0436	0.7936	5.5364
2014.06.13	6.1503	8.3358	6.0561	0.7934	5.5409

2014年1月2日以来人民币汇率中间价
Central parity of RMB against major foreign currencies
Since January 2, 2014

续表

日期 Date	人民币/美元 RMB/USD	人民币/欧元 RMB/EUR	人民币/100日元 RMB/100JPY	人民币/港元 RMB/HKD	卢布/人民币 RUB/RMB
2014.06.16	6.1537	8.3340	6.0469	0.7939	5.5468
2014.06.17	6.1529	8.3553	6.0506	0.7938	5.5808
2014.06.18	6.1559	8.3403	6.0421	0.7942	5.6089
2014.06.19	6.1531	8.3618	6.0511	0.7938	5.5376
2014.06.20	6.1524	8.3743	6.0528	0.7938	5.5410
2014.06.23	6.1557	8.3665	6.0430	0.7942	5.5506
2014.06.24	6.1545	8.3704	6.0570	0.7940	5.4961
2014.06.25	6.1555	8.3736	6.0536	0.7941	5.4428
2014.06.26	6.1538	8.3892	6.0638	0.7939	5.4362
2014.06.27	6.1543	8.3794	6.0721	0.7939	5.4261
2014.06.30	6.1528	8.3946	6.0815	0.7938	5.4410
2014-07-01	6.1523	8.4234	6.0778	0.79381	5.4904
2014-07-02	6.1549	8.4196	6.0691	0.79410	5.5499
2014-07-03	6.1581	8.4086	6.0582	0.79457	5.5364
2014-07-04	6.1642	8.3873	6.0420	0.79532	5.5287
2014-07-07	6.1658	8.3750	6.0483	0.79555	5.5535
2014-07-08	6.1626	8.3858	6.0670	0.79514	5.5630
2014-07-09	6.1565	8.3830	6.0815	0.79438	5.5374
2014-07-10	6.1443	8.3848	6.0700	0.79281	5.4846
2014-07-11	6.1469	8.3589	6.0791	0.79315	5.4863
2014-07-14	6.1485	8.3623	6.0784	0.79335	5.5248
2014-07-15	6.1490	8.3746	6.0649	0.79342	5.5414
2014-07-16	6.1535	8.3475	6.0616	0.79399	5.5507
2014-07-17	6.1564	8.3299	6.0675	0.79430	5.5817
2014-07-18	6.1568	8.3243	6.0922	0.79434	5.6868
2014-07-21	6.1547	8.3270	6.0872	0.79404	5.6761
2014-07-22	6.1544	8.3241	6.0770	0.79395	5.6803
2014-07-23	6.1572	8.2934	6.0759	0.79432	5.6435
2014-07-24	6.1579	8.2876	6.0726	0.79449	5.6327
2014-07-25	6.1597	8.2950	6.0610	0.79476	5.6711
2014-07-28	6.1622	8.2758	6.0647	0.79512	5.6783
2014-07-29	6.1615	8.2801	6.0579	0.79502	5.7464
2014-07-30	6.1645	8.2675	6.0454	0.79542	5.7784
2014-07-31	6.1675	8.2623	6.0012	0.79581	5.7628
2014-08-01	6.1681	8.2588	6.0026	0.79588	5.7909
2014-08-04	6.1661	8.2795	6.0172	0.79562	5.7912
2014-08-05	6.1655	8.2738	6.0136	0.79555	5.8019
2014-08-06	6.1681	8.2458	6.0152	0.79586	5.8459
2014-08-07	6.1670	8.2536	6.0377	0.79570	5.8681
2014-08-08	6.1562	8.2207	6.0393	0.79424	5.8911
2014-08-11	6.1522	8.2467	6.0292	0.79370	5.8758
2014-08-12	6.1517	8.2294	6.0174	0.79366	5.8309
2014-08-13	6.1533	8.2236	6.0166	0.79385	5.8762
2014-08-14	6.1545	8.2246	6.0129	0.79403	5.8493
2014-08-15	6.1538	8.2224	6.0053	0.79394	5.8550
2014-08-18	6.1528	8.2377	6.0067	0.79386	5.7910
2014-08-19	6.1548	8.2194	5.9948	0.79412	5.8515
2014-08-20	6.1580	8.2015	5.9781	0.79452	5.8823
2014-08-21	6.1632	8.1702	5.9360	0.79518	5.9037
2014-08-22	6.1617	8.1793	5.9290	0.79505	5.8494
2014-08-25	6.1653	8.1379	5.9168	0.79549	5.8645
2014-08-26	6.1663	8.1324	5.9218	0.79563	5.8621
2014-08-27	6.1658	8.1120	5.9222	0.79554	5.8525
2014-08-28	6.1638	8.1341	5.9324	0.79533	5.8802
2014-08-29	6.1647	8.1260	5.9396	0.79543	5.9745
2014-09-01	6.1680	8.0958	5.9157	0.79584	6.0198
2014-09-02	6.1684	8.1000	5.9041	0.79591	6.0691
2014-09-03	6.1697	8.1030	5.8620	0.79606	6.0842
2014-09-04	6.1666	8.1075	5.8748	0.79566	5.9945
2014-09-05	6.1707	7.9784	5.8471	0.79619	6.0085
2014-09-09	6.1520	7.9333	5.8159	0.79379	6.0193
2014-09-10	6.1425	7.9524	5.7940	0.79255	6.0345
2014-09-11	6.1453	7.9419	5.7522	0.79291	6.0777
2014-09-12	6.1468	7.9401	5.7335	0.79310	6.1155
2014-09-15	6.1452	7.9596	5.7251	0.79286	6.1526
2014-09-16	6.1462	7.9559	5.7349	0.79296	6.2401
2014-09-17	6.1450	7.9599	5.7314	0.79280	6.2348
2014-09-18	6.1490	7.9042	5.6719	0.79331	6.2628
2014-09-19	6.1455	7.9335	5.6462	0.79286	6.2571
2014-09-22	6.1485	7.8999	5.6431	0.79323	6.2561
2014-09-23	6.1470	7.8980	5.6527	0.79303	6.2929
2014-09-24	6.1462	7.8988	5.6541	0.79288	6.2840
2014-09-25	6.1497	7.8581	5.6282	0.79332	6.2186
2014-09-26	6.1508	7.8469	5.6624	0.79323	6.2721
2014-09-29	6.1539	7.8062	5.6269	0.79286	6.3340
2014-09-30	6.1525	7.8049	5.6242	0.79246	6.4101
2014-10-08	6.1493	7.7812	5.6840	0.79297	6.5010
2014-10-09	6.1461	7.8231	5.6784	0.79242	6.5161
2014-10-10	6.1470	7.8018	5.7023	0.79249	6.5346
2014-10-13	6.1446	7.7672	5.7295	0.79209	6.5745
2014-10-14	6.1408	7.8076	5.7312	0.79155	6.6006
2014-10-15	6.1455	7.7637	5.7277	0.79224	6.6713
2014-10-16	6.1395	7.8749	5.7912	0.79150	6.5990
2014-10-17	6.1407	7.8616	5.7712	0.79159	6.6659
2014-10-20	6.1435	7.8312	5.7341	0.79192	6.6383
2014-10-21	6.1410	7.8542	5.7444	0.79155	6.6923
2014-10-22	6.1437	7.8061	5.7385	0.79211	6.6702
2014-10-23	6.1459	7.7654	5.7312	0.79235	6.7451
2014-10-24	6.1467	7.7711	5.6846	0.79241	6.7986
2014-10-27	6.1446	7.7900	5.6813	0.79211	6.8391
2014-10-28	6.1421	7.8002	5.6894	0.79178	6.8812
2014-10-29	6.1405	7.8124	5.6717	0.79158	6.9249
2014-10-30	6.1457	7.7366	5.6358	0.79252	7.0377
2014-10-31	6.1461	7.7377	5.6162	0.79252	6.7851
2014-11-03	6.1525	7.6696	5.4474	0.79331	7.0207
2014-11-04	6.1543	7.6791	5.4030	0.79376	7.1036
2014-11-05	6.1503	7.7066	5.4022	0.79339	7.1226
2014-11-06	6.1565	7.6690	5.3567	0.79417	7.3256
2014-11-07	6.1602	7.6183	5.3370	0.79454	7.7273
2014-11-10	6.1377	7.6603	5.3746	0.79170	7.6077
2014-11-11	6.1413	7.6272	5.3429	0.79200	7.5014
2014-11-12	6.1428	7.6474	5.2996	0.79221	7.5728
2014-11-13	6.1418	7.6383	5.3144	0.79207	7.3089
2014-11-14	6.1399	7.6526	5.2906	0.79173	7.6243
2014-11-17	6.1409	7.6955	5.2679	0.79191	7.7015
2014-11-18	6.1430	7.6511	5.2650	0.79214	7.6854
2014-11-19	6.1397	7.6856	5.2419	0.79170	7.6555
2014-11-20	6.1417	7.6954	5.1942	0.79193	7.6479

2014年1月2日以来人民币汇率中间价

Central parity of RMB against major foreign currencies
Since January 2, 2014

续表

日期 Date	人民币/美元 RMB/USD	人民币/欧元 RMB/EUR	人民币/100日元 RMB/100JPY	人民币/港元 RMB/HKD	卢布/人民币 RUB/RMB
2014-11-21	6.1387	7.6999	5.1968	0.79148	7.5313
2014-11-24	6.1420	7.6039	5.2186	0.79177	7.4524
2014-11-25	6.1390	7.6325	5.1948	0.79150	7.3013
2014-11-26	6.1354	7.6561	5.2075	0.79114	7.5459
2014-11-27	6.1320	7.6682	5.2161	0.79080	7.7171
2014-11-28	6.1345	7.6408	5.1937	0.79126	7.9205
2014-12-01	6.1369	7.6335	5.1938	0.79139	8.2030
2014-12-02	6.1325	7.6537	5.1880	0.79077	8.3088
2014-12-03	6.1376	7.6037	5.1506	0.79145	8.7413
2014-12-04	6.1411	7.5624	5.1268	0.79206	8.6672
2014-12-05	6.1373	7.6053	5.1264	0.79175	8.8267
2014-12-08	6.1282	7.5547	5.0545	0.79061	8.5563
2014-12-09	6.1231	7.5501	5.0822	0.78996	8.7271
2014-12-10	6.1195	7.5966	5.1426	0.78932	8.7674
2014-12-11	6.1153	7.6432	5.2129	0.78890	8.9091
2014-12-12	6.1184	7.6120	5.1646	0.78930	9.1410
2014-12-15	6.1152	7.6386	5.1779	0.78884	9.4345
2014-12-16	6.1182	7.6266	5.2089	0.78914	10.4308
2014-12-17	6.1137	7.6612	5.2455	0.78844	11.3433
2014-12-18	6.1195	7.5653	5.1693	0.78910	9.9979
2014-12-19	6.1205	7.5511	5.1557	0.78921	9.8448
2014-12-22	6.1220	7.5110	5.1460	0.78951	9.3940
2014-12-23	6.1230	7.5055	5.1161	0.78940	9.0061
2014-12-24	6.1247	7.4848	5.0975	0.78949	8.7954
2014-12-25	6.1213	7.4824	5.1058	0.78869	8.6415
2014-12-26	6.1186	7.4897	5.1033	0.78848	8.5223
2014-12-29	6.1205	7.4762	5.1011	0.78861	8.7141
2014-12-30	6.1224	7.4640	5.0953	0.78917	9.5926
2014-12-31	6.1190	7.4556	5.1371	0.78887	9.0536

九、中央银行公开市场业务
9. Central Bank Open Market Operations

中央银行公开市场业务交易
Central bank open market operations

日期 Date		操作工具 Mode of transaction	招标方式 Mode of bidding	期限品种(天) Maturity (Day)	招标数量(亿元) Bidding amount (RMB 100 million yuan)	操作量/买入面额(亿元) Transaction volume/ Purchasing face value (RMB 100 million yuan)	发行价格(元)/买入金额(亿元) Issue price (RMB yuan)/ purchasing amount (RMB 100 million yuan)	中标利率/参考收益率(%) Interest rate of successful bidding/ reference yield (%)
2014.01.21	周二 Tuesday	逆回购 Repurchase	利率招标 Interest rate bidding	7天 7-day	750	750	—	4.10
2014.01.21	周二 Tuesday	逆回购 Repurchase	利率招标 Interest rate bidding	21天 21-day	1 800	1 800	—	4.70
2014.01.23	周四 Thursday	逆回购 Repurchase	利率招标 Interest rate bidding	21天 21-day	1 200	1 200	—	4.70
2014.01.28	周二 Tuesday	逆回购 Repurchase	利率招标 Interest rate bidding	14天 14-day	1 500	1 500	—	4.30
2014.02.18	周二 Tuesday	正回购 Reverse repurchase	利率招标 Interest rate bidding	14天 14-day	480	480	—	3.80
2014.02.20	周四 Thursday	正回购 Reverse repurchase	利率招标 Interest rate bidding	14天 14-day	600	600	—	3.80
2014.02.25	周二 Tuesday	正回购 Reverse repurchase	利率招标 Interest rate bidding	14天 14-day	1 000	1 000	—	3.80
2014.02.27	周四 Thursday	正回购 Reverse repurchase	利率招标 Interest rate bidding	14天 14-day	600	600	—	3.80
2014.03.04	周二 Tuesday	正回购 Reverse repurchase	利率招标 Interest rate bidding	14天 14-day	350	350	—	3.80
2014.03.04	周二 Tuesday	正回购 Reverse repurchase	利率招标 Interest rate bidding	28天 28-day	500	500	—	4.00
2014.03.06	周四 Thursday	正回购 Reverse repurchase	利率招标 Interest rate bidding	14天 14-day	430	430	—	3.80
2014.03.06	周四 Thursday	正回购 Reverse repurchase	利率招标 Interest rate bidding	28天 28-day	500	500	—	4.00
2014.03.11	周二 Tuesday	正回购 Reverse repurchase	利率招标 Interest rate bidding	28天 28-day	1 000	1 000	—	4.00
2014.03.13	周四 Thursday	正回购 Reverse repurchase	利率招标 Interest rate bidding	28天 28-day	1 000	1 000	—	4.00
2014.03.18	周二 Tuesday	正回购 Reverse repurchase	利率招标 Interest rate bidding	28天 28-day	1 000	1 000	—	4.00
2014.03.20	周四 Thursday	正回购 Reverse repurchase	利率招标 Interest rate bidding	28天 28-day	260	260	—	4.00

中央银行公开市场业务交易
Central bank open market operations

续表

日期 Date		操作工具 Mode of transaction	招标方式 Mode of bidding	期限品种(天) Maturity (Day)	招标数量(亿元) Bidding amount (RMB 100 million yuan)	操作量/买入面额(亿元) Transaction volume/ Purchasing face value (RMB 100 million yuan)	发行价格(元)/买入金额(亿元) Issue price (RMB yuan)/ purchasing amount (RMB 100 million yuan)	中标利率/参考收益率(%) Interest rate of successful bidding/ reference yield (%)
2014.03.25	周二 Tuesday	正回购 Reverse repurchase	利率招标 Interest rate bidding	28天 28-day	460	460	—	4.00
2014.03.27	周四 Thursday	正回购 Reverse repurchase	利率招标 Interest rate bidding	14天 14-day	320	320	—	3.80
2014.03.27	周四 Thursday	正回购 Reverse repurchase	利率招标 Interest rate bidding	28天 28-day	200	200	—	4.00
2014.04.01	周二 Tuesday	正回购 Reverse repurchase	利率招标 Interest rate bidding	14天 14-day	500	500	—	3.80
2014.04.01	周二 Tuesday	正回购 Reverse repurchase	利率招标 Interest rate bidding	28天 28-day	220	220	—	4.00
2014.04.03	周四 Thursday	正回购 Reverse repurchase	利率招标 Interest rate bidding	14天 14-day	500	500	—	3.80
2014.04.03	周四 Thursday	正回购 Reverse repurchase	利率招标 Interest rate bidding	28天 28-day	400	400	—	4.00
2014.04.08	周二 Tuesday	正回购 Reverse repurchase	利率招标 Interest rate bidding	14天 14-day	470	470	—	3.80
2014.04.08	周二 Tuesday	正回购 Reverse repurchase	利率招标 Interest rate bidding	28天 28-day	160	160	—	4.00
2014.04.10	周四 Thursday	正回购 Reverse repurchase	利率招标 Interest rate bidding	14天 14-day	700	700	—	3.80
2014.04.10	周四 Thursday	正回购 Reverse repurchase	利率招标 Interest rate bidding	28天 28-day	440	440	—	4.00
2014.04.15	周二 Tuesday	正回购 Reverse repurchase	利率招标 Interest rate bidding	14天 14-day	790	790	—	3.80
2014.04.15	周二 Tuesday	正回购 Reverse repurchase	利率招标 Interest rate bidding	28天 28-day	930	930	—	4.00
2014.04.17	周四 Thursday	正回购 Reverse repurchase	利率招标 Interest rate bidding	28天 28-day	950	950	—	4.00
2014.04.22	周二 Tuesday	正回购 Reverse repurchase	利率招标 Interest rate bidding	28天 28-day	1 000	1 000	—	4.00
2014.04.24	周四 Thursday	正回购 Reverse repurchase	利率招标 Interest rate bidding	28天 28-day	850	850	—	4.00
2014.04.29	周二 Tuesday	正回购 Reverse repurchase	利率招标 Interest rate bidding	28天 28-day	500	500	—	4.00
2014.05.06	周二 Tuesday	正回购 Reverse repurchase	利率招标 Interest rate bidding	28天 28-day	600	600	—	4.00

中央银行公开市场业务交易
Central bank open market operations

续表

日期 Date		操作工具 Mode of transaction	招标方式 Mode of bidding	期限品种(天) Maturity (Day)	招标数量(亿元) Bidding amount (RMB 100 million yuan)	操作量/买入面额(亿元) Transaction volume/ Purchasing face value (RMB 100 million yuan)	发行价格(元)/买入金额(亿元) Issue price (RMB yuan)/ purchasing amount (RMB 100 million yuan)	中标利率/参考收益率(%) Interest rate of successful bidding/ reference yield (%)
2014.05.08	周四 Thursday	正回购 Reverse repurchase	利率招标 Interest rate bidding	28天 28-day	600	600	—	4.00
2014.05.13	周二 Tuesday	正回购 Reverse repurchase	利率招标 Interest rate bidding	28天 28-day	970	970	—	4.00
2014.05.15	周四 Thursday	正回购 Reverse repurchase	利率招标 Interest rate bidding	28天 28-day	870	870	—	4.00
2014.05.20	周二 Tuesday	正回购 Reverse repurchase	利率招标 Interest rate bidding	28天 28-day	350	350	—	4.00
2014.05.22	周四 Thursday	正回购 Reverse repurchase	利率招标 Interest rate bidding	28天 28-day	300	300	—	4.00
2014.05.27	周二 Tuesday	正回购 Reverse repurchase	利率招标 Interest rate bidding	28天 28-day	200	200	—	4.00
2014.05.29	周四 Thursday	正回购 Reverse repurchase	利率招标 Interest rate bidding	28天 28-day	100	100	—	4.00
2014.06.03	周二 Tuesday	正回购 Reverse repurchase	利率招标 Interest rate bidding	28天 28-day	300	300	—	4.00
2014.06.05	周四 Thursday	正回购 Reverse repurchase	利率招标 Interest rate bidding	28天 28-day	400	400	—	4.00
2014.06.10	周二 Tuesday	正回购 Reverse repurchase	利率招标 Interest rate bidding	28天 28-day	400	400	—	4.00
2014.06.12	周四 Thursday	正回购 Reverse repurchase	利率招标 Interest rate bidding	28天 28-day	400	400	—	4.00
2014.06.17	周二 Tuesday	正回购 Reverse repurchase	利率招标 Interest rate bidding	28天 28-day	300	300	—	4.00
2014.06.19	周四 Thursday	正回购 Reverse repurchase	利率招标 Interest rate bidding	28天 28-day	200	200	—	4.00
2014.06.24	周二 Tuesday	正回购 Reverse repurchase	利率招标 Interest rate bidding	28天 28-day	180	180	—	4.00
2014.07.01	周二 Tuesday	正回购 Reverse repurchase	利率招标 Interest rate bidding	28天 28-day	200	200	—	4.00
2014.07.03	周四 Thursday	正回购 Reverse repurchase	利率招标 Interest rate bidding	28天 28-day	100	100	—	4.00
2014.07.08	周二 Tuesday	正回购 Reverse repurchase	利率招标 Interest rate bidding	28天 28-day	200	200	—	4.00
2014.07.10	周四 Thursday	正回购 Reverse repurchase	利率招标 Interest rate bidding	28天 28-day	100	100	—	4.00

中央银行公开市场业务交易
Central bank open market operations

续表

日期 Date		操作工具 Mode of transaction	招标方式 Mode of bidding	期限品种(天) Maturity (Day)	招标数量(亿元) Bidding amount (RMB 100 million yuan)	操作量/买入面额(亿元) Transaction volume/ Purchasing face value (RMB 100 million yuan)	发行价格(元)/买入金额(亿元) Issue price (RMB yuan)/ purchasing amount (RMB 100 million yuan)	中标利率/参考收益率(%) Interest rate of successful bidding/ reference yield (%)
2014.07.15	周二 Tuesday	正回购 Reverse repurchase	利率招标 Interest rate bidding	28天 28-day	200	200	—	4.00
2014.07.17	周四 Thursday	正回购 Reverse repurchase	利率招标 Interest rate bidding	28天 28-day	180	180	—	4.00
2014.07.29	周二 Tuesday	正回购 Reverse repurchase	利率招标 Interest rate bidding	28天 28-day	150	150	—	4.00
2014.07.31	周四 Thursday	正回购 Reverse repurchase	利率招标 Interest rate bidding	14天 14-day	260	260	—	3.70
2014.08.05	周二 Tuesday	正回购 Reverse repurchase	利率招标 Interest rate bidding	14天 14-day	300	300	—	3.70
2014.08.07	周四 Thursday	正回购 Reverse repurchase	利率招标 Interest rate bidding	14天 14-day	200	200	—	3.70
2014.08.12	周二 Tuesday	正回购 Reverse repurchase	利率招标 Interest rate bidding	14天 14-day	200	200	—	3.70
2014.08.14	周四 Thursday	正回购 Reverse repurchase	利率招标 Interest rate bidding	14天 14-day	300	300	—	3.70
2014.08.19	周二 Tuesday	正回购 Reverse repurchase	利率招标 Interest rate bidding	14天 14-day	300	300	—	3.70
2014.08.21	周四 Thursday	正回购 Reverse repurchase	利率招标 Interest rate bidding	14天 14-day	100	100	—	3.70
2014.08.26	周二 Tuesday	正回购 Reverse repurchase	利率招标 Interest rate bidding	14天 14-day	100	100	—	3.70
2014.08.28	周四 Thursday	正回购 Reverse repurchase	利率招标 Interest rate bidding	14天 14-day	100	100	—	3.70
2014.09.02	周二 Tuesday	正回购 Reverse repurchase	利率招标 Interest rate bidding	14天 14-day	180	180	—	3.70
2014.09.04	周四 Thursday	正回购 Reverse repurchase	利率招标 Interest rate bidding	14天 14-day	150	150	—	3.70
2014.09.09	周二 Tuesday	正回购 Reverse repurchase	利率招标 Interest rate bidding	14天 14-day	150	150	—	3.70
2014.09.11	周四 Thursday	正回购 Reverse repurchase	利率招标 Interest rate bidding	14天 14-day	100	100	—	3.70
2014.09.16	周二 Tuesday	正回购 Reverse repurchase	利率招标 Interest rate bidding	14天 14-day	150	150	—	3.70
2014.09.18	周四 Thursday	正回购 Reverse repurchase	利率招标 Interest rate bidding	14天 14-day	100	100	—	3.50

中央银行公开市场业务交易
Central bank open market operations

续表

日期 Date		操作工具 Mode of transaction	招标方式 Mode of bidding	期限品种(天) Maturity (Day)	招标数量(亿元) Bidding amount (RMB 100 million yuan)	操作量/买入面额(亿元) Transaction volume/ Purchasing face value (RMB 100 million yuan)	发行价格(元)/买入金额(亿元) Issue price (RMB yuan)/ purchasing amount (RMB 100 million yuan)	中标利率/参考收益率(%) Interest rate of successful bidding/ reference yield (%)
2014.09.23	周二 Tuesday	正回购 Reverse repurchase	利率招标 Interest rate bidding	14天 14-day	180	180	—	3.50
2014.09.25	周四 Thursday	正回购 Reverse repurchase	利率招标 Interest rate bidding	14天 14-day	180	180	—	3.50
2014.09.30	周二 Tuesday	正回购 Reverse repurchase	利率招标 Interest rate bidding	14天 14-day	200	200	—	3.50
2014.10.09	周四 Thursday	正回购 Reverse repurchase	利率招标 Interest rate bidding	14天 14-day	200	200	—	3.50
2014.10.14	周二 Tuesday	正回购 Reverse repurchase	利率招标 Interest rate bidding	14天 14-day	200	200	—	3.40
2014.10.16	周四 Thursday	正回购 Reverse repurchase	利率招标 Interest rate bidding	14天 14-day	200	200	—	3.40
2014.10.21	周二 Tuesday	正回购 Reverse repurchase	利率招标 Interest rate bidding	14天 14-day	200	200	—	3.40
2014.10.23	周四 Thursday	正回购 Reverse repurchase	利率招标 Interest rate bidding	14天 14-day	200	200	—	3.40
2014.10.28	周二 Tuesday	正回购 Reverse repurchase	利率招标 Interest rate bidding	14天 14-day	200	200	—	3.40
2014.10.30	周四 Thursday	正回购 Reverse repurchase	利率招标 Interest rate bidding	14天 14-day	200	200	—	3.40
2014.11.04	周二 Tuesday	正回购 Reverse repurchase	利率招标 Interest rate bidding	14天 14-day	200	200	—	3.40
2014.11.06	周四 Thursday	正回购 Reverse repurchase	利率招标 Interest rate bidding	14天 14-day	200	200	—	3.40
2014.11.11	周二 Tuesday	正回购 Reverse repurchase	利率招标 Interest rate bidding	14天 14-day	200	200	—	3.40
2014.11.13	周四 Thursday	正回购 Reverse repurchase	利率招标 Interest rate bidding	14天 14-day	200	200	—	3.40
2014.11.18	周二 Tuesday	正回购 Reverse repurchase	利率招标 Interest rate bidding	14天 14-day	200	200	—	3.40
2014.11.20	周四 Thursday	正回购 Reverse repurchase	利率招标 Interest rate bidding	14天 14-day	100	100	—	3.40
2014.11.25	周二 Tuesday	正回购 Reverse repurchase	利率招标 Interest rate bidding	14天 14-day	50	50	—	3.20

附录四 世界主要经济体经济和金融指标

Appendix 4 Economic and Financial Indicators of Major Economies

一、经济增长率

1. Economic Growth Rate

世界经济增长率
World economic growth rate

单位：% Unit: %

		2011	2012	2013	2014年10月预计 Projection in October, 2014		2015年1月预计 Projection in January, 2015	
					2014	2015	2014	2015
国际货币基金组织 IMF	按购买力平价方法计算的实际GDP增长率 Real GDP growth rate based on PPP	3.9	3.4	3.3	3.3	3.8	3.3	3.5
	按市场汇率法计算的实际GDP增长率 Real GDP growth rate based on market exchange rate	2.9	2.4	2.5	2.6	3.2	2.6	3.0
世界银行 World Bank	按2005年不变价及市场汇率法计算的实际GDP增长率 Real GDP growth rate based on 2005 constant price and market exchange rate	2.8	2.4	2.5	—	—	2.6	3.0

数据来源：国际货币基金组织《世界经济展望更新》（2015年1月），世界银行《全球经济展望》（2015年1月）。

Source : *World Economic Outlook Update*, IMF, January, 2015; *Global Economic Prospects Forecast*, The World Bank, January, 2015.

世界经济增长率
World economic growth rate

单位：% Unit: %

年 Year	国际货币基金组织按购买力平价方法计算的实际GDP增长率 Real GDP growth rate based on PPP (IMF)	国际货币基金组织按市场汇率法计算的实际GDP增长率 Real GDP growth rate based on market exchange rate (IMF)
1985	3.6	3.6
1986	3.5	3.3
1987	3.7	3.5
1988	4.5	4.5
1989	3.7	3.7
1990	2.9	2.8
1991	1.5	1.0
1992	2.0	1.2
1993	2.0	1.2
1994	3.4	3.0
1995	3.3	2.9
1996	3.7	3.2
1997	4.0	3.5
1998	2.5	2.1
1999	3.5	3.1
2000	4.7	4.1
2001	2.2	1.5
2002	2.8	1.9
2003	3.6	2.6
2004	4.9	4.0
2005	4.4	3.4
2006	5.1	3.9
2007	5.2	3.7
2008	3.0	1.8
2009	-0.7	-2.3
2010	5.1	4.1
2011	3.9	2.9
2012	3.4	2.4
2013	3.3	2.5
2014*	3.3	2.6
2015*	3.5	3.0

注：* 为预测数。

Note: * Projection.

世界经济增长
World economic growth

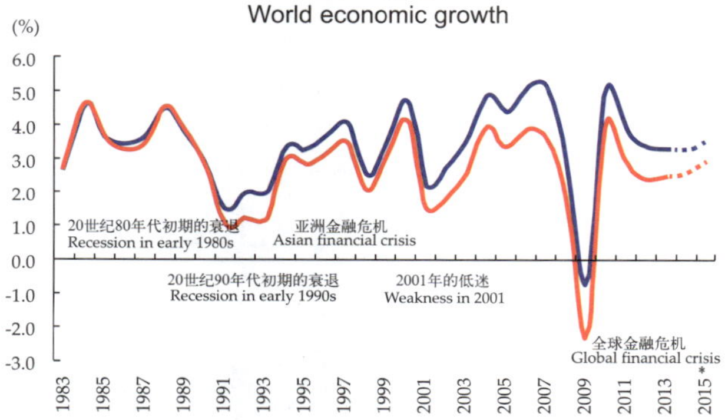

国际货币基金组织按购买力平价方法计算的实际GDP增长率 Real GDP growth rate based on PPP (IMF)

国际货币基金组织按市场汇率法计算的实际GDP增长率 Real GDP growth rate based on market exchange rate (IMF)

注：* 为预测数。

Note: * Projection.

GDP年度增长率
Annual growth rate of GDP

单位：% Unit: %

年 Year	美国 U.S.	日本 Japan	欧元区 Euro Area	英国 U.K.
2002	1.6	0.3	0.9	2.1
2003	2.5	1.4	0.8	2.8
2004	3.6	2.7	2.1	3.3
2005	2.9	1.9	1.6	1.8
2006	2.8	2.4	2.8	2.8
2007	2.1	2.3	2.7	2.6
2008	0.0	-1.2	0.5	-0.1
2009	-3.5	-6.3	-4.3	-4.9
2010	2.4	4.5	2.0	1.8
2011	1.8	-0.6	1.5	1.1
2012	2.3	1.5	-0.7	0.3
2013	2.2	1.6	-0.5	1.7
2014*	2.4	0.1	0.8	2.6
2015*	3.6	0.6	1.2	2.7

注：*为预测数。
Note:*Projection.

GDP季度同比增长率
Year-on-year growth rate of GDP

单位：% Unit: %

年/季 Year/Quarter	美国 U.S.	日本 Japan	欧元区 Euro Area	英国 U.K.
2011Q1	-1.5	0.0	2.4	2.2
2011Q2	2.9	-1.5	1.7	1.4
2011Q3	0.8	-0.5	1.3	1.5
2011Q4	4.6	0.1	0.7	1.5
2012Q1	2.3	3.5	0.0	1.0
2012Q2	1.6	3.5	-0.4	0.6
2012Q3	2.5	0.2	-0.6	0.7
2012Q4	0.1	0.0	-0.9	0.4
2013Q1	2.7	0.5	-1.0	0.9
2013Q2	1.8	1.4	-0.6	1.7
2013Q3	4.5	2.2	-0.3	1.6
2013Q4	3.5	2.3	0.5	2.4
2014Q1	-2.1	2.4	0.9	2.5
2014Q2	4.6	-0.3	0.8	2.6
2014Q3	5.0	-1.4	0.8	2.5
2014Q4	2.2	-0.8	0.9	2.7

GDP年度增长率
Annual growth rate of GDP

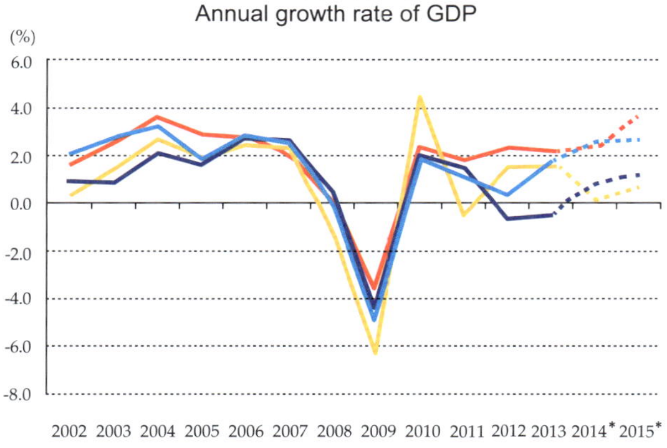

注：*为预测数。
Note: *Projection.
数据来源：国际货币基金组织《世界经济展望更新》(2015年1月)。
Source: *World Economic Outlook Update*, IMF, January, 2015.

GDP季度同比增长率
Year-on-year growth rate of GDP

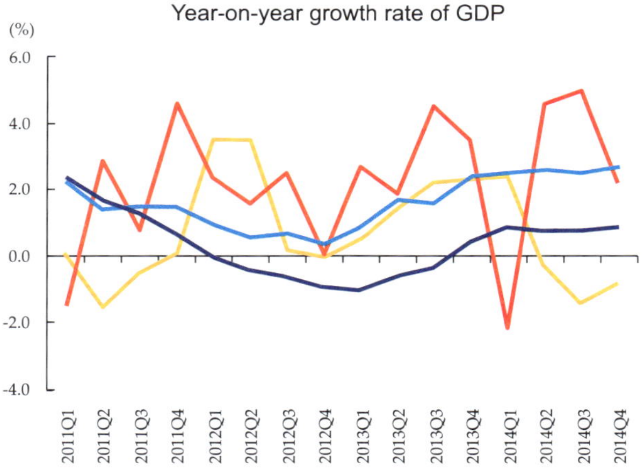

注：美国GDP增长率为环比折年率季节调整后的数据，折年率方法为 $[(GDP_1/GDP_0)^4-1]x100$。
Note: The U.S. GDP growth rate is an annualized rate after a seasonal adjustment. It can be written as $[(GDP_1/GDP_0)^4-1]x100$.
数据来源：各经济体官方统计网站。
Source: Official Statistical Websites of the Economies.

二、消费价格指数
2. CPI

消费价格当月同比指数
Monthly CPI (YOY)

单位：% Unit: %

年/月 Year/Month	美国 U.S.	日本 Japan	欧元区 Euro Area	英国 U.K.
2013.10	0.9	1.1	0.7	2.2
2013.11	1.2	1.5	0.9	2.1
2013.12	1.5	1.6	0.8	2.0
2014.01	1.6	1.4	0.8	1.9
2014.02	1.1	1.5	0.7	1.7
2014.03	1.5	1.6	0.5	1.6
2014.04	2.0	3.4	0.7	1.8
2014.05	2.1	3.7	0.5	1.5
2014.06	2.0	3.6	0.5	1.9
2014.07	2.0	3.4	0.4	1.6
2014.08	1.7	3.3	0.4	1.5
2014.09	1.6	3.2	0.3	1.2
2014.10	1.6	2.9	0.4	1.3
2014.11	1.3	2.4	0.3	1.0
2014.12	0.7	2.4	-0.2	0.5

数据来源：各经济体官方统计网站。
Source: Official Statistical Websites of the Economies.

消费价格当月同比指数
Monthly CPI (YOY)

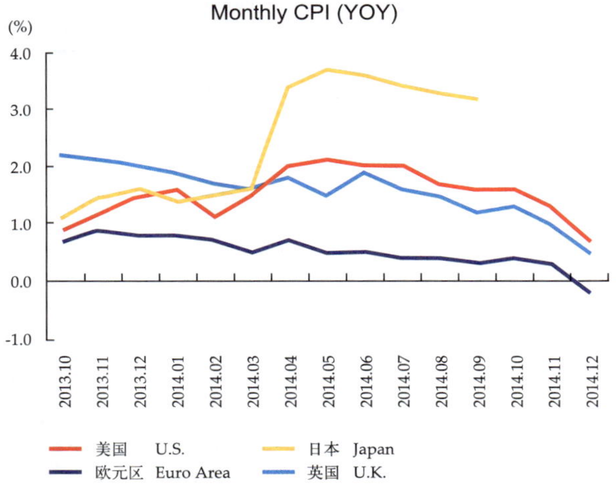

数据来源：各经济体官方统计网站。
Source: Official Statistical Websites of the Economies.

三、失业率
3. Unemployment Rate

失业率（季节调整后）
Unemployment rate
(after seasonal adjustment)

单位：% Unit: %

年/月 Year/Month	美国 U.S.	日本 Japan	欧元区 Euro Area	英国 U.K.
2013.10	7.2	4.0	11.9	7.2
2013.11	7.0	3.9	11.9	7.2
2013.12	6.7	3.7	11.8	7.2
2014.01	6.6	3.7	11.8	6.8
2014.02	6.7	3.6	11.8	6.8
2014.03	6.7	3.6	11.8	6.8
2014.04	6.3	3.6	11.7	6.4
2014.05	6.3	3.5	11.6	6.2
2014.06	6.1	3.7	11.6	6.2
2014.07	6.2	3.8	11.6	6.2
2014.08	6.1	3.5	11.5	6.0
2014.09	5.9	3.6	11.5	6.0
2014.10	5.7	3.5	11.5	6.0
2014.11	5.8	3.5	11.5	5.7
2014.12	5.6	3.4	11.3	5.7

数据来源：各经济体官方统计网站。
Source: Official Statistical Websites of the Economies.

失业率（季节调整后）
Unemployment rate
(after seasonal adjustment)

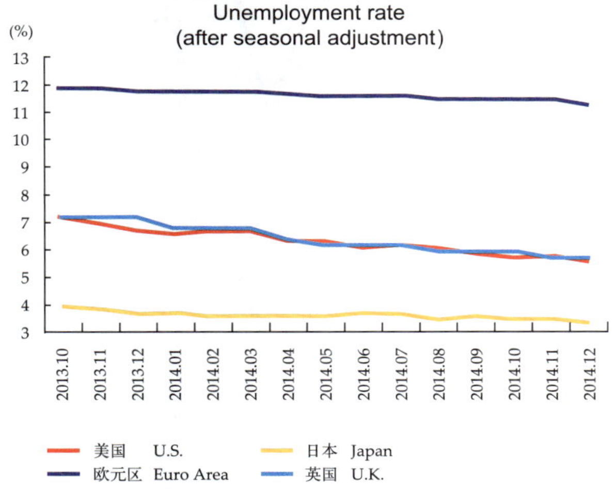

数据来源：各经济体官方统计网站。
Source: Official Statistical Websites of the Economies.

四、国际收支[①]
4. BOP[1]

经常项目差额
Current account balance

单位：10亿美元
Unit: USD billion

年/季 Year/Quarter	美国 U.S.	日本 Japan	欧元区 Euro Area	英国 U.K.
2009Q4	-100.70	42.79	25.26	-3.46
2010Q1	-90.73	59.29	-17.28	-16.98
2010Q2	-117.66	46.68	-5.46	-15.28
2010Q3	-133.40	62.62	9.62	-22.99
2010Q4	-102.15	48.96	25.35	-19.98
2011Q1	-96.91	51.74	-23.33	-7.70
2011Q2	-125.17	21.24	-13.06	-1.50
2011Q3	-127.02	42.00	8.79	-18.05
2011Q4	-110.25	11.25	43.57	-5.51
2012Q1	-101.80	25.79	-2.97	-18.18
2012Q2	-126.48	13.13	35.76	-27.63
2012Q3	-129.48	20.04	56.91	-26.70
2012Q4	-102.98	0.13	81.68	-21.76
2013Q1	-81.02	17.15	38.03	-24.32
2013Q2	-113.09	17.51	79.02	-10.84
2013Q3	-118.71	13.66	68.84	-41.55
2013Q4	-87.43	-14.26	119.52	-37.50
2014Q1	-77.08	-7.96	43.32	-25.72
2014Q2	-103.29	3.50	77.27	
2014Q3	-118.75	15.67		

资本项目差额
Capital account balance

单位：10亿美元
Unit: USD billion

年/季 Year/Quarter	美国 U.S.	日本 Japan	欧元区 Euro Area	英国 U.K.
2009Q4	-0.06	-1.21	2.27	1.41
2010Q1	0.00	-1.34	3.19	1.74
2010Q2	0.00	-0.75	1.56	1.28
2010Q3	-0.15	-1.91	1.69	1.12
2010Q4	-0.01	-0.96	0.85	1.60
2011Q1	-0.03	-2.04	2.77	0.91
2011Q2	-0.85	-0.06	1.31	1.49
2011Q3	-0.30	-0.10	2.70	1.62
2011Q4	0.00	2.69	7.26	1.16
2012Q1	-0.05	0.76	-8.87	1.66
2012Q2	-0.24	0.28	1.46	1.64
2012Q3	-0.47	-1.51	4.17	1.71
2012Q4	7.67	-0.54	10.51	1.65
2013Q1	-0.04	-2.49	2.62	1.58
2013Q2	-0.23	-3.52	7.09	2.47
2013Q3	-0.15	-1.12	5.79	1.91
2013Q4	0.00	-0.54	12.40	2.50
2014Q1	-0.04	-0.55	7.57	1.84
2014Q2	0.00	-0.38	3.75	
2014Q3	0.00	-0.65		

经常项目差额
Current account balance

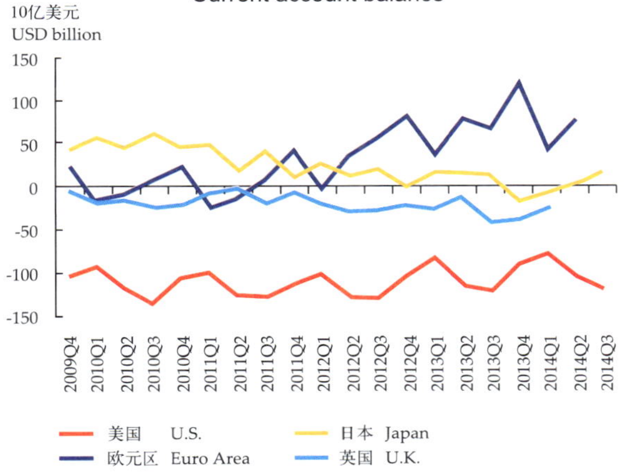

数据来源：国际货币基金组织《国际金融统计》(2015年4月)。
Source: *International Finance Statistics*, IMF, April, 2015.

资本项目差额
Capital account balance

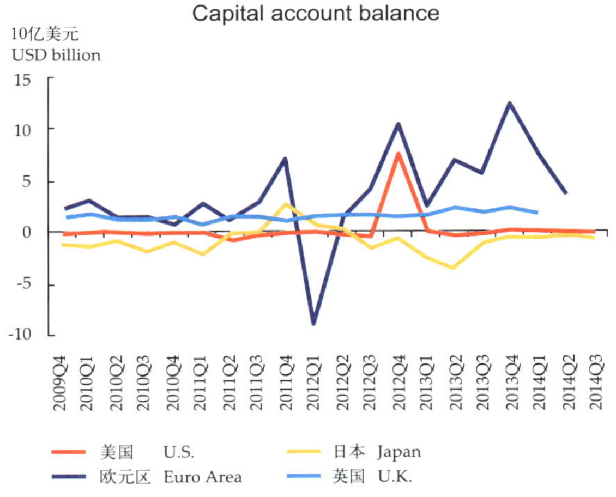

数据来源：国际货币基金组织《国际金融统计》(2015年4月)。
Source: *International Finance Statistics*, IMF, April, 2015.

①国际货币基金组织《国际金融统计》自2012年8月起，将国际收支统计规则由BPM5调整至BPM6。数据从2005年起调整。根据BMP6，金融账户由“贷方和借方”改为“金融资产净获得和负债净产生”，金融账户的总差额为净贷款/净借款。净贷款表示，考虑了金融资产的取得和处置以及负债的发生和偿还后，一个经济体向世界其他地方提供资金。

1. The IMF's *International Financial Statistics* (IFS) is publishing balance of payments data on BPM6 presentational basis instead of BPM5 since the August 2012.The data series stars in 2005. In BPM6, the headings of the financial account have been changed from "credit and debits" to "net acquisition of financial assets" and "net incurrence of liabilities". The overall balance on the financial account is called net lending/net borrowing. Net lending means the economy supplies funds to the rest of the world, taking into account acquisition and disposal of financial assets and incurrence and repayment of liabilities.

金融项目差额
Financial account balance

单位：10亿美元
Unit: USD billion

年/季 Year/Quarter	美国 U.S.	日本 Japan	欧元区 Euro Area	英国 U.K.
2009Q4	-178.82	34.03	26.59	-2.72
2010Q1	-72.25	77.85	-19.77	-13.78
2010Q2	-24.21	37.56	-2.15	-3.70
2010Q3	-230.19	62.09	13.28	-21.76
2010Q4	-112.16	31.73	20.86	-34.42
2011Q1	-202.78	60.62	9.10	0.29
2011Q2	-133.21	9.16	8.94	-13.95
2011Q3	-158.09	6.80	27.75	-0.78
2011Q4	-37.55	-88.22	57.45	-5.71
2012Q1	-242.91	39.69	-14.33	-5.94
2012Q2	-31.11	36.86	29.19	-44.94
2012Q3	7.29	28.32	62.35	-26.40
2012Q4	-161.23	-4.44	136.43	-36.98
2013Q1	-60.18	-4.35	38.10	-16.21
2013Q2	-78.35	-26.88	94.10	-0.76
2013Q3	-68.67	6.41	72.84	-56.31
2013Q4	-160.35	-30.51	140.11	-47.87
2014Q1	-82.99	-19.09	35.05	-19.12
2014Q2	-16.25	20.27	83.28	
2014Q3	-14.44	23.68		

金融项目差额
Financial account balance

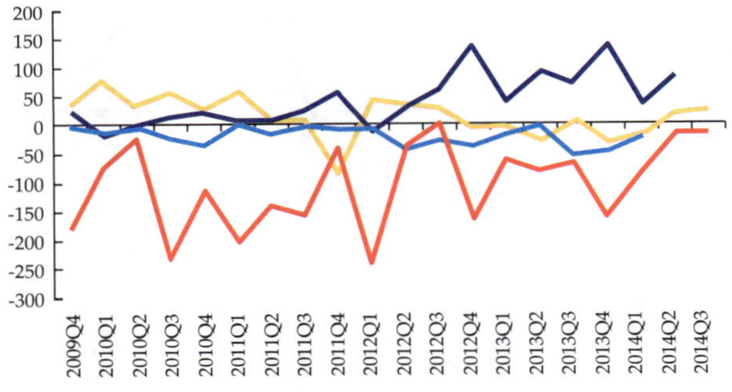

数据来源：国际货币基金组织《国际金融统计》(2015年4月)。
Source: *International Finance Statistics*, IMF, April, 2015.

五、利率
5. Interest Rates

1. 中央银行目标利率
(1) Central bank base rates

中央银行目标利率
Central bank base rates

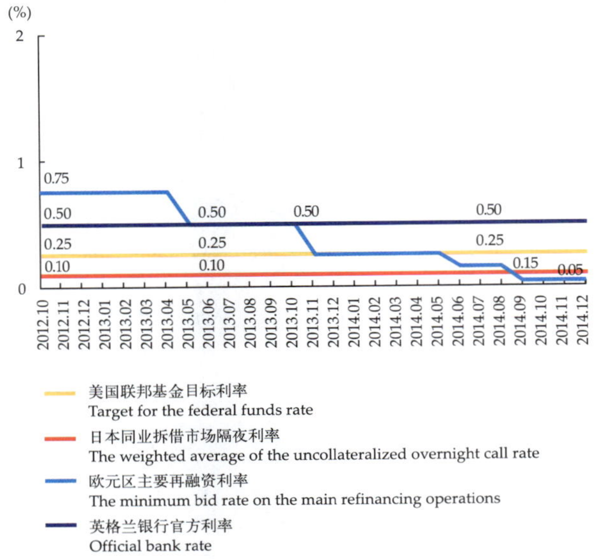

数据来源：各经济体中央银行网站。
Source: Central Bank Websites of the Economies.

2.短期利率
(2) Short-term interest rates

3个月期银行间市场拆借利率
（年率，月平均）
3-month inter-bank rate (annualized, monthly average)

单位：% Unit: %

年/月 Year/Month	美元 USD	日元 JPY	欧元 EUR	英镑 GBP
2013.10	0.24	0.15	0.23	0.50
2013.11	0.24	0.14	0.22	0.50
2013.12	0.24	0.15	0.27	0.53
2014.01	0.24	0.14	0.29	0.53
2014.02	0.24	0.14	0.29	0.53
2014.03	0.23	0.14	0.31	0.53
2014.04	0.23	0.14	0.33	0.53
2014.05	0.23	0.14	0.32	0.55
2014.06	0.23	0.13	0.24	0.55
2014.07	0.23	0.13	0.21	0.55
2014.08	0.23	0.13	0.19	0.55
2014.09	0.23	0.12	0.10	0.55
2014.10	0.23	0.11	0.08	0.54
2014.11	0.23	0.11	0.08	0.53
2014.12	0.24	0.11	0.08	0.53

3个月期银行间市场拆借利率（年率，月平均）
3-month inter-bank rate
(annualized, monthly average)

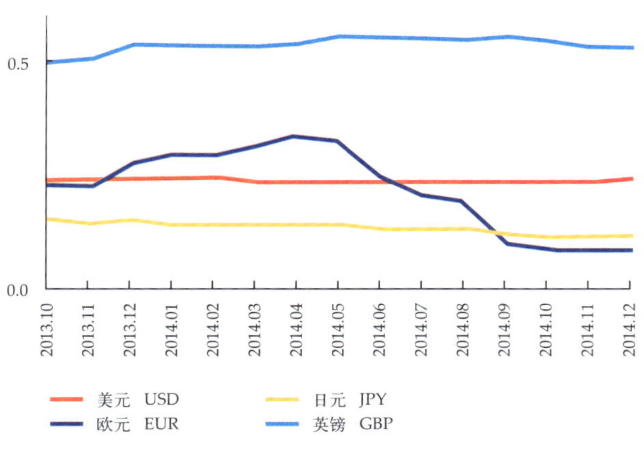

数据来源:《欧洲中央银行统计月报》及CEIC。
Source: *Monthly Bulletin of ECB*, CEIC.

3.长期利率
(3) Long-term interest rates

10年期国债收益率（年率，月平均）
10-year government bond yield
(annualized, monthly average)

单位：% Unit: %

年/月 Year/Month	美元 USD	日元 JPY	欧元 EUR	英镑 GBP
2013.10	2.62	0.68	3.16	2.76
2013.11	2.72	0.61	3.17	2.85
2013.12	2.90	0.65	3.31	3.05
2014.01	2.86	0.72	3.21	2.99
2014.02	2.71	0.60	3.09	2.88
2014.03	2.72	0.60	2.89	2.86
2014.04	2.71	0.63	2.61	2.81
2014.05	2.56	0.60	2.55	2.76
2014.06	2.60	0.61	2.28	2.84
2014.07	2.54	0.56	2.16	2.78
2014.08	2.42	0.52	1.99	2.57
2014.09	2.53	0.52	1.85	2.52
2014.10	2.30	0.49	1.69	2.27
2014.11	2.33	0.47	1.62	2.18
2014.12	2.21	0.38	1.45	1.93

10年期国债收益率（年率，月平均）
10-year government bond yield
(annualized, monthly average)

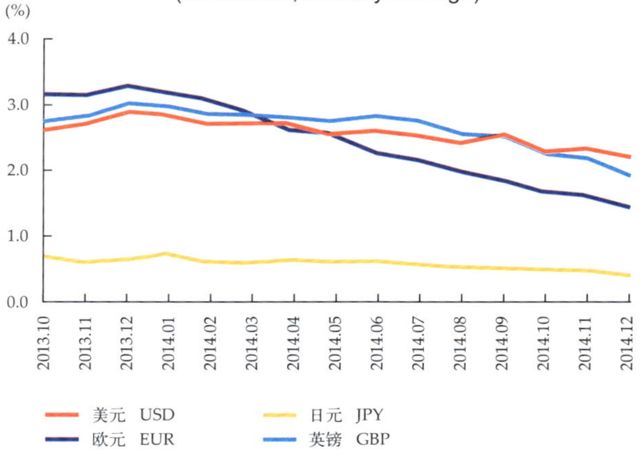

数据来源：CEIC。
Source: CEIC.

六、汇率
6. Exchange Rates

汇率（月平均）
Exchange rates (monthly average)

年/月 Year/Month	美元/欧元 USD/EUR	美元/英镑 USD/GBP	日元/美元 JPY/USD
2013.10	1.3635	1.6100	97.82
2013.11	1.3494	1.6079	99.79
2013.12	1.3704	1.6375	103.41
2014.01	1.3610	1.6474	103.94
2014.02	1.3659	1.6541	102.16
2014.03	1.3823	1.6624	102.27
2014.04	1.3813	1.6738	102.56
2014.05	1.3732	1.6850	101.79
2014.06	1.3592	1.6904	102.05
2014.07	1.3539	1.7072	102.78
2014.08	1.3316	1.6703	102.96
2014.09	1.2901	1.6297	107.24
2014.10	1.2673	1.6066	108.06
2014.11	1.2472	1.5776	116.21
2014.12	1.2331	1.5646	119.31

实际有效汇率（月平均，2010年=100）
Real effective exchange rates
(monthly average, year 2010=100)

年/月 Year/Month	美元 USD	欧元 EUR	日元 JPY	英镑 GBP
2013.10	98.3	99.8	79.4	107.4
2013.11	99.1	99.5	78.4	108.4
2013.12	99.4	101.0	75.5	109.6
2014.01	100.4	101.0	75.4	111.3
2014.02	100.4	100.9	76.5	111.5
2014.03	99.9	101.6	76.1	111.3
2014.04	99.4	100.7	76.9	111.9
2014.05	99.3	98.6	77.6	113.6
2014.06	99.3	98.5	77.3	114.4
2014.07	99.4	98.2	76.8	116.0
2014.08	100.0	97.5	77.0	115.1
2014.09	101.7	96.0	74.7	115.1
2014.10	103.2	95.5	74.6	115.1
2014.11	104.9	95.6	70.0	114.7
2014.12	106.7	96.3	68.7	115.4

汇率（月平均）
Exchange rates (monthly average)

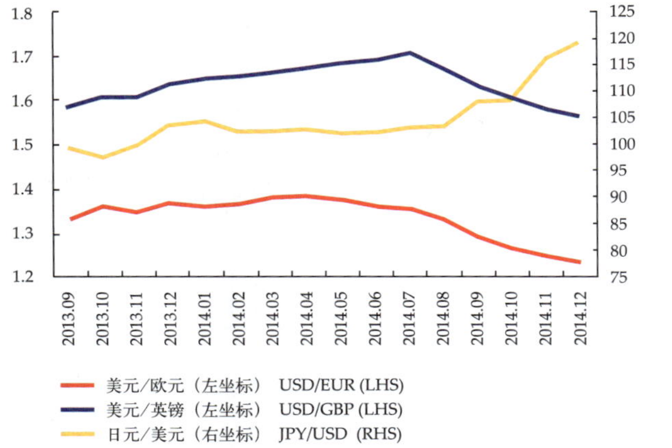

数据来源：国际货币基金组织《国际金融统计》(2015年4月)。
Source: *International Finance Statistics*, IMF, April, 2015.

实际有效汇率（月平均，2010年=100）
Real effective exchange rates
(monthly average, year 2010=100)

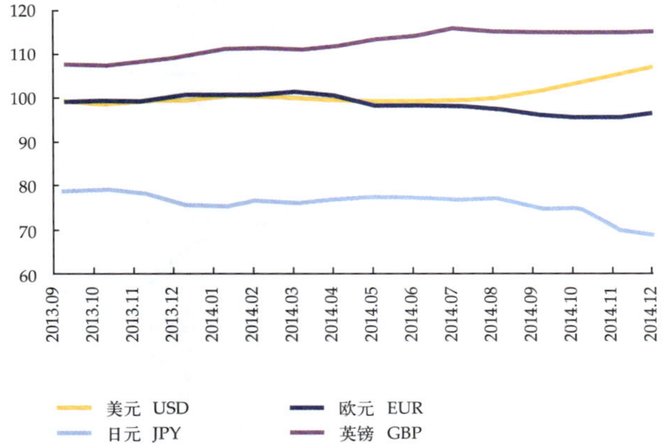

数据来源：国际货币基金组织《国际金融统计》(2015年4月)。
Source: *International Finance Statistics*, IMF, April, 2015.

七、股票市场指数
7. Stock Market Indices

主要股票市场指数（期末）
Major stock market indices (end-period)

年/月 Year/Month	美国道琼斯30种股票平均价格指数 Dow Jones 30	纳斯达克综合指数 NASDAQ	日本日经225种股票平均价格指数 Nikkei 225	道琼斯欧元区STOXX50股票指数 Dow Jones EURO STOXX 50
2013.10	15 546	3 920	14 328	3 041
2013.11	16 086	4 060	15 662	3 087
2013.12	16 577	4 177	16 291	3 109
2014.01	15 699	4 104	14 915	3 014
2014.02	16 322	4 308	14 841	3 149
2014.03	16 458	4 199	14 828	3 162
2014.04	16 581	4 115	14 304	3 198
2014.05	16 717	4 243	14 632	3 245
2014.06	16 827	4 408	15 162	3 228
2014.07	16 563	4 370	15 621	3 115
2014.08	17 098	4 580	15 425	3 173
2014.09	17 043	4 493	16 174	3 226
2014.10	17 391	4 631	16 414	3 113
2014.11	17 828	4 792	17 460	3 251
2014.12	17 823	4 736	17 451	3 146

主要股票市场指数（期末）
Major stock market indices (end-period)

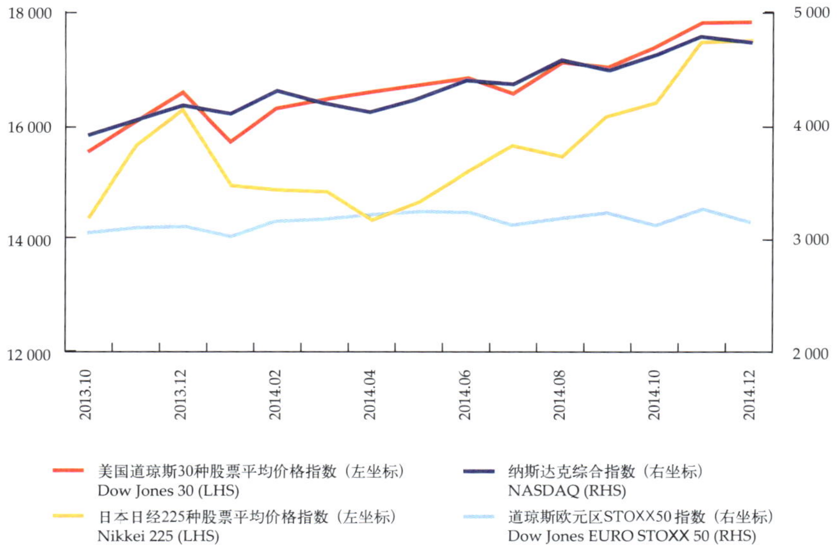